中华人民共和国未成年人保护法注解与配套

第六版

中国法制出版社
CHINA LEGAL PUBLISHING HOUSE

出版说明

中国法制出版社一直致力于出版适合大众需求的法律图书。为了帮助读者准确理解与适用法律，我社于2008年9月推出“法律注解与配套丛书”，深受广大读者的认同与喜爱，此后推出的第二、三、四、五版也持续热销。为了更好地服务读者，及时反映国家最新立法动态及法律文件的多次清理结果，我社决定推出“法律注解与配套丛书”（第六版）。

本丛书具有以下特点：

1. 由相关领域的具有丰富实践经验和学术素养的法律专业人士撰写适用导引，对相关法律领域作提纲挈领的说明，重点提示立法动态及适用重点、难点。

2. 对主体法中的重点法条及专业术语进行注解，帮助读者把握立法精神，理解条文含义。

3. 根据司法实践提炼疑难问题，由相关专家运用法律规定及原理进行权威解答。

4. 在主体法律文件之后择要收录与其实施相关的配套规定，便于读者查找、应用。

此外，为了凸显丛书简约、实用的特色，分册根据需要附上实用图表、办事流程等，方便读者查阅使用。

真诚希望本丛书的出版能给您在法律的应用上带来帮助和便利，同时也恳请广大读者对书中存在的不足之处提出批评和建议。

中国法制出版社

2023年7月

适用导引

《中华人民共和国未成年人保护法》由中华人民共和国第十三届全国人民代表大会常务委员会第二十二次会议于2020年10月17日修订通过，自2021年6月1日起施行。

一、未成年人保护法修改的总体思路

（一）在现行法律基本框架的基础上进行修改完善

未成年人保护法是1991年制定的，2006年进行了较大幅度的修订。总体看，该法确立的原则和制度仍然是适用的，因此，本次修订在保留基本框架和主要内容的前提下，根据党中央的精神和现实需要补充新的内容，对已不符合新情况的规定作出修改。

（二）着力解决现实存在的突出问题

当前，未成年人保护工作面临的问题复杂多样，其中比较突出的问题主要有：(1) 监护人监护不力情况严重甚至存在监护侵害现象；(2) 校园安全和学生欺凌问题频发；(3) 密切接触未成年人行业的从业人员性侵害、虐待、暴力伤害未成年人问题时有发生；(4) 未成年人沉迷网络特别是网络游戏问题触目惊心；(5) 对刑事案件中未成年被害人缺乏应有保护等。这些问题引起全社会普遍关注。本次修订对这些问题均作出积极回应，着力制定和完善相关制度和措施，以推动未成年人保护法治化走向更高水平。

（三）及时把成熟的实践做法上升为法律

近三十年来，围绕实施未成年人保护法，党中央和国务院及其有关部门、最高人民法院、最高人民检察院针对未成年人保护工作中存在的突出问题，陆续出台了一系列文件或部门规章；各地也出台了许多配套的地方性法规，推动了未成年人保护工作的顺利开展，积累了许多成功经验。本次修订在认真研究论证的基础上，将部分被实践证明符合我国国情且行之有效的实践做法写入法律。

（四）注重做好相关法律的衔接配合

未成年人保护涉及面很广，我国民事、刑事、行政、社会等很多领域的法律都有涉及未成年人保护的内容。本次修订在坚持未成年人保护法作为未成年人保护领域综合性法律定位的同时，注意处理好本法与相关法律的关系：凡是其他法律有明确规定的，本法只作原则性、衔接性的规定；其他法律没有规定或者规定不够完善的，尽可能在本法中作出明确具体的规定。

二、未成年人保护法修改的主要内容

本次修订对现行法律的章目编排及条文顺序进行了调整，坚持增改删并举。新增“网络保护”“政府保护”两章，条文从72条增加到132条。修改的主要内容是：

（一）充实总则规定

未成年人保护法作为未成年人保护领域的综合性法律，对未成年人享有的权利、未成年人保护的基本原则和未成年人保护的责任主体等作出明确规定。本次修订新增最有利于未成年人原则；强化了父母或者其他监护人的第一责任；确立国家亲权责任，明确在未成年人的监护人不能履行监护职责时，由国家承担监护职责；增设了发现未成年人权益受侵害后的强制报告制度。

（二）加强家庭保护

父母或者其他监护人是保护未成年人的第一责任人，家庭是未成年人最先开始生活和学习的场所。本次修订细化了家庭监护职责，具体列举监护应当做的行为、禁止性行为和抚养注意事项；突出家庭教育；增加监护人的报告义务；针对农村留守儿童等群体的监护缺失问题，完善了委托照护制度。

（三）完善学校保护

学校是未成年人成长过程中至关重要的场所。本次修订从教书育人和安全保障两个角度规定学校、幼儿园的保护义务。“教书育人”方面主要是完善了学校、幼儿园的教育、保育职责；“安全保障”方面主要规定了校园安全的保障机制以及突发事件的处置措施，增加了学生欺凌及校园性侵的防控与处置措施。

（四）充实社会保护

社会环境是未成年人成长的大背景大环境，影响着未成年人的健康成长。本次修订增加了城乡基层群众性自治组织的保护责任；拓展了未成年人的福利范围；对净化社会环境提出更高要求；强调了公共场所的安全保障义务；为避免未成年人遭受性侵害、虐待、暴力伤害等侵害，创设了密切接触未成年人行业的从业查询及禁止制度。

（五）新增网络保护

随着信息技术的快速发展，网络空间作为家庭、学校、社会等现实世界的延展，已经成为未成年人成长的新环境。本次修订适应客观形势的需要，增设“网络保护”专章，对网络保护的理念、网络环境管理、相关企业责任、网络信息管理、个人网络信息保护、网络沉迷防治等作出全面规范，力图实现对未成年人的线上线下全方位保护。

（六）强化政府保护

政府在未成年人保护工作中承担着主体责任。本次修订将现行未成年人保护法中的相关内容加以整合，增设“政府保护”专章，明确国务院和县级以上地方人民政府应当建立未成年人保护工作协调机制，细化政府及其有关部门的职责，并对国家监护制度作出详细规定。

（七）完善司法保护

未成年人司法保护主要涉及四个方面：一是司法活动中对未成年人保护的共性要求；二是特定类型民事案件中对未成年人的保护；三是刑事案件中对未成年被害人的保护；四是对违法犯罪

未成年人的保护。本次修订细化了原未成年人保护法司法保护专章和刑事诉讼法未成年人刑事案件诉讼程序专章的有关内容，进一步强调司法机关专门化问题，同时补充完善相关规定，以实现司法环节的未成年人保护全覆盖。主要包括：设立检察机关代为行使诉讼权利制度，细化规定中止和撤销监护人资格制度，规定刑事案件中对未成年被害人的保护措施等。

目　　录

中华人民共和国未成年人保护法

第一章　总　　则

第二章　家庭保护

第三章　学校保护

第四章 社会保护

第五章　网络保护

第六章 政府保护

第七章 司法保护

第八章　法律责任

第九章　附　　则

配套法规

实用附录

中华人民共和国未成年人保护法

(1991年9月4日第七届全国人民代表大会常务委员会第二十一次会议通过　2006年12月29日第十届全国人民代表大会常务委员会第二十五次会议第一次修订　根据2012年10月26日第十一届全国人民代表大会常务委员会第二十九次会议《关于修改〈中华人民共和国未成年人保护法〉的决定》修正　2020年10月17日第十三届全国人民代表大会常务委员会第二十二次会议第二次修订　2020年10月17日中华人民共和国主席令第57号公布　自2021年6月1日起施行)

目　　录

第一章 总　　则

第一条 【立法目的与立法依据】[*] 为了保护未成年人身心健康，保障未成年人合法权益，促进未成年人德智体美劳全面发展，培养有理想、有道德、有文化、有纪律的社会主义建设者和接班人，培养担当民族复兴大任的时代新人，根据宪法，制定本法。

注解

结合未成年人发展理念的进步和时代发展的要求，与时俱进对本法的立法目的进行更新：一是将“促进未成年人在品德、智力、体质等方面全面发展”修改为“促进未成年人德智体美劳全面发展”，拓宽全面发展的内涵；二是增加“培养担当民族复兴大任的时代新人”，彰显新时代未成年人担负的历史使命。

配套

《中华人民共和国宪法》第46、49条；《中华人民共和国义务教育法》第3条；《中华人民共和国教育法》第5条；《中华人民共和国预防未成年人犯罪法》第1条；《中国儿童发展纲要2021-2030年》

第二条 【适用对象】 本法所称未成年人是指未满十八周岁的公民。

注解

我国未成年人保护法将未满18周岁的公民定义为未成年人遵循了国际上通行的做法。从出生之日起至未满18周岁的公民都是未成年人，其中包括了多个年龄段。一般分为：乳儿期（从出生到满1周岁）、婴儿期（从1周岁到3周岁）、学龄前期（从3周岁到6至7周岁）、学龄初期（从6至7周岁到11至12周岁）、少年期（从11至12周岁到14至15周岁）、青年期（从14至15周岁到18周岁）。由此可见，未成年人的标准只有一个，即公

[*] 条文主旨为编者所加，下同。

民的生理年龄未满18周岁。

未成年人不仅包括普通的未成年人，还包括有残疾的未成年人，违法犯罪的未成年人；不仅包括男性未成年人，也包括女性未成年人；不仅包括在校学习的未成年学生，还包括按照国家规定从业的已满16周岁不满18周岁的未成年职工。

配套

《中华人民共和国宪法》第33条；《中华人民共和国民法典》第13、17-20条；《中华人民共和国国籍法》第4-7条

第三条　【未成年人的权利】国家保障未成年人的生存权、发展权、受保护权、参与权等权利。

未成年人依法平等地享有各项权利，不因本人及其父母或者其他监护人的民族、种族、性别、户籍、职业、宗教信仰、教育程度、家庭状况、身心健康状况等受到歧视。

注解

生存权、发展权、受保护权和参与权四类权利，是对《儿童权利公约》有关规定的概括。具体而言，生存权是指未成年人享有其固有的生命权、健康权和获得基本生活保障等权利，包括未成年人享有生命、医疗保障、国籍、姓名、获得足够食物、拥有一定住所以及获得其他基本生活保障的权利。发展权是指充分发展其全部体能和智能的权利，包括未成年人有权接受正规和非正规的教育，有权享有促进其身体、心理、精神、道德等全面发展的生活条件。受保护权是指不受歧视、虐待和忽视的权利，包括保护未成年人免受歧视、剥削、酷刑、暴力或者疏忽照料，以及对失去家庭和处于特殊困境中的未成年人给予特别保护。参与权是指参与家庭和社会生活，并就影响他们生活的事项发表意见的权利，成年人应当尊重未成年人的意见。

应用

1. 在我国未成年人有选举权和被选举权吗？

选举权和被选举权是公民最重要的政治权利，是公民参与国家管理、当家作主的重要标志之一。选举权，是指公民选出代表自己意志的人民代表参加国家政治生活的权利；被选举权，是指公民有被选举为代表人民意志作为

人民代表亲自参加国家政治生活的权利。

我国《宪法》第34条规定:“中华人民共和国年满十八周岁的公民,不分民族、种族、性别、职业、家庭出身、宗教信仰、教育程度、财产状况、居住期限,都有选举权和被选举权;但是依照法律被剥夺政治权利的人除外。”可见,中华人民共和国公民享有选举权和被选举权的条件是年满18周岁且未被剥夺政治权利。而根据我国未成年人保护法规定,我国的未成年人系指未满18周岁的公民。因此,在我国未成年人没有选举权和被选举权。

2. 未成年人可以接受馈赠吗?馈赠的财物是未成年人个人的财产吗?

根据我国法律规定,接受别人的馈赠是纯获利益的行为,不会对未成年人的合法权益造成任何损害。不论是多大年龄的未成年人,都可以自己接受别人的赠与,而不需经过其父母或其他监护人的同意。只要赠送的财物交给了未成年人,赠与就已经具有了法律上的效力,除满足相关法律规定,赠与人或者其他任何人都不可以要求未成年人返还赠送的财物。未成年人接受的奖励、报酬也是一样,任何人都不可以要求未成年人退还。

未成年人享有和成年人同样的权利,可以拥有个人财产。只要赠与人是想把其财物赠送给未成年人个人,而不是给未成年人的父母或家庭,则该财物就是未成年人的个人财产,父母或者其他人都不能将赠送的财物收归自己所有。

《民法典》第19条规定,8周岁以上的未成年人为限制民事行为能力人,实施民事法律行为由其法定代理人代理或者经其法定代理人同意、追认,但是可以独立实施纯获利益的民事法律行为或者与其年龄、智力相适应的民事法律行为。

3. 未成年人购买的贵重物品,父母可以要求商家退货吗?

《民法典》第20条规定,不满8周岁的未成年人是无民事行为能力人,由其法定代理人代理实施民事法律行为。因此,购买贵重物品只能由父母或其他监护人代为购买。

同样,8周岁以上的未成年人也不可以未经父母同意,就将自己的贵重物品出售或赠送他人。如果未成年人未经父母同意,就擅自购买超过其实际需要的贵重物品,父母可以要求商家退货。但是与其年龄、智力相适应的“贵重”物品除外。

然而现阶段,由于生活水平的提高,未成年人的消费水平也相应提升,究竟什么是与未成年人的年龄、智力不相符的“贵重”物品,很难确定统一的标准，只能根据具体情况而定。

配套

《中华人民共和国宪法》第33、34、46条；《中华人民共和国教育法》第17、19条；《中华人民共和国义务教育法》第2-4条

第四条　【最有利于未成年人原则及其要求】 保护未成年人，应当坚持最有利于未成年人的原则。处理涉及未成年人事项，应当符合下列要求：

（一）给予未成年人特殊、优先保护；

（二）尊重未成年人人格尊严；

（三）保护未成年人隐私权和个人信息；

（四）适应未成年人身心健康发展的规律和特点；

（五）听取未成年人的意见；

（六）保护与教育相结合。

注解

本条在修订前第5条的基础上，对未成年人保护的基本原则和具体要求作出规定：一是确立了最有利于未成年人的基本原则；二是提出处理未成年人事项应当遵循的基本要求。最有利于未成年人原则，就是在保护未成年人的人身权利、财产权利及其他合法权益的过程中，要综合各方面因素进行权衡，选择最有利于未成年人的方案，采取最有利于未成年人的措施，实现未成年人利益的最大化。

应用

4. 如何理解最有利于未成年人的原则？

（1）给予未成年人特殊、优先保护。给予未成年人优先保护，主要是指在制定法律法规、政策规划和配置公共资源等方面优先考虑未成年人，在不同群体利益发生冲突难以兼顾时，优先保障未成年人权利，满足未成年人的需求。（2）尊重未成年人人格尊严。由于未成年人在生理、心理、智力、社会政治经济地位等方面相对弱势，其人格尊严容易被忽视，实践中不尊重未成年人人格尊严的情形时常发生。为贯彻和体现民法典人格权编的规定和精

神，更好地保护未成年人合法权益，本条强调处理未成年人事项，应当尊重未成年人人格尊严，并具体体现在本法各章相关规定中。(3) 保护未成年人隐私权和个人信息。隐私是自然人的私人生活安宁和不愿为他人知晓的私密空间、私密活动、私密信息。隐私权是自然人对隐私的权利，包括：一是隐私享有权，即自然人有权对私密信息、私密活动和私密空间进行隐匿，有权享有生活安宁状态；二是隐私维护权，即自然人有权维护自己的隐私不受侵犯，有权寻求救济；三是隐私公开权，即自然人有权在法律和公序良俗所允许的范围内公开自己的隐私。个人信息是以电子或者其他方式记录的能够单独或者与其他信息结合识别特定自然人的各种信息，包括自然人的姓名、出生日期、身份证件号码、生物识别信息、住址、电话号码等。(4) 适应未成年人身心健康发展的规律和特点。不同的年龄阶段，无论是身高体重，还是认识能力、思维能力和判断能力等各方面，都有显著的阶段性特点，也有着不同的身心健康标准。在未成年人保护领域，要关注未成年人的身心发展规律和特点，提出的要求和采取的措施应当符合未成年人的阶段性特征，要有利于促进未成年人在这个阶段的身心健康发展。(5) 听取未成年人的意见。《民法典》第 35 条第 2 款规定，未成年人的监护人履行监护职责，在作出与被监护人利益有关的决定时，应当根据被监护人的年龄和智力状况，尊重被监护人的真实意愿。尊重真实意愿的前提就是听取意见。为此，本条新增了“听取未成年人的意见”的要求，凡涉及处理未成年人事项，都应尊重未成年人的参与权和表达权，这样才能从最有利于未成年人原则出发作出判断。(6) 保护与教育相结合。加强未成年人保护，是由未成年人身心特点所决定的，也是国家社会发展延续的需要。未成年人的成长发展，离不开保护，但也不能片面地只讲保护，还应当强调教育。保护和教育，可谓未成年人保护工作的“鸟之双翼”“车之两轮”，两者相互结合、相辅相成、不可偏废。

配 套

《中华人民共和国宪法》第 38 条；《中华人民共和国民法典》第 110-112 条；《中华人民共和国预防未成年人犯罪法》第 2、3 条；《最高人民法院关于确定民事侵权精神损害赔偿责任若干问题的解释》

第五条 【未成年人思想道德建设】国家、社会、学校和家庭应当对未成年人进行理想教育、道德教育、科学教育、文化教育、法治教育、国家安全教育、健康教育、劳动教育，加强爱国主义、集体主义和中国特色社会主义的教育，培养爱祖国、爱人民、爱劳动、爱科学、爱社会主义的公德，抵制资本主义、封建主义和其他腐朽思想的侵蚀，引导未成年人树立和践行社会主义核心价值观。

注解

本条对原法作了部分补充完善和修改：一是在教育的内容中增加了“科学教育”“法治教育”“国家安全教育”“健康教育”“劳动教育”；二是增加了未成年人要“践行社会主义核心价值观”。

对未成年人进行教育，不仅仅是家庭的责任。未成年人毕竟要进入幼儿园进行学前教育，进入各类学校接受各阶段的教育。因此，学校负有对未成年人进行教育的责任。此外，国家也通过制定各种法律、法规、政策措施，保障未成年人得到较好的教育。给未成年人创造更好的学习和成长氛围，是国家、社会、学校以及家庭不可推卸的责任。对未成年人进行教育，是全社会的责任。对未成年人应进行全面的教育，包括理想教育、道德教育、科学教育、文化教育、法治教育、国家安全教育、健康教育、劳动教育八个方面。

配套

《中华人民共和国宪法》第 24 条；《中华人民共和国教育法》第 6 条；《中华人民共和国义务教育法》第 34 条；《中华人民共和国预防未成年人犯罪法》第 2 章

第六条　【共同责任】保护未成年人，是国家机关、武装力量、政党、人民团体、企业事业单位、社会组织、城乡基层群众性自治组织、未成年人的监护人以及其他成年人的共同责任。

国家、社会、学校和家庭应当教育和帮助未成年人维护自身合法权益，增强自我保护的意识和能力。

注解

本条对原法作了三个方面的修改：(1) 在原法的基础上在承担未成年人保护的主体中增加了“社会组织”，并将“社会团体”修改为“人民团体”。主要考虑：一是在未成年人保护中，许多工作需要由社会组织来承担；二是目前对群团组织的称谓发生了变化，社会团体是社会组织三种形式之一，与人民团体的范围不一样。本条修改后，承担未成年人保护的主体中既有人民团体，也有社会组织，将二者并列更准确；(2) 删去了原来的第 2 款，作为第 11 条第 1 款；(3) 将原法本条第 3 款作为第 2 款，并删去了这一款中的“增强社会责任感”。

配套

本法第 11、15、17、40、43、44、49、55、59、63、82、99 条

第七条　【监护人与国家在未成年人监护方面的关系】 未成年人的父母或者其他监护人依法对未成年人承担监护职责。

国家采取措施指导、支持、帮助和监督未成年人的父母或者其他监护人履行监护职责。

注解

(1) 父母或者其他监护人的监护职责。父母和家庭对于未成年人的成长和教育具有不可替代的重要意义。《民法典》第 27 条第 1 款规定：“父母是未成年子女的监护人。”只有在父母死亡或者没有监护能力的情况下，才可以由其他个人或者有关组织担任监护人。根据该条第 2 款的规定，除了父母以外，可能成为监护人的个人和组织包括：祖父母、外祖父母；兄、姐；经未成年人住所地的居民委员会、村民委员会或者民政部门同意的其他愿意担任监护人的个人或者组织。《民法典》第 29 条规定，被监护人的父母担任监护人的，可以通过遗嘱指定监护人。因此，其他监护人还包括父母通过遗嘱指定的人。

依据《民法典》第 34 条第 1 款的规定，监护人的职责是代理被监护人实施民事法律行为，保护被监护人的人身权利、财产权利以及其他合法权益等。本法第 16 条对父母或者其他监护人应当履行的监护职责作了具体列举性规定，同时第 17 条从不得实施的行为的角度，对父母的监护职责作出完善。

另外，在家庭保护专章中，还在其他规定中对父母的监护职责进行了充实。

（2）国家对监护的指导、支持、帮助和监督。父母或者其他监护人是履行监护职责的第一责任人，同时国家也负有不可推卸的责任。国家通过设立专门机构或者指定专门人员，开展家庭教育指导服务，发展托育、学前教育事业，保障完成义务教育，提供卫生保健服务，对困境未成年人实施分类保障等多种方式，指导、支持、帮助未成年人的父母或者其他监护人履行监护职责。同时，当父母或者监护人不依法履行监护职责或者侵犯未成年人合法权益时，由居民委员会、村民委员会劝诫、制止；情节严重的，公安机关予以训诫，并可以责令其接受家庭教育指导，体现国家的监督职责。

需要注意的是，国家除了承担指导、支持、帮助和监督的职责外，还有一个重要的兜底性责任，即因各种原因出现没有监护人的情况时，由国家对未成人履行监护职责，具体由民政部门承担。《民法典》第 32 条规定："没有依法具有监护资格的人的，监护人由民政部门担任，也可以由具备履行监护职责条件的被监护人住所地的居民委员会、村民委员会担任。本法第 92 条、第 94 条分别对民政部门依法对未成年人进行临时监护和长期监护的情形作出明确规定，进一步强化和完善了国家的兜底责任。

应用

5. 检察机关如何以检察司法保护促进家庭、社会、政府等保护责任落实？

在办理涉未成年人案件过程中，检察机关应当注重分析案件暴露出的家庭、社会等方面的问题，结合办案对未成年人的生活环境、家庭教育、监护人监护履责状况等进行调查评估，制定个性化督促监护方案，并跟踪落实，指导、帮助和监督监护人履行监护职责。检察机关应当依法能动履行法律监督职能，督促相关职能部门加强管理、落实责任。检察机关还可以加强与相关部门的协作联动，形成整体合力，积极促进区域未成年人保护制度完善和社会综合治理，更好保护未成年人合法权益和公共利益。（检例第 173 号：惩治组织未成年人进行违反治安管理活动犯罪综合司法保护案）

配套

《儿童权利公约》；《中华人民共和国民法典》第 18、20、27、32、34 条；《国务院关于加强农村留守儿童关爱保护工作的意见》；《国务院关于加强困境儿童保障工作的意见》

第八条　【未成年人保护工作保障措施】 县级以上人民政府应当将未成年人保护工作纳入国民经济和社会发展规划，相关经费纳入本级政府预算。

配套

《中国儿童发展纲要（2021-2030年）》

第九条　【未成年人保护工作协调机制】 县级以上人民政府应当建立未成年人保护工作协调机制，统筹、协调、督促和指导有关部门在各自职责范围内做好未成年人保护工作。协调机制具体工作由县级以上人民政府民政部门承担，省级人民政府也可以根据本地实际情况确定由其他有关部门承担。

注解

未成年人保护工作是一项复杂的社会系统工程，需要包括国家机关、武装力量、政党、人民团体、企业事业单位、社会组织、城乡基层群众性自治组织、家庭及公民个人在内的社会各方面分工协作、共同努力。本条明确规定县级以上人民政府应当建立未成年人保护工作协调机制。未成年人保护工作协调机制的责任主体是人民政府，不是单个部门。与以往相比，在法律中首次明确提出建立未成年人保护工作协调机制，这是一个前所未有的重要进步。

应用

6. 未成年人保护工作协调机制的职责是什么?

未成年人保护工作协调机制的职责具体包括：统筹、协调、督促和指导有关部门在各自职责范围内做好未成年人保护工作。统筹是指通过出台相关政策文件，制订工作规划或计划，提出实施方案和举措等方式，对本行政区域内未成年人保护工作进行统筹规划，作出部署安排，整合各方资源，形成工作合力；协调是指通过联席会议、沟通交流、联络员、信息反馈等机制，协调各部门之间的工作安排和进度，化解工作中的分歧和争议，实现分工明确、优势互补、步调一致；督促是指通过督导检查、执法检查等方式，监督和推动有关部门认真履职、落实责任；指导是指通过宣传相关法律法规及政策、开展研究讨论、进行专项调研等方式，提出指导意见、推广工作经验。

7. 协调机制具体工作的承担部门有哪些?

协调机制具体工作原则上由县级以上人民政府民政部门承担，民政部门在保护未成年人方面，具备较好的工作基础。不过，为了适当兼顾地区间的差异，应当给予地方一定的灵活性。在以往的实践中，有少数地方的未成年人保护工作协调议事机构设在教育等部门，工作取得了良好成效，也积累了不少好经验。综合各方面情况和意见，在原则性规定之外，还规定“省级人民政府也可以根据本地实际情况确定由其他有关部门承担”，这是符合地方实际情况，符合中央机构改革精神的。

第十条　【群团组织与社会组织未成年人保护的职责】共产主义青年团、妇女联合会、工会、残疾人联合会、关心下一代工作委员会、青年联合会、学生联合会、少年先锋队以及其他人民团体、有关社会组织，应当协助各级人民政府及其有关部门、人民检察院、人民法院做好未成年人保护工作，维护未成年人合法权益。

第十一条　【未成年人保护报告制度】任何组织或者个人发现不利于未成年人身心健康或者侵犯未成年人合法权益的情形，都有权劝阻、制止或者向公安、民政、教育等有关部门提出检举、控告。

国家机关、居民委员会、村民委员会、密切接触未成年人的单位及其工作人员，在工作中发现未成年人身心健康受到侵害、疑似受到侵害或者面临其他危险情形的，应当立即向公安、民政、教育等有关部门报告。

有关部门接到涉及未成年人的检举、控告或者报告，应当依法及时受理、处置，并以适当方式将处理结果告知相关单位和人员。

注解

本条对原法第6条第2款、第49条进行了合并修改和完善，在总结国内外实践经验基础上，进一步完善检举、控告的规定，增加强制报告制度的规定，健全检举、控告或者报告的处理机制。根据本条第 1 款的规定，任何组织或者个人发现不利于未成年人身心健康或者侵犯未成年人合法权益的情形，都有权劝阻、制止或者检举、控告。劝阻、制止或者检举、控告，都属于权利而非义务。因此，“任何组织或者个人”，包括权益受到侵犯的未成年人及其父母或者监护人等相关人员，也包括不直接相关的组织或者个人，但不包括负有强制报告义务的单位和个人，以及对违法犯罪行为负有查处职责的单位和个人。对于这些单位和个人来说，劝阻、制止或者报告不是权利，而是义务，如果不依法履行，应当追究相应的责任。

应用

8. 强制报告义务的主体及相关内容有哪些?

一是强制报告的义务主体。本法将强制报告的主体限定为国家机关、居民委员会、村民委员会、密切接触未成年人的单位及其工作人员。密切接触未成年人的单位是指对未成年人负有教育、培训、监护、救助、看护、医疗等职责的企业事业单位、社会组织等。本法第 130 条第 1 项对密切接触未成年人的单位有具体规定。这些单位及其工作人员在家庭之外与未成年人接触机会多，容易发现未成年人受侵害的情况，有必要纳入强制报告的主体范围。二是强制报告的情形。本法并未详细列举应当报告的行为类型，而是将应当报告的情形概括为未成年人身心健康受到侵害、疑似受到侵害或者面临其他危险情形。最高人民检察院等九家单位印发的《关于建立侵害未成年人案件强制报告制度的意见（试行）》详细列举了未成年人遭受或者疑似遭受不法侵害以及面临不法侵害危险的情形，对于强制报告制度具体实践具有重要参考作用。三是强制报告的对象。强制报告义务主体在工作中发现法律规定的情形，应当立即向公安、民政、教育等有关部门报告。强制报告的义务主体可以根据发现的具体情况，选择向职责联系最紧密的一个或者多个部门报告。四是强制报告的责任。强制报告作为一项义务，有关组织或者个人如果不依法履行该义务，可能会导致未成年人难以及时有效获得保护，可能造成未成年人权益受到侵犯的严重后果。为确保这项义务能够得到有效履行，解决追责难的问题，本法第 117 条规定，未履行报告义务造成严重后果的，由上级主管部门或者所在单位对直接负责的主管人员和其他直接责任人员依法给予处分。

9. 接到涉及未成年人的检举、控告或者报告如何处置?

本条第3款对有关部门接到涉及未成年人的检举、控告或者报告后的处置作了规定。第一，应当依法及时受理、处置，包括开展调查、核实是否存在侵害或者风险、采取相应的处理措施等，强调依法和及时。第二，处理结果应当告知相关单位和人员，相关单位和人员包括提出检举、控告或者报告的单位和人员，以便相关单位和人员的监督，还包括后续可能需要采取有关保护措施的单位和人员，以便多部门联动有效提供救助等。

配套

《中国儿童发展纲要（2021-2030年）》;《中华人民共和国反家庭暴力法》第14条;《最高人民法院、最高人民检察院、公安部、民政部关于依法处理监护人侵害未成年人权益行为若干问题的意见》;《最高人民检察院、国家监委、教育部等九部门关于建立侵害未成年人案件强制报告制度的意见(试行)》

第十二条　【加强未成年人保护研究】 国家鼓励和支持未成年人保护方面的科学研究，建设相关学科、设置相关专业，加强人才培养。

第十三条　【未成年人统计调查制度】 国家建立健全未成年人统计调查制度，开展未成年人健康、受教育等状况的统计、调查和分析，发布未成年人保护的有关信息。

第十四条　【表彰和奖励】 国家对保护未成年人有显著成绩的组织和个人给予表彰和奖励。

注解

国家奖励，是指各级人民政府和有关部门为了表彰先进、激励后进、充分调动人们的积极性和创造性，依照法定条件和程序，对做出突出贡献、显著成绩或者模范遵纪守法的组织和个人给予物质的或者精神的奖励的一种行政行为。国家奖励包括表彰和奖励，表彰主要是精神奖励，如通报表扬、给予荣誉称号，奖励一般是给予一定的奖金、经费等。

应 用

10. 实践中，对保护未成年人工作进行表彰、奖励的主体和受表彰、奖励的对象分别是什么？

实施表彰、奖励的主体是国家行政机关，包括各级人民政府和行政主管部门。在实践中，进行未成年人保护表彰和奖励主要由各地各级未成年人保护办公室联合有关行政主管部门、人大、法院、检察院等部门开展。有些表彰和奖励由团委、律协等社会团体作出，有的由其他社会组织作出。

受表彰和奖励的对象，按照本条规定是指在未成年人保护工作中有显著成绩的组织和个人，其范围是比较广泛的，包括国家机关、武装力量、政党、人民团体、企业事业单位、社会组织、城乡基层群众性自治组织及这些单位的工作人员以及普通公民等。所谓显著成绩，是指热爱未成年人保护工作，认真执行国家有关未成年人保护法律法规，模范履行职责，具有奉献精神，积极为未成年人办实事、解决难事、做好事，表现突出，工作有成效，社会评价高等。

配 套

《中华人民共和国义务教育法》第10条

第二章　家庭保护

第十五条　【家庭保护的职责】未成年人的父母或者其他监护人应当学习家庭教育知识，接受家庭教育指导，创造良好、和睦、文明的家庭环境。

共同生活的其他成年家庭成员应当协助未成年人的父母或者其他监护人抚养、教育和保护未成年人。

应 用

11. 未成年人的父母或者其他监护人的职责有哪些？

（1）依法履行监护职责。父母或者其他监护人应当遵守本法第16条和第17条规定，通过积极作为全面履行监护义务，不得实施法律禁止的行为。

（2）学习家庭教育知识、接受家庭教育指导。履行监护职责的一项重要内容是实施家庭教育，即监护人有意识地通过自己的言传身教和家庭生活实践，对未成年子女施以一定教育影响的社会活动。通常来说，家庭教育的范围如下：亲职教育；子职教育；两性教育；婚姻教育；伦理教育；家庭资源与管理教育；其他家庭教育事项。为了保障未成年人受到良好的家庭教育，监护人应当树立正确的家庭教育观念，掌握和运用科学的家庭教育方法，这就要求他们主动学习家庭教育知识，积极接受社区、学校或者社会组织提供的家庭教育指导服务。

（3）创造良好、和睦、文明的家庭环境。国内许多项调查显示，父母经常吵架、很少与孩子在一起交流，家庭生活不和谐的家庭环境可能引起未成年人的人格缺陷或行为偏差，甚至导致其走上违法犯罪的道路。而和睦幸福的家庭，则会使孩子拥有一个温暖安全的依靠点，形成良好的心理素质和健康的人格，这样的家庭环境容易让孩子得到坚韧不拔、拼搏向上的精神力量。家庭环境包括家庭结构、家庭成员之间的关系、家庭生活方式三个方面。

12. 家庭教育指导应遵循哪些原则?

家庭教育指导是有关国家机关和社会组织应当为未成年人父母或者其他监护人提供的成人教育。家庭教育指导应遵循下列原则：（1）方向性原则。家庭教育指导应与国家的教育方针和全面推进素质教育的目标相一致，有利于培养有理想、有道德、有文化、有纪律的社会主义建设者和接班人。（2）家长主体原则。指导者应尊重家长，确立为家长服务的观念，调动家长参与的积极性，发挥家长在指导过程中的主体作用。指导者应鼓励家长根据家庭的特点，结合孩子的实际情况，选择家庭教育的内容和方法，提高指导的针对性和实效性。（3）双向互动原则。家庭教育是家长与孩子互动的过程；家庭教育指导是指导者与家长、指导者与孩子、家长与家长互动的过程，是家长自我教育的过程。要努力创设指导者与家长、家长与家长之间互相学习、家长与孩子双向沟通的环境与条件。（4）分类分层指导原则。按照家庭教育总体目标，确定不同学龄段孩子家长和不同类型家长的指导内容和要求，形成分类指导、分层递进的指导工作体系。（5）整体性原则。家庭教育指导是一项社会系统工程，要坚持学校、家庭、社会合力实施的整体性；坚持素质教育贯穿人的一生，与创建学习型家庭和推行终身教育相结合；充分利用社区、大众传媒的资源优势，形成全社会重视家庭教育的整体氛围。

13. 家庭教育的误区主要有哪些?

目前未成年人家庭教育中仍然存在诸多问题，主要有以下几个方面：(1) 孩子是家庭的中心。在许多家庭，孩子是这个家庭里的中心，有的甚至是绝对的中心，一切都为了孩子，一切都为了满足孩子的要求。这样教育出的孩子容易缺乏家庭伦理观念。(2) 不打不成才。许多家长认为，棍棒底下出孝子，不打不成才。家长教育孩子的态度生硬，言语粗鲁，缺乏感情，甚至挖苦、打骂孩子，损伤孩子的自尊心。家长的严厉教育方式，往往会造成孩子性格压抑、心理自卑、胆小怕事、缺乏自信。(3) 冷漠。在不少家庭里，孩子犯了错，家长往往采取不理不睬的方式来对待，有的甚至一个星期甚至十几天都不与孩子说话。(4) “望子成龙”和“望女成凤”。家长为了让孩子以后“出人头地”，强迫孩子学习各种技能。忽视未成年人的年龄和智力水平，一味地“拔苗助长”，结果过犹不及。(5) 事事包办。独生子女在家庭中的特殊地位，很可能导致部分家长对孩子过分溺爱，事无巨细，包办代替。这样做的结果，不仅不能使孩子受到教益，反而滋长了孩子的依赖心理和惰性心态，把孩子娇惯成缺乏自信，甚至是骄横自私的人，使家庭教育无法实施。(6) 百般袒护犯错的孩子。家长对于孩子的错误总是百般袒护，为孩子开脱。面对来自别人的批评，家长不从自己孩子身上找原因，也不帮助孩子纠正错误。这样培养出的孩子容易缺乏责任感。(7) 家长教育孩子的态度不一致，宽严尺度不一，导致父母一方管，一方宠，造成孩子是非不清、莫衷一是，同时也会使父母在子女心目中的威信降低。(8) 放任自流。这一类家庭把教育孩子的主要责任推给学校，对孩子在校表现不管不问。这些家庭中的孩子，在放学以后无所去处，很容易走向违法犯罪的道路。

14. 共同生活的其他成年家庭成员是否对未成年人负有监护职责?

现实中，除了监护人外，很多家庭中还有其他成年成员与未成年人共同生活，比如祖父母、外祖父母。首先，这些成年成员不属于监护人，自然不负有监护的职责，也就没有监护权。其次，这些成年成员应当尊重监护人的监护权，不应当干涉和影响监护人依法履行监护职责。最后，这些成年成员与未成年人共同生活过程中，需要协助监护人保护未成年人，包括协助对未成年人进行教育、照料和抚养。

配套

《中华人民共和国民法典》第27、1043条；《中华人民共和国家庭教育促进法》

第十六条　【履行监护职责的积极作为】未成年人的父母或者其他监护人应当履行下列监护职责：

（一）为未成年人提供生活、健康、安全等方面的保障；

（二）关注未成年人的生理、心理状况和情感需求；

（三）教育和引导未成年人遵纪守法、勤俭节约，养成良好的思想品德和行为习惯；

（四）对未成年人进行安全教育，提高未成年人的自我保护意识和能力；

（五）尊重未成年人受教育的权利，保障适龄未成年人依法接受并完成义务教育；

（六）保障未成年人休息、娱乐和体育锻炼的时间，引导未成年人进行有益身心健康的活动；

（七）妥善管理和保护未成年人的财产；

（八）依法代理未成年人实施民事法律行为；

（九）预防和制止未成年人的不良行为和违法犯罪行为，并进行合理管教；

（十）其他应当履行的监护职责。

注解

从未成年人的需求角度来看，本条规定的监护职责可以分为四个方面：一是保障未成年人的生存、人身安全与身体健康；二是促进未成年人的心理健康，满足未成年人的精神情感需求；三是教育、引导和帮助未成年人养成良好品行、遵守社会规则的规范；四是保障未成年人经济社会发展权益，包括受教育权、休息娱乐和体育锻炼的权利、财产权益、代理实施民事法律行为等。

根据《家庭教育促进法》第49条的规定："公安机关、人民检察院、人民法院在办理案件过程中，发现未成年人存在严重不良行为或者实施犯罪行为，或者未成年人的父母或者其他监护人不正确实施家庭教育侵害未成年人合法权益的，根据情况对父母或者其他监护人予以训诫，并可以责令其接受家庭教育指导。”

应用

15. 监护人如何履行监护职责？

《民法典》第34条规定，监护人的职责是代理被监护人实施民事法律行为，保护被监护人的人身权利、财产权利以及其他合法权益等。监护人依法履行监护职责产生的权利，受法律保护。监护人不履行监护职责或者侵害被监护人合法权益的，应当承担法律责任。因发生突发事件等紧急情况，监护人暂时无法履行监护职责，被监护人的生活处于无人照料状态的，被监护人住所地的居民委员会、村民委员会或者民政部门应当为被监护人安排必要的临时生活照料措施。《民法典》第35条第1款、第2款规定，监护人应当按照最有利于被监护人的原则履行监护职责。监护人除为维护被监护人利益外，不得处分被监护人的财产。未成年人的监护人履行监护职责，在作出与被监护人利益有关的决定时，应当根据被监护人的年龄和智力状况，尊重被监护人的真实意愿。

16. 为未成年人提供生活、健康、安全等方面的保障的基本要求？

生活、健康和安全是保障未成年人生存权的基本要求。一是保障基本生活。一般来说，未成年人普遍缺乏独立生存的能力，父母和其他监护人作为第一责任人，应当为未成年人提供衣、食、住或其他生活必需品，满足未成年人基本的生存需求。二是保障身体健康。父母或其他监护人应当保障未成年人基本医疗卫生保健条件，生病及时就医。例如疫苗管理法规定，监护人应当依法保证适龄儿童按时接种免疫规划疫苗。三是保障基本安全，安全包括人身安全和财产安全，这里主要是指父母或其他监护人应当为未成年人提供安全的生活条件，保障未成年人人身安全。例如，在家庭生活中，及时排除触电、烫伤、跌落等伤害的安全隐患；在户外活动中，避免未成年人发生溺水、踩踏事故。

17. 如何尊重未成年人受教育的权利，保障适龄未成年人依法接受并完成义务教育？

（一）尊重未成年人受教育的权利

受教育权是指公民依法享有的要求提供平等的受教育条件和机会，通过学习来发展个性、才智和身心能力，以获得平等的生存和发展机会的基本权利。我国宪法规定，中华人民共和国公民有受教育的权利和义务，国家培养青年、少年、儿童在品德、智力、体质等方面全面发展。未成年人受教育的权利包括三个方面：(1) 学习机会权，具体有三项内容，一是入学机会权，二是受教育的选择权，三是学生身份权（学籍权）。(2) 学习条件权。(3) 学习成功权，包括获得公正评价和获得学业证书、学位证书权。

（二）保障适龄未成年人依法接受并完成义务教育

义务教育法规定，国家实行九年义务教育制度，义务教育是国家统一实施的所有适龄儿童、少年必须接受的教育，是国家必须予以保障的公益性事业；适龄儿童、少年的父母或者其他法定监护人应当依法保证其按时入学接受并完成义务教育。因此，未成年人的父母或者其他监护人对适龄未成年人的义务教育权利保障负有基本义务。义务教育法规定，凡年满六周岁的儿童，其父母或者其他法定监护人应当送其入学接受并完成义务教育；条件不具备的地区的儿童，可以推迟到七周岁。适龄儿童、少年因身体状况需要延缓入学或者休学的，其父母或者其他监护人应当提出申请，由当地乡镇人民政府或者县级人民政府教育行政部门批准。适龄儿童、少年的父母或者其他监护人无正当理由未送适龄儿童、少年入学接受义务教育的，由当地乡镇人民政府或者县级人民政府教育行政部门给予批评教育，责令限期改正。同时，父母或者其他监护人还应当为适龄未成年人提供接受义务教育的物质保障。

18. 如何妥善管理和保护未成年人的财产？

我国《宪法》第 13 条第 1 款、第 2 款规定："公民的合法的私有财产不受侵犯。国家依照法律规定保护公民的私有财产权和继承权。"《民法典》第 35 条第 1 款规定："……监护人除为维护被监护人利益外，不得处分被监护人的财产。"因此，未成年人享有与成年人平等的财产权，其合法财产受到法律平等保护。父母或者其他监护人应当依法妥善管理和保护未成年人的财产，除为维护未成年人利益外，如为了未成年人的生活、教育等，不得处分未成年人的财产。对于任何侵害未成年人合法财产的行为，要及时采取合法必要的保护措施。

19. 未成年人获得个人财产的途径有哪些?

未成年人的个人财产可以从以下途径取得：一是通过法定义务人应尽的抚养义务取得，如抚养费等；二是通过接受赠与取得；三是通过创作活动取得，如稿酬等；四是通过自己的特殊技能取得，如参与演出等；五是通过国家政策明文规定给未成年人的财产取得；六是通过获奖取得，如奖学金等；七是通过继承遗产取得；八是通过人身伤害追偿权取得等。

配套

《中华人民共和国宪法》第 49 条；《中华人民共和国民法典》第 17、20、23、26、34、35 条；《中华人民共和国家庭教育促进法》第 49 条

第十七条 【履行监护职责的禁止行为】 未成年人的父母或者其他监护人不得实施下列行为：

（一）虐待、遗弃、非法送养未成年人或者对未成年人实施家庭暴力；

（二）放任、教唆或者利用未成年人实施违法犯罪行为；

（三）放任、唆使未成年人参与邪教、迷信活动或者接受恐怖主义、分裂主义、极端主义等侵害；

（四）放任、唆使未成年人吸烟（含电子烟，下同）、饮酒、赌博、流浪乞讨或者欺凌他人；

（五）放任或者迫使应当接受义务教育的未成年人失学、辍学；

（六）放任未成年人沉迷网络，接触危害或者可能影响其身心健康的图书、报刊、电影、广播电视节目、音像制品、电子出版物和网络信息等；

（七）放任未成年人进入营业性娱乐场所、酒吧、互联网上网服务营业场所等不适宜未成年人活动的场所；

（八）允许或者迫使未成年人从事国家规定以外的劳动；

（九）允许、迫使未成年人结婚或者为未成年人订立婚约；

（十）违法处分、侵吞未成年人的财产或者利用未成年人牟

取不正当利益；

（十一）其他侵犯未成年人身心健康、财产权益或者不依法履行未成年人保护义务的行为。

注解

联合国《儿童权利公约》第19条规定，缔约国应采取一切适当的立法、行政、社会和教育措施，保护儿童在受父母、法定监护人或其他任何负责照管儿童的人的照料时，不致受到任何形式的身心摧残、伤害或凌辱，忽视或照料不周，虐待或剥削，包括性侵犯。本条对经常发生的监护侵害行为进行了列举，并明确禁止。根据本条的规定，监护人禁止行为分为三类：一是主动侵害类行为，即通过一定的行为侵害未成年人的合法权益、危害未成年人的身心健康，比如虐待未成年人，违法处分、侵吞未成年人的财产。二是拒绝履行监护类的行为，即应当为而不为的行为，比如遗弃未成年人。三是怠于履行监护类的行为，即疏忽或者放任不管的行为，比如放任未成年人沉迷网络，放任未成年人进入不适宜未成年人活动的场所。

特别需要注意实践中比较突出的一些禁止行为：一是虐待未成年人，通常来说包括四种行为，身体虐待、精神虐待、性虐待和疏忽照顾。其中，疏忽照顾是指监护人对于未成年人的饮食、教育、医疗、衣物、卫生等基本需求刻意忽视，特征是使未成年人出现明显的营养不良、穿不合身的衣物、学龄儿童未去学校等。二是遗弃未成年人，即监护人故意拒绝抚养、照顾未成年人的行为。三是非法送养未成年人。我国法律对于收养条件、放弃抚养权等都有着严格的规定，除依法符合条件和办理相应手续外，监护人不能仅因为无力抚养或重男轻女等而私下将其送给其他人养育。四是对未成年人实施家庭暴力，即监护人以殴打、捆绑、残害、限制人身自由以及经常性谩骂、恐吓等方式实施的身体、精神等侵害未成年人的行为。

应用

20. 家庭暴力如何应对?

《反家庭暴力法》第2条明确规定，家庭暴力是指家庭成员之间以殴打、捆绑、残害、限制人身自由以及经常性谩骂、恐吓等方式实施的身体、精神等侵害行为。

家庭成员之间应当互相帮助，互相关爱，和睦相处，履行家庭义务。反家庭暴力是国家、社会和每个家庭的共同责任。学校、幼儿园、医疗机构、居民委员会、村民委员会、社会工作服务机构、救助管理机构、福利机构及其工作人员在工作中发现无民事行为能力人、限制民事行为能力人遭受或者疑似遭受家庭暴力的，应当及时向公安机关报案。公安机关应当对报案人的信息予以保密。公安机关接到家庭暴力报案后应当及时出警，制止家庭暴力，按照有关规定调查取证，协助受害人就医、鉴定伤情。无民事行为能力人、限制民事行为能力人因家庭暴力身体受到严重伤害、面临人身安全威胁或者处于无人照料等危险状态的，公安机关应当通知并协助民政部门将其安置到临时庇护场所、救助管理机构或者福利机构。

监护人实施家庭暴力严重侵害被监护人合法权益的，人民法院可以根据被监护人的近亲属、居民委员会、村民委员会、县级人民政府民政部门等有关人员或者单位的申请，依法撤销其监护人资格，另行指定监护人。被撤销监护人资格的加害人，应当继续负担相应的抚养费用。

当事人因遭受家庭暴力或者面临家庭暴力的现实危险，向人民法院申请人身安全保护令的，人民法院应当受理。当事人是无民事行为能力人、限制民事行为能力人，或者因受到强制、威吓等原因无法申请人身安全保护令的，其近亲属、公安机关、妇女联合会、居民委员会、村民委员会、救助管理机构可以代为申请。人民法院作出人身安全保护令后，应当送达申请人、被申请人、公安机关以及居民委员会、村民委员会等有关组织。人身安全保护令由人民法院执行，公安机关以及居民委员会、村民委员会等应当协助执行。被申请人违反人身安全保护令，构成犯罪的，依法追究刑事责任；尚不构成犯罪的，人民法院应当给予训诫，可以根据情节轻重处以1000元以下罚款、15日以下拘留。

21. 父母可以和未成年子女断绝关系，“一刀两断”吗?

现实生活中，虽然父母尽心尽力地照顾、教育着自己的子女，但还是难免有“屡教不改”的孩子，让父母伤透了心。当情况严重时，便会出现一些父母与子女断绝关系的事情。

按我国法律规定，父母对未成年人有抚养的责任和义务。子女和父母之间的关系不是父母可以任意解除的，父母必须承担抚养教育未成年子女到18周岁的义务。子女行为不良、品行不端，父母应该好好教育，帮助他们改正。把子女赶出家门、将他们推向社会，没有人对他们进行管教，只会让他们越学越坏。这是一种不负责任、迫使未成年人离家出走的行为。父母放弃其监护职责，不履行法定义务，也是一种违法行为。

22. 组织未成年人有偿陪侍的行为如何定罪处罚?

《刑法修正案（七）》增设组织未成年人进行违反治安管理活动罪，旨在加强未成年人保护，维护社会治安秩序。《娱乐场所管理条例》将以营利为目的的陪侍与卖淫嫖娼、赌博等行为并列，一并予以禁止，并规定了相应的处罚措施，明确了该行为具有妨害社会治安管理的行政违法性。处于人生成长阶段的未成年人被组织从事有偿陪侍服务，不仅败坏社会风气，危害社会治安秩序，更严重侵害未成年人的人格尊严和身心健康，构成组织未成年人进行违反治安管理活动罪。检察机关办理此类案件，可以围绕被组织人数众多，犯罪行为持续时间长，采用控制手段的强制程度，色情陪侍方式严重损害未成年人身心健康等情形，综合认定为“情节严重”。（检例第173号：惩治组织未成年人进行违反治安管理活动犯罪综合司法保护案）

第十八条　【保障未成年人安全的义务】未成年人的父母或者其他监护人应当为未成年人提供安全的家庭生活环境，及时排除引发触电、烫伤、跌落等伤害的安全隐患；采取配备儿童安全座椅、教育未成年人遵守交通规则等措施，防止未成年人受到交通事故的伤害；提高户外安全保护意识，避免未成年人发生溺水、动物伤害等事故。

注解

本条是关于父母或者其他监护人的安全保障义务的规定。

应用

23. 父母或者其他监护人对未成年子女的安全保障义务主要包括哪些方面?

未成年人的父母或者其他监护人对未成年子女的安全保障义务主要包括以下三个方面：一是保障家庭生活环境的安全。安全的家庭生活环境是保护未成年人生命健康权的第一道防线。在家庭生活环境中造成未成年人的伤害主要有触电、烫伤、跌落。二是防止未成年人受到交通事故的伤害。未成年人的父母或者其他监护人应当采取配备儿童安全座椅、教育未成年人遵守交通规则等措施，防止未成年人受到交通事故的伤害。三是保障未成年人户外活动的安全。户外活动容易造成的未成年人意外伤害主要包括溺水和动物伤害。针对前者，父母或者其他监护人首先要提高自身的预防溺水的安全意识，加强对未成年人的安全教育，让未成年人掌握游泳和水上安全技巧；至于后者，父母或者其他监护人应当教育未成年人在户外碰到动物时，不要用手去触摸、追赶，尽量避让、远离，以避免受到伤害。

配套

《中华人民共和国民法典》侵权责任编

第十九条　【听取未成年人意见的义务】未成年人的父母或者其他监护人应当根据未成年人的年龄和智力发展状况，在作出与未成年人权益有关的决定前，听取未成年人的意见，充分考虑其真实意愿。

注解

本条是关于父母或者其他监护人在作出与未成年人权益有关的决定时应当尊重未成年人知情权的规定，包含父母或者其他监护人的决定权和未成年人的知情权两方面内容。

本法规定，未成年人的父母或者其他监护人应当依法履行抚养、教育和保护未成年人的义务，承担十项监护职责。因此，父母或者其他监护人必然要作出与未成年人权益有关的决定。这种决定权实质上是监护权的具体体现。父母或者其他监护人在行使监护权时，要正确处理决定权与未成年人自身独立性的关系，并非未成年人的所有活动都需要由监护人决定。根据民法典的规定，不满八周岁的未成年人为无民事行为能力人，由其法定代理人代理实施民事法律行为。八周岁以上的未成年人为限制民事行为能力人，实施民事法律行为由其法定代理人代理或者经其法定代理人同意、追认，但是可以独立实施纯获利益的民事法律行为或者与其年龄、智力相适应的民事法律行为。十六周岁以上的未成年人，以自己的劳动收入为主要生活来源的，视为完全民事行为能力人，可以独立实施民事法律行为。

应用

24. 未成年人享有知情权的前提条件是什么?

未成年人享有知情权的前提条件包括两个方面：(1) 与未成年人年龄、智力状况相适应。这可以从三个方面认定：与未成年人生活相关联的程度；未成年人的智力能力能否理解，并预见相应的后果；标的数额等方面。(2) 与未成年人权益有关。只有决定涉及未成年人的人身、财产或其他合法权益时，未成年人才享有知情权。

配套

《中华人民共和国民法典》第35条

第二十条　【采取保护措施和强制报告义务】未成年人的父母或者其他监护人发现未成年人身心健康受到侵害、疑似受到侵害或者其他合法权益受到侵犯的，应当及时了解情况并采取保护措施；情况严重的，应当立即向公安、民政、教育等部门报告。

注解

本条是关于未成年人的父母或者其他监护人及时采取保护措施和强制报告义务的规定。与本法第11条规定的强制报告制度不同，本条将报告的主体限定为未成年人的父母或者其他监护人。这是因为，父母或者其他监护人承担着抚养、教育、保护未成年人等监护职责，与未成年人共同生活，关系最为密切，最有可能发现未成年人身心健康是否受到侵害，应当承担报告的义务。

应用

25. 什么情况下，监护人应立即向公安、民政、教育等部门报告?

侵害行为达到违法犯罪程度，对未成年人造成了严重侵害后果的，如性侵害未成年人，教唆、利用未成年人实施违法犯罪行为，胁迫、诱骗、利用未成年人乞讨，以及受欺凌等，应当区分情况，立即向公安、民政、教育等行政主管部门报告，便于相关部门及时介入开展工作。

第二十一条　【监护人看护照护未成年人特别注意义务】未成年人的父母或者其他监护人不得使未满八周岁或者由于身体、

心理原因需要特别照顾的未成年人处于无人看护状态，或者将其交由无民事行为能力、限制民事行为能力、患有严重传染性疾病或者其他不适宜的人员临时照护。

未成年人的父母或者其他监护人不得使未满十六周岁的未成年人脱离监护单独生活。

注解

本条是关于临时照护和禁止未成年人单独生活的规定，主要包括以下三个方面的内容：(1) 父母不能使未成年人处于无人看护状态。父母或者其他监护人不能使两类未成年人处于无人看护的状态：一是未满八周岁的未成年人；二是因心理、身体原因需要特殊照顾的未成年人。(2) 父母应当委托具备条件的人员代为临时照护。临时照护是父母或者其他监护人因故不能直接看护需要特殊照护的未成年子女时，应当把子女交给符合条件的人短时间照料和看护。但是，为了保障未成年人的身心健康和人身安全，本条规定了父母或者其他监护人不得将未成年子女交给其临时照护的四类人员。(3) 十六周岁以下的未成年人不能脱离监护单独生活。

应用

26. 如何理解未满十六周岁的未成年人不得脱离监护单独生活?

这里所说的脱离监护单独生活主要是指：一是不允许十六周岁以下的未成年子女离开父母或者其他监护人在外租房单独生活，或者去异地打工；二是父母或者其他监护人在外出务工等情况下，不能将十六周岁以下的未成年子女留在家里单独生活，应当将未成年子女委托给他人照护；三是不包括学生住校、参加夏令营等经父母或者其他监护人同意的行为。

配套

《中华人民共和国民法典》第 18-20 条

第二十二条　【委托他人照护未成年人的义务】未成年人的父母或者其他监护人因外出务工等原因在一定期限内不能完全履行监护职责的，应当委托具有照护能力的完全民事行为能力人代为照护；无正当理由的，不得委托他人代为照护。

未成年人的父母或者其他监护人在确定被委托人时，应当综合考虑其道德品质、家庭状况、身心健康状况、与未成年人生活情感上的联系等情况，并听取有表达意愿能力未成年人的意见。

具有下列情形之一的，不得作为被委托人：

（一）曾实施性侵害、虐待、遗弃、拐卖、暴力伤害等违法犯罪行为；

（二）有吸毒、酗酒、赌博等恶习；

（三）曾拒不履行或者长期怠于履行监护、照护职责；

（四）其他不适宜担任被委托人的情形。

注解

本条是关于委托他人代为照护未成年人义务的规定，确保父母或者其他监护人无法亲自监护未成年人时未成年人能够得到良好的照顾、抚育、看护。

应用

27. 长期照护的适用要点有哪些?

一是具备正当理由，主要包括两种。第一种为主观上的履行不能，即父母或者其他监护人因外出务工或其他同种类行为而不能履行职责。第二种为客观上的履行不能，一般是由于疾病或意外事故等不可预见且不能控制的事由导致未成年人父母部分或全部丧失民事行为能力进而不能履行职责。除此之外，如不具备正当理由，不得任意委托他人代为照护。二是在一定期限内无法完全履行监护职责。根据这一要求，父母或者其他监护人无法履行监护职责限定于一定期限、部分的不能。如果父母或者其他监护人已经永远丧失履行全部监护职责的能力或者条件，则应当依法另行确定其他人作为监护人。三是选定具有照护能力的完全民事行为能力人。选定被委托人时，应当符合本条第2款、第3款的规定，其须具备照护未成年人的能力和条件。四是委托的内容限于照护职责，包括照料未成年人的日常生活，教育和关心爱护未成年人，保护未成年人的人身、财产及其他合法权益。这也意味着还有部分监护职责不能委托，必须由父母或者其他监护人亲自履行或者与被委托人共同履行。五是及时委托照护是父母或者其他监护人的义务。父母或者其他监护人具备正当理由时，必须及时选定合格的被委托人，防止出现无人照护、失教失管等风险状况。这是父母或者其他监护人的一项义务，不能怠于履行或者拒绝履行。

配套

《国务院关于加强农村留守儿童关爱保护工作的意见》

第二十三条 【委托照护情形下监护人的职责】未成年人的父母或者其他监护人应当及时将委托照护情况书面告知未成年人所在学校、幼儿园和实际居住地的居民委员会、村民委员会，加强和未成年人所在学校、幼儿园的沟通；与未成年人、被委托人至少每周联系和交流一次，了解未成年人的生活、学习、心理等情况，并给予未成年人亲情关爱。

未成年人的父母或者其他监护人接到被委托人、居民委员会、村民委员会、学校、幼儿园等关于未成年人心理、行为异常的通知后，应当及时采取干预措施。

注解

本条是关于委托照护情形下监护人如何履行监护职责的规定。对于委托人而言，委托监护只是监护职责的部分转移，而非监护资格的移转，因此未成年人父母的资格也不因地域分离而中断，除了依然需要履行监护职责外，还需要履行以下义务：一是书面通知义务。未成年人的父母或者其他监护人应当及时将委托照护情况书面告知未成年人所在学校、幼儿园和实际居住地的居民委员会、村民委员会。二是定期联系和交流义务。未成年人的父母或者其他监护人应加强和未成年人所在学校、幼儿园的沟通，与未成年人、被委托人至少每周联系和交流一次，了解未成年人的生活、学习、心理等情况，并给予未成年人亲情关爱。三是及时干预义务。未成年人的父母或者其他监护人接到被委托人、居民委员会、村民委员会、学校、幼儿园等关于未成年人心理、行为异常的通知后，应当及时采取干预措施。

第二十四条 【离婚情形下监护人的职责】未成年人的父母离婚时，应当妥善处理未成年子女的抚养、教育、探望、财产等事宜，听取有表达意愿能力未成年人的意见。不得以抢夺、藏匿未成年子女等方式争夺抚养权。

未成年人的父母离婚后，不直接抚养未成年子女的一方应当依照协议、人民法院判决或者调解确定的时间和方式，在不影响未成年人学习、生活的情况下探望未成年子女，直接抚养的一方应当配合，但被人民法院依法中止探望权的除外。

应用

28. 未成年人的父母离婚有哪些法律上的注意义务?

一是必须妥善处理未成年子女的抚养、教育、探望、财产等事宜。如何理解“妥善”，应当根据最有利于未成年人原则进行判断，父母需要强化未成年子女在家庭中享有独立人身权利和财产权利的观念。一方面，未成年子女在家庭中的人身权利受法律保护。另一方面，未成年子女在家庭中的财产权利受法律保护。

二是就有关事宜的安排，应当听取有表达意愿能力未成年人的意见，并予以充分考虑。在离婚制度中也应坚持最有利于未成年人原则，首先要保障未成年人表达自己意愿的权利。在父母协议离婚时，虽然未成年子女本身并没有权利干涉父母的婚姻自由（离婚自由），需要接受父母离婚的事实，但是这并不意味着子女关于父母的离婚协议内容没有任何表达意愿的权利，父母有责任为了未成年子女的健康成长作出合理安排以及利益让步，所以协议离婚制度不仅应当平衡婚姻当事人的利益，也应该保护未成年子女的利益，最大限度尊重未成年子女的意愿。未成年子女表达意愿的内容很丰富，包括提出关于直接抚养人意见的权利，与父母及其他近亲属交往联络的权利，与家庭成员团聚的权利，等等。

三是禁止以抢夺、藏匿未成年子女等方式争夺抚养权。

四是共同配合行使探望权。未成年人的健康成长，既需要充足的物质保障，也需要来自父母的精神关爱，两者缺一不可，任何一方的缺失都有可能给未成年子女的身心健康带来不利影响。因此，除被人民法院依法中止探望权的以外，不直接抚养未成年子女的一方也有义务依照协议、人民法院判决或者调解确定的时间和方式，在不影响未成年人学习、生活的情况下探望未成年子女，直接抚养的一方有义务予以配合。

配套

《中华人民共和国民法典》第1076、1078、1084、1086条

第三章 学校保护

第二十五条 【学校的教育和保护职责】学校应当全面贯彻国家教育方针，坚持立德树人，实施素质教育，提高教育质量，注重培养未成年学生认知能力、合作能力、创新能力和实践能力，促进未成年学生全面发展。

学校应当建立未成年学生保护工作制度，健全学生行为规范，培养未成年学生遵纪守法的良好行为习惯。

注解

本条是关于学校教育和保护职责的总体性规定。学校是未成年人重要的成长场所。未成年人在学校学习文化知识，接受素质教育，是其从家庭走向社会的过渡阶段。一方面，学校教育不仅影响着未成年人未来的发展，而且对其人格塑造具有不可替代的作用。另一方面，校园安全状况直接关系着未成年人在校期间的人身安全和健康。学校对未成年学生依法负有教育、保护这两大职责。一是教育职责。联合国《儿童权利公约》第29条第1款规定，缔约国一致认为教育儿童的目的之一应是最充分地发展儿童的个性、才智和身心能力。结合我国义务教育的情况，本条第1款对学校教育职责提出了上述系列要求。二是保护职责。校园应当是最阳光、最安全的地方。为此，学校应当建立未成年学生保护工作制度，在食品安全、校舍安全、设施安全、防溺水等方面出台具体措施，健全学生行为规范，培养未成年学生遵纪守法的良好行为习惯，尽最大努力杜绝校园欺凌和学生违法犯罪。对体罚、性骚扰、性侵害等侵害学生人身健康的违法犯罪行为，要建立零容忍制度，及早发现、及时处理、从严问责，应当追究法律责任的，协同配合公安、司法机关严格依法惩处。

配套

《中华人民共和国义务教育法》第5条；《关于深化教育体制机制改革的意见》

第二十六条　【幼儿园的保育和教育职责】幼儿园应当做好保育、教育工作，遵循幼儿身心发展规律，实施启蒙教育，促进幼儿在体质、智力、品德等方面和谐发展。

应用

29. 幼儿园保育和教育的主要目标是什么?

《幼儿园工作规程》规定了幼儿园保育和教育的主要目标为：(1) 促进幼儿身体正常发育和机能的协调发展，增强体质，促进心理健康，培养良好的生活习惯、卫生习惯和参加体育活动的兴趣；(2) 发展幼儿智力，培养正确运用感官和运用语言交往的基本能力，增进对环境的认识，培养有益的兴趣和求知欲望，培养初步的动手探究能力；(3) 萌发幼儿爱祖国、爱家乡、爱集体、爱劳动、爱科学的情感，培养诚实、自信、友爱、勇敢、勤学、好问、爱护公物、克服困难、讲礼貌、守纪律等良好的品德行为和习惯，以及活泼开朗的性格；(4) 培养幼儿初步感受美和表现美的情趣和能力。

配套

《幼儿园管理条例》；《中共中央、国务院关于学前教育深化改革规范发展的若干意见》；《幼儿园工作规程》；《3—6岁儿童学习与发展指南》《托儿所幼儿园卫生保健管理办法》

第二十七条　【禁止体罚或者变相体罚】学校、幼儿园的教职员工应当尊重未成年人人格尊严，不得对未成年人实施体罚、变相体罚或者其他侮辱人格尊严的行为。

注解

本条是关于尊重未成年人人格尊严，禁止体罚或者变相体罚等错误教育手段的规定。体罚及变相体罚行为，通常是指教师以暴力的方法或以暴力相威胁，或者以其他强制性手段来制止和预防学生的某些不良做法，直接或间接伤害学生身体的教师问题行为。具有此类行为特征的教师，其主要表现是：直接责打学生、让学生代行体罚或自罚、罚站、罚值日、赶出教室、放学后被留校、随意停课或停止学生参加一切活动、罚学生做超量作业等。其中，变相体罚有时候具有很强的隐蔽性，没有接触被罚人的身体，但以非人道的方式迫使被罚人做出某些行为，使其身体或精神上感到痛苦。任何一种变相体罚都会产生与体罚相同的危害学生身体健康或者损害人格尊严的后果。

侮辱学生的人格尊严，通常是指教师在批评学生的过程中，公然贬低、侮辱学生人格或用恐吓、威胁等手段管制学生、压服学生的教师问题行为。具有此类行为特征的教师，其主要表现是：常用刻薄、尖酸的言语嘲讽、刺伤学生，故意侮辱、谩骂学生，用威胁和恐吓的办法管制学生等。

应 用

30. 对未成年人实施体罚、变相体罚或者其他侮辱人格尊严的行为应承担哪些法律责任?

根据本法第119条的规定，学校、幼儿园、托儿所教职员工对未成年人实施体罚、变相体罚或者其他侮辱人格行为的，由公安、教育、卫生健康、市场监督管理等部门按照职责分工责令改正；拒不改正或者情节严重的，对直接负责的主管人员和其他直接责任人员依法给予处分。而依据我国《教师法》的规定，对于体罚和变相体罚学生的教师，所在学校、其他教育机构或者教育行政部门，必须及时进行批评教育，帮助他们认识和改正错误，并视情节给予行政处分或者解聘。对于情节极为恶劣，构成犯罪的，要依照刑法的规定追究法律责任。

配 套

《中华人民共和国宪法》第38条；《中华人民共和国民法典》第109、110条，第四编；《中华人民共和国教师法》第8、37条；《中华人民共和国义务教育法》第29条；《中小学教师违反职业道德行为处理办法（2018年修订）》；《幼儿园教师违反职业道德行为处理办法》

第二十八条　【保障未成年人受教育权】学校应当保障未成年学生受教育的权利，不得违反国家规定开除、变相开除未成年学生。

学校应当对尚未完成义务教育的辍学未成年学生进行登记并劝返复学；劝返无效的，应当及时向教育行政部门书面报告。

应用

31. 学校侵犯未成年人受教育权有哪些情形？

学校侵犯未成年人的受教育权主要有以下情况：(1) 违反规定乱收费用，拒绝接受交不起费用的学生就学。(2) 擅自提出不合理的入学条件，以学生未满足这些条件为由拒绝其入学。(3) 拒绝接受有正常学习能力的残疾孩子就学。(4) 拒绝接受刑满、解除管教以及专门学校结业，但应继续接受义务教育的少年就学。(5) 对违纪学生处以停课的处罚。(6) 违反法律和国家规定开除学生。

32. 学校是否有权开除学生？

实践中，中小学为了方便管理、提高升学率等原因，往往对成绩不佳、违反纪律的学生，动辄以“开除出校”相威胁，这种行为既违反了未成年人保护法，也违反了义务教育法。《义务教育法》第27条规定，对违反学校管理制度的学生，学校应当予以批评教育，不得开除。《小学管理规程》第15条也规定，小学对品学兼优的学生应予表彰，对犯有错误的学生应予批评教育，对极少数错误较严重的学生可分别给予警告、严重警告和记过处分。小学不得开除学生。

可见，对于学习成绩不理想、经常违反校规校纪的相对后进的学生，学校仍应坚持教育帮助为主的方针，结合未成年人的心理特点，耐心地做好深入细致的思想转化工作。必要时，可以在合理范围内慎重地予以校内处分，但决不能随意将未成年学生开除出校，剥夺其接受义务教育的权利。

如果学生屡教不改，严重影响正常的教学秩序，甚至触犯法律，也应当按照有关法律规定的程序，将《预防未成年人犯罪法》规定的具有严重不良行为的适龄少年转送入专门学校，继续接受义务教育，并接受对严重不良行为的矫治，而不能简单开除出校。

33. 残疾未成年人有接受义务教育的权利吗？

残疾人是不幸而特殊的一群人。根据我国法律规定，残疾人，是指在心理、生理、人体结构上，某种组织、功能丧失或者不正常，全部或者部分丧失以正常方式从事某种活动能力的人。残疾人虽然其身体有残疾，但是在政治、经济、文化、社会和家庭生活等方面享有同其他公民平等的权利。

身有残疾的未成年人，并不会因为其身体有残疾而低人一等。根据《残疾人保障法》第21条的规定，国家保障残疾人受教育的权利，对残疾人也同样实施义务教育。各级人民政府应当将残疾人教育作为国家教育事业的组成部分，统一规划，加强领导，为残疾人接受教育创造条件。政府、社会、学校应当采取有效措施，解决残疾儿童、少年就学存在的实际困难，帮助其完成义务教育。各级人民政府对接受义务教育的残疾学生、贫困残疾人家庭的学生提供免费教科书，并给予寄宿生活费等费用补助；对接受义务教育以外其他教育的残疾学生、贫困残疾人家庭的学生按照国家有关规定给予资助。

根据《义务教育法》第19条的规定，县级以上地方人民政府根据需要设置相应的实施特殊教育的学校（班），对视力残疾、听力语言残疾和智力残疾的适龄儿童、少年实施义务教育。特殊教育学校（班）应当具备适应残疾儿童、少年学习、康复、生活特点的场所和设施。普通学校应当接收具有接受普通教育能力的残疾适龄儿童、少年随班就读，并为其学习、康复提供帮助。

配套

《中华人民共和国宪法》第46条；《中华人民共和国教育法》第9、43条；《中华人民共和国义务教育法》第4、27、29条；《中华人民共和国预防未成年人犯罪法》第35、36、39条

第二十九条　【平等关注和关爱重点未成年学生】学校应当关心、爱护未成年学生，不得因家庭、身体、心理、学习能力等情况歧视学生。对家庭困难、身心有障碍的学生，应当提供关爱；对行为异常、学习有困难的学生，应当耐心帮助。

学校应当配合政府有关部门建立留守未成年学生、困境未成年学生的信息档案，开展关爱帮扶工作。

第三十条　【学校德育】学校应当根据未成年学生身心发展特点，进行社会生活指导、心理健康辅导、青春期教育和生命教育。

第三十一条　【劳动教育】学校应当组织未成年学生参加与其年龄相适应的日常生活劳动、生产劳动和服务性劳动，帮助未

成年学生掌握必要的劳动知识和技能，养成良好的劳动习惯。

第三十二条　【勤俭节约教育】学校、幼儿园应当开展勤俭节约、反对浪费、珍惜粮食、文明饮食等宣传教育活动，帮助未成年人树立浪费可耻、节约为荣的意识，养成文明健康、绿色环保的生活习惯。

第三十三条　【避免加重学习负担】学校应当与未成年学生的父母或者其他监护人互相配合，合理安排未成年学生的学习时间，保障其休息、娱乐和体育锻炼的时间。

学校不得占用国家法定节假日、休息日及寒暑假期，组织义务教育阶段的未成年学生集体补课，加重其学习负担。

幼儿园、校外培训机构不得对学龄前未成年人进行小学课程教育。

应用

34. 如何保障未成年学生的休息、娱乐和体育锻炼的时间?

一方面，学校严格依照课标教学，严格执行国家课程方案和课程标准，开足开齐规定课程，努力提高教学质量，促进学生全面发展。严控书面作业总量。小学一二年级不布置书面家庭作业，三至六年级家庭作业不超过60分钟，初中家庭作业不超过90分钟，高中也要合理安排作业时间。按照国家课程方案和课程标准开足开好体育课程，严禁削减、挤占体育课时间。严禁将课后服务变为集体教学或集体补课。学校不得占用国家法定节假日、休息日及寒暑假期，组织义务教育阶段的未成年学生集体补课，加重其学习负担。

另一方面，父母或者其他监护人应当树立科学育儿观念，正确认识未成年学生成长规律，切实履行家庭教育职责，支持学校和教师正确行使对学生的教育管理权利。鼓励未成年学生尽展其才，避免盲目攀比、跟风报班。增强未成年学生身心健康，安排未成年学生每天进行户外锻炼，鼓励支持他们参加各种形式的体育活动。引导未成年学生健康生活，引导他们合理使用电子产品，上健康网站，不沉迷网络游戏，保障未成年学生每天睡眠时间充足。

35. 能否对学龄前未成年人提前进行小学课程教育?

根据本条第3款规定，幼儿园、校外培训机构不得对学龄前未成年人进行小学课程教育。近年来，由于应试教育和社会上一些不良宣传的影响，出现了学前教育“小学化”的现象，损害了幼儿的身心健康，危害很大。一是违背幼儿身心发展规律。二是剥夺了幼儿快乐的童年。学前教育阶段的孩子们应当在游戏活动、童话故事中获得知识、健康快乐成长，过早进入小学课程的学习和强化训练，将严重影响他们的身心健康和社会能力的发展。三是将造成厌学的严重后果。学前教育应当遵循科学规律，重点关注孩子健康、语言、社会、科学、艺术等领域的发展，培养孩子良好的行为习惯，而不是过早地对他们进行文化知识教育。

配套

《关于深化教育体制机制改革的意见》；《中小学生减负措施》

第三十四条　【卫生保健工作】学校、幼儿园应当提供必要的卫生保健条件，协助卫生健康部门做好在校、在园未成年人的卫生保健工作。

第三十五条　【校园安全管理制度】学校、幼儿园应当建立安全管理制度，对未成年人进行安全教育，完善安保设施、配备安保人员，保障未成年人在校、在园期间的人身和财产安全。

学校、幼儿园不得在危及未成年人人身安全、身心健康的校舍和其他设施、场所中进行教育教学活动。

学校、幼儿园安排未成年人参加文化娱乐、社会实践等集体活动，应当保护未成年人的身心健康，防止发生人身伤害事故。

注解

本条是关于学校、幼儿园安全管理制度的规定，包含如下五个方面的内容。

一是落实安全管理主体责任，建立安全管理制度。学校安全管理工作主要包括：构建学校安全工作保障体系，全面落实安全工作责任制和事故责任追究制，保障学校安全工作规范、有序进行；健全学校安全预警机制，制订突发事件应急预案，完善事故预防措施，及时排除安全隐患，不断提高学校安全工作管理水平；建立校园周边整治协调工作机制，维护校园及周边环境安全；加强安全宣传教育培训，提高师生安全意识和防护能力；事故发生后启动应急预案、对伤亡人员实施救治、对相关人员进行责任追究等。

二是对未成年人进行安全教育，健全学校安全教育机制。将提高学生的安全意识和自我防护能力作为素质教育的重要内容，着力提高学校安全教育的针对性与实效性。将安全教育与法治教育有机融合，全面纳入国民教育体系，把尊重生命、保障权利、尊重差异的意识和基本安全常识从小根植在学生心中。

三是完善安保设施，建立专兼职结合的学校安保队伍。

四是禁止使用危险校舍和设施。学校应当建立健全校舍安全保障长效机制，保证学校的校舍、场地、教学及生活设施等符合安全质量和标准。

五是防范集体活动可能导致的人身伤害。学校在日常的教育教学活动中应当遵循教学规范，落实安全管理要求，合理预见、积极防范可能发生的风险。

应用

36. 教育服务场所存在安全隐患，行政机关没有充分履职的，检察机关能否开展行政公益诉讼?

对未成年人负有教育、照顾、看护等职责的教育服务场所，明知不符合办学条件，存在安全隐患，仍向未成年人开放，使未成年人合法权益面临风险，行政主管部门未依法充分履职，致使公共利益受到侵犯的，检察机关可以依法开展行政公益诉讼，督促行政机关依法充分履职。（检例第 143 号：福建省福清市人民检察院督促消除幼儿园安全隐患行政公益诉讼案）

配套

《中华人民共和国教育法》第 73 条；《国务院办公厅关于加强中小学幼儿园安全风险防控体系建设的意见》；《中小学幼儿园安全管理办法》

第三十六条　【校车安全管理制度】使用校车的学校、幼儿园应当建立健全校车安全管理制度，配备安全管理人员，定期对校车进行安全检查，对校车驾驶人进行安全教育，并向未成年人讲解校车安全乘坐知识，培养未成年人校车安全事故应急处理技能。

配套

《校车安全管理条例》

第三十七条　【突发事件和意外伤害应对处置制度】 学校、幼儿园应当根据需要，制定应对自然灾害、事故灾难、公共卫生事件等突发事件和意外伤害的预案，配备相应设施并定期进行必要的演练。

未成年人在校内、园内或者本校、本园组织的校外、园外活动中发生人身伤害事故的，学校、幼儿园应当立即救护，妥善处理，及时通知未成年人的父母或者其他监护人，并向有关部门报告。

应用

37. 什么是学校突发事件？学校突发事件都包括哪些情形？

学校的突发事件，是指发生在校园内或者学校组织的校外活动中，由人为或自然灾害引起，具有突发性或难以预见，造成或者可能造成师生身体健康严重损害，对校园教学工作和生活秩序以及家庭和社会稳定造成严重影响的突发性事件。诸如意外伤害、火灾、校舍倒塌、重大食物中毒、重大传染性流行性疾病、自然灾害等。

学校的突发事件一般包括：

（1）灾害：地震、台风、洪水、山体滑坡、火灾、建筑物倒塌、交通事故、群体拥挤踩踏、游泳溺水、户外集体活动发生意外等，致师生重伤、死亡的突发事件。

（2）突发卫生事件：是指突然发生，造成或者可能造成社会公众健康严重损害的重大传染病疫情、群体性不明原因疾病、重大食物和职业中毒以及其他严重影响公众健康的事件。包括群体食物中毒、环境污染中毒、传染性疾病、群体性不明病因等，致师生重伤、死亡的突发事件。

（3）社会安全事件：在校师生与当地群众发生群体纠纷、学生之间较大规模纠纷、非组织的政治性群体聚会或游行、学生各类自杀死亡、因教学改革或拖欠教师工资等原因引发的教职员工集访、教师体罚行为致学生死亡或伤残或病重住院、严重影响校园教学秩序或群众生活秩序的其他突发事件。

38. 什么是学生伤害事故？学生伤害事故都包括哪些情形？

学生伤害事故，从广义上讲是指学生发生在学校的以及与教育教学活动有关的人身伤亡事故，其中既包括学生在校期间发生的伤亡事故，也包括学生在本校组织的校外活动中发生的人身伤害事故。

学生伤害事故大致可以分为教育活动事故、学校设施事故及学生间事故三种类型：

（1）教育活动事故。一般认为，只要是属于教师职务范围之内如课堂讲授、课外活动、学校举办的特殊形式的教学活动、教师的教育指导、教师自己决定带领学生在野外郊游或登山活动等各种活动，或在教师指导、监督下进行的课外活动、社团活动、运动会及学校特别庆典活动等，都具有教育的性质，属于广义的教育活动。这其中容易发生危险的活动如体育、自然科学实验课程等，安全隐患比较大，学校和教师负有较高的安全注意义务，一旦发生安全事故，应及时、妥善采取措施处理。

（2）学校设施事故，是指学校的校舍、场地、其他公共设施，以及学校提供给学生使用的学具、教育教学和生活设施、设备不符合国家规定的标准，或者有明显不安全因素而引发的事故。这种状况，严重地危害着师生安全和影响正常的教学秩序，是造成学生伤害事故的重要原因。

（3）学生间事故，是指发生于学生之间，因其他学生侵害而发生伤害的事故。例如，学生在下课时间，因玩耍或恶作剧致其他学生受伤的情形，即属于学生间事故。虽然学生间事故常常是学校或教师所不能预防的，发生的原因也与学校无关，但是学校教师或者其他工作人员在负有组织、管理未成年学生的职责期间，发现学生行为具有危险性，应当进行必要的管理，对其行为加以告诫并采取措施制止，否则，也应当承担相应的法律责任。

此外，还有因学校的安全保卫、消防、设施设备管理等安全管理制度有疏漏而产生的事故；因学校向学生提供的药品、食品、饮用水等不符合国家或者行业的有关标准、要求而产生的事故；因教师或者其他工作人员患有不适宜担任教育教学工作的疾病而产生的事故；学校违反有关规定，组织或者安排未成年学生从事不宜未成年人参加的劳动、体育运动或者其他活动而产生的事故；地震、雷击、台风、洪水等自然因素造成的事故；来自学校外部的突发性、偶发性侵害造成的事故；学生自行外出或者擅自离校期间发生的事故；等等。

39. 发生学生伤害事故，学校应该怎么办？

根据《学生伤害事故处理办法》第 8 条的规定，发生学生伤害事故，造成学生人身损害的，学校应当按照民法典侵权责任编及相关法律、法规的规定，承担相应的事故责任。

根据《学生伤害事故处理办法》第 15 条、第 16 条的规定，学校发现学生受伤，应及时救助，并通知其父母或其他监护人。如果有条件，学校还应当采取一定的救援措施。发生学生伤害事故，情形严重的，学校应当及时向主管教育行政部门及有关部门报告；属于重大伤亡事故的，教育行政部门应当按照有关规定及时向同级人民政府和上一级教育行政部门报告。

学生只要在校期间受伤，根据我国法律规定，学校一经发现，都有及时救助的义务，不可以任何借口加以推脱。如果因为学校没有及时采取措施而导致伤害加重的，学校应当对加重部分承担责任。

40. 学校设备损坏未及时修理而造成学生受伤害的，学校需要承担责任吗？

学校是学生学习、生活的地方。学校应该保证其所提供的一切设施，包括学校的校舍、场地、其他公共设施以及学校提供给学生使用的学具、教育教学和生活设施、设备符合国家规定的标准，或者没有明显的不安全因素。

根据《学生伤害事故处理办法》第 9 条第 1 项的规定，学校的校舍、场地、其他公共设施，以及学校提供给学生使用的学具、教育教学和生活设施、设备不符合国家规定的标准，或者有明显不安全因素的，学校应当依法承担相应的责任。

学校设备损坏造成学生受伤的，应分析具体情况：

（1）如果学校已经发现设施损坏、具有一定的危险性，应及时修理，否则造成学生受伤的，学校应承担责任。

（2）如果设施损坏很容易被发现，学校理应发现但未及时发现并进行修理，由此造成学生受伤的，学校需要承担赔偿责任。

（3）如果设施存在的问题非常隐蔽，学校已经进行了常规性检查，仍不能查出的，学校已经尽到其职责，不存在过错，一般不需要承担责任。如果受伤的学生自己在使用该设施时也没有过错，则根据公平原则，学校应该和受伤的学生分摊损失。

41. 学校安全管理制度不完善造成学生受伤害的，学校需要承担责任吗?

学生进入学校学习后，学校应该采取必要的措施保证学生的安全，以便他们可以健康、安全地学习知识、茁壮成长。学校的安全保卫、消防、设施设备管理等安全管理制度是这些措施的重要内容。

根据《学生伤害事故处理办法》第9条第2项的规定，学校的安全保卫、消防、设施设备管理等安全管理制度有明显疏漏，或者管理混乱，存在重大安全隐患，而未及时采取措施的，学校应当依法承担相应的责任。例如消防设备早已损坏不能使用，但迟迟未进行更新，由此造成学生受到伤害的，学校应当承担责任。

42. 学校提供给学生的食物存在质量问题造成学生受伤害的，学校需要承担责任吗?

学校不仅有教授、监督学生学习科学文化知识的责任，也有给学生提供一个安全、卫生、健康的学习环境的责任。学校与学生之间，有着极为特殊的关系，需要对学生，尤其是未成年学生尽到应尽的照顾义务，保障他们在学校的一切安全，使他们茁壮成长。

根据《学生伤害事故处理办法》第9条第3项的规定，学校向学生提供的药品、食品、饮用水等不符合国家或者行业的有关标准、要求的，学校应当依法承担相应的责任。

根据上述法条规定，学校向在校学生提供的食品、饮用水、药品等物品，必须符合国家或者行业的有关标准和要求，如果存在质量问题，导致学生食用或使用后受到伤害的，学校需要承担责任。

43. 学生在学校里自杀，学校需要承担责任吗?

由于未成年人年纪小、心智不健全，加之种种难以预料的因素，致使未成年人在某些情景下易产生轻生的思想。未成年人在学校上学时，学校应当积极引导，使他们可以乐观上进、积极主动地生活，对于有反常行为的未成年人应当及时关注。

根据《学生伤害事故处理办法》第12条第4项的规定，学生自杀、自伤的，学校已履行了相应职责，行为并无不当的，无法律责任。

学生在学校自杀是学校无法控制的事情，学校并不需要对此承担责任。但是，如果该生之前已有一些反常行为，学校已经发现或本应发现，或者已有同学反映该生有自杀倾向，但学校并没有采取任何措施，如与该生进行沟通、与其家长联系、叮嘱同学多注意该生的行为等，则学校需要承担责任。

44. 学生擅自离校期间受到伤害，学校需要承担责任吗？

根据《学生伤害事故处理办法》第13条、第9条第11项的规定，学生在擅自离校期间已脱离了学校管理职责的范围，在这种情形下，只要学校的行为没有不当，学生受到伤害，学校就无须承担责任。但是，如果学校发现学生擅自离校却未及时告知其父母或其他监护人，导致学生因脱离监护人的保护而受到伤害的，学校应当承担责任。同样，学生自行上学、放学、返校、离校途中发生的伤害事故，以及在放学后、节假日或者假期等学校工作时间以外，学生自行滞留学校或者自行到校发生的伤害事故，学校都不需要承担责任。

45. 自然灾害造成学生在校内受到伤害，学校需要承担责任吗？

学校有责任对在校就读的学生负责，为他们提供安全、健康、稳定的学习环境。一旦在校期间发生了学生的伤害事故，学校作为责任方，一般来说需要承担一定的责任。

但是若遭遇了自然灾害，如地震、雷击、台风、洪水等不可抗拒的自然因素，这些是学校无法控制的，要求学校对完全由自然灾害造成的损害承担责任对学校不公平。因此，不能要求学校对因自然灾害受到伤害的学生承担责任。

根据《学生伤害事故处理办法》第12条第1项的规定，因地震、雷击、台风、洪水等不可抗的自然因素造成的学生伤害事故，学校已履行了相应职责，行为并无不当的，无法律责任。

配套

《中华人民共和国突发事件应对法》第30条；《中华人民共和国民法典》第1199-1201条；《学生伤害事故处理办法》第15、16条；《幼儿园管理条例》

第三十八条　【禁止商业类活动】 学校、幼儿园不得安排未成年人参加商业性活动，不得向未成年人及其父母或者其他监护人推销或者要求其购买指定的商品和服务。

学校、幼儿园不得与校外培训机构合作为未成年人提供有偿课程辅导。

配套

《国务院办公厅关于规范校外培训机构发展的意见》；《严禁中小学校和在职中小学教师有偿补课的规定》

第三十九条　【学生欺凌防控制度】 学校应当建立学生欺凌防控工作制度，对教职员工、学生等开展防治学生欺凌的教育和培训。

学校对学生欺凌行为应当立即制止，通知实施欺凌和被欺凌未成年学生的父母或者其他监护人参与欺凌行为的认定和处理；对相关未成年学生及时给予心理辅导、教育和引导；对相关未成年学生的父母或者其他监护人给予必要的家庭教育指导。

对实施欺凌的未成年学生，学校应当根据欺凌行为的性质和程度，依法加强管教。对严重的欺凌行为，学校不得隐瞒，应当及时向公安机关、教育行政部门报告，并配合相关部门依法处理。

注解

根据本法第130条的规定，学生欺凌是指发生在学生之间，一方蓄意或者恶意通过肢体、语言及网络等手段实施欺压、侮辱，造成另一方人身伤害、财产损失或者精神损害的行为。

应用

46. 如何对实施欺凌的未成年学生进行管教?

对于情节轻微的欺凌事件，学校应当对实施欺凌的学生进行批评教育。实施欺凌的学生应当向被欺凌学生道歉，取得谅解。对于情节轻微但反复发生的欺凌事件，学校可视具体情节和危害程度给予纪律处分。对于情节比较恶劣、对被欺凌学生身心造成伤害的欺凌行为，学校可视具体情节和危害程度给予实施欺凌的学生纪律处分，将其表现记入学生综合素质评价中。未成年学生实施欺凌行为屡教不改或者情节恶劣，尚不构成违反治安管理或者犯罪的，可以依法将其送入专门学校接受行为矫治。

47. 学校是否可以自行处理严重的欺凌行为?

严重的欺凌行为主要是指欺凌行为违反治安管理或者涉嫌犯罪。对严重的欺凌行为学校应当及时向公安机关、教育行政部门报告，学校和教育行政部门应当共同配合公安机关，对严重的欺凌行为进行处理。欺凌行为构成违反治安管理的，依法给予治安管理处罚；构成犯罪的，依法追究刑事责任。学校对于严重的学生欺凌行为，不得隐瞒。

配套

《关于防治中小学生欺凌和暴力的指导意见》；《加强中小学生欺凌综合治理方案》

第四十条　【性侵害、性骚扰防控制度】学校、幼儿园应当建立预防性侵害、性骚扰未成年人工作制度。对性侵害、性骚扰未成年人等违法犯罪行为，学校、幼儿园不得隐瞒，应当及时向公安机关、教育行政部门报告，并配合相关部门依法处理。

学校、幼儿园应当对未成年人开展适合其年龄的性教育，提高未成年人防范性侵害、性骚扰的自我保护意识和能力。对遭受性侵害、性骚扰的未成年人，学校、幼儿园应当及时采取相关的保护措施。

应用

48. 对性侵害、性骚扰未成年人等违法犯罪行为，学校、幼儿园是否负有及时报告和采取保护措施的义务？

对性侵害、性骚扰未成年人等违法犯罪行为，学校、幼儿园负有及时报告和采取保护措施的义务。个别学校发生了教师性侵害、性骚扰学生事件之后，出于影响学校名誉、学校参评先进等各种考虑，往往不情愿、不积极上报案情，而是瞒报、缓报，或者消极等待、听之任之，认为是否报案应由受害学生的家长自行决定。有的学校甚至力促受害学生的家长与施暴教师进行“私了”，意图将案件“内部消化”。学校的瞒报、缓报之举不仅是对施暴者的袒护和纵容，更是对受害者的冷漠和伤害，是严重不负责任的违法行为。在上报案件和配合处理的同时，学校还应当做好对受害学生的保护工作。

配套

《关于加强中小学幼儿园安全风险防控体系建设的意见》

第四十一条　【婴幼儿照护服务机构等保护职责】婴幼儿照

护服务机构、早期教育服务机构、校外培训机构、校外托管机构等应当参照本章有关规定，根据不同年龄阶段未成年人的成长特点和规律，做好未成年人保护工作。

配 套

《国务院办公厅关于规范校外培训机构发展的意见》；《国务院办公厅关于促进3岁以下婴幼儿照护服务发展的指导意见》

第四章 社会保护

第四十二条 【社会保护的理念】全社会应当树立关心、爱护未成年人的良好风尚。

国家鼓励、支持和引导人民团体、企业事业单位、社会组织以及其他组织和个人，开展有利于未成年人健康成长的社会活动和服务。

第四十三条 【居委村委的职责】居民委员会、村民委员会应当设置专人专岗负责未成年人保护工作，协助政府有关部门宣传未成年人保护方面的法律法规，指导、帮助和监督未成年人的父母或者其他监护人依法履行监护职责，建立留守未成年人、困境未成年人的信息档案并给予关爱帮扶。

居民委员会、村民委员会应当协助政府有关部门监督未成年人委托照护情况，发现被委托人缺乏照护能力、怠于履行照护职责等情况，应当及时向政府有关部门报告，并告知未成年人的父母或者其他监护人，帮助、督促被委托人履行照护职责。

应 用

49. 居民委员会、村民委员会在未成年人保护方面的日常工作包括哪些？

居民委员会、村民委员会在未成年人保护方面主要开展以下工作：(1) 负责做好农村留守儿童关爱保护和困境儿童保障日常工作，定期向村（居）民委员会和儿童督导员报告工作情况。(2) 负责组织开展信息排查，并定期予以更新。(3) 负责指导监护人和受委托监护人签订委托监护确认书，加强对监护人（受委托监护人）的法治宣传、监护督导和指导，督促监护人依法履行抚养义务和监护职责。(4) 负责定期随访监护情况较差、失学辍学、无户籍以及患病、残疾等重点儿童。(5) 负责及时向公安机关及其派出机构报告儿童处于风险状态或者受到不法侵害等情况，并协助为儿童本人及其家庭提供有关支持。(6) 负责管理村（居）民委员会儿童关爱服务场所，支持配合相关部门和社会力量开展关爱服务活动。

配套

《中华人民共和国城市居民委员会组织法》第 3 条；《国务院关于加强农村留守儿童关爱保护工作的意见》；《国务院关于加强困境儿童保障工作的意见》

第四十四条　【公共场馆免费或者优惠】爱国主义教育基地、图书馆、青少年宫、儿童活动中心、儿童之家应当对未成年人免费开放；博物馆、纪念馆、科技馆、展览馆、美术馆、文化馆、社区公益性互联网上网服务场所以及影剧院、体育场馆、动物园、植物园、公园等场所，应当按照有关规定对未成年人免费或者优惠开放。

国家鼓励爱国主义教育基地、博物馆、科技馆、美术馆等公共场馆开设未成年人专场，为未成年人提供有针对性的服务。

国家鼓励国家机关、企业事业单位、部队等开发自身教育资源，设立未成年人开放日，为未成年人主题教育、社会实践、职业体验等提供支持。

国家鼓励科研机构和科技类社会组织对未成年人开展科学普及活动。

第四十五条　【公共交通免费或者优惠】城市公共交通以及公路、铁路、水路、航空客运等应当按照有关规定对未成年人实施免费或者优惠票价。

第四十六条　【公共场所便利设施促进】国家鼓励大型公共

场所、公共交通工具、旅游景区景点等设置母婴室、婴儿护理台以及方便幼儿使用的坐便器、洗手台等卫生设施，为未成年人提供便利。

注解

本条规定的“大型公共场所”主要是指公众进行公开活动的机场、车站、码头、商场等。公共交通工具包括飞机、火车、轮船、客车、公交、地铁等。

第四十七条　【禁止限制对未成年人的照顾或者优惠】任何组织或者个人不得违反有关规定，限制未成年人应当享有的照顾或者优惠。

应用

50. 能否以身高为免票或者优惠票价的硬性条件?

以身高为免票或者优惠票价的硬性条件，其实质是侵犯了未成年人享受社会福利的权利。比如，个别地方地铁的票务规则规定，一名成年乘客可免费带一名身高不超过 1.2 米（含 1.2 米）的儿童，所带的儿童超过一名的，按超过人数购票，身高超过 1.2 米的儿童须凭有效车票乘车。为了禁止这种不合理现象，本条作出了明确要求，有关部门或者场所在制定政策或者具体规则时，不得使用年龄以外的标准来判断未成年人是否应享有优惠待遇。如果之前的规定存在不合理之处，应当尽快修订，体现出年龄导向，引导社会各方面树立对未成年人群体给予优待的正确理念。相关场所如果违反有关规定限制未成年人享有的优惠，公众可以举报，主管部门应当及时责令其予以纠正。

第四十八条　【有益未成年人的文化产品促进】国家鼓励创作、出版、制作和传播有利于未成年人健康成长的图书、报刊、电影、广播电视节目、舞台艺术作品、音像制品、电子出版物和网络信息等。

配套

《未成年人节目管理规定》

第四十九条　【新闻媒体保护未成年人的义务】新闻媒体应

当加强未成年人保护方面的宣传，对侵犯未成年人合法权益的行为进行舆论监督。新闻媒体采访报道涉及未成年人事件应当客观、审慎和适度，不得侵犯未成年人的名誉、隐私和其他合法权益。

应用

51. 新闻报道中通常存在的不正确倾向是什么？

一是对未成年人犯罪情节过程再现过细，容易造成其他未成年人模仿，导致更多的未成年人犯罪；二是对违法犯罪未成年人的出生地、家庭、学校、老师、父母等交代得过分详细，甚至侵犯了未成年人隐私。

52. 新闻媒体采访报道涉及未成年人事件时应当遵守的具体要求是什么？

从新闻媒体角度来说，客观是前提，应本着实事求是的原则，不能添油加醋，一旦发现本身所使用之证词、文件有误，应及时自纠其过；审慎是基本，应本着谨慎的原则，着眼于保护未成年人的目的，而不能混同于一般案件的报道，任何评判都须辅之扎实的资料、文件，在逻辑论证上经得起反复推敲；适度是关键，应按时度效的原则，不能用墨过度，更不能“信马由缰”，以致“新闻效果”损害孩子自尊。新闻报道应把重点放在如何解决问题上，采访方式、画面语言需慎之又慎，避免让孩子受到伤害甚至二次伤害，保护未成年人的名誉、隐私和其他合法权益。

配套

《国家互联网信息办公室关于进一步加强对网上未成年人犯罪和欺凌事件报道管理的通知》；《未成年人节目管理规定》第 13 条

第五十条　【禁止违法信息】禁止制作、复制、出版、发布、传播含有宣扬淫秽、色情、暴力、邪教、迷信、赌博、引诱自杀、恐怖主义、分裂主义、极端主义等危害未成年人身心健康内容的图书、报刊、电影、广播电视节目、舞台艺术作品、音像制品、电子出版物和网络信息等。

应用

53. 制作或者向未成年人传播非法出版物应当承担什么法律责任？

本条是禁止性规定，任何违反本条规定的行为，都将依法承担相应的法律责任。根据本法第121条，违反本法第50条、第51条规定的，由新闻出版、广播电视、电影、网信等部门按照职责分工责令限期改正，给予警告，没收违法所得，可以并处10万元以下罚款；拒不改正或者情节严重的，责令暂停相关业务、停产停业或者吊销营业执照、吊销相关许可证，违法所得100万元以上的，并处违法所得1倍以上10倍以下的罚款，没有违法所得或者违法所得不足100万元的，并处10万元以上100万元以下罚款。

配套

《中华人民共和国电影产业促进法》第16条；《出版管理条例》第25条；《音像制品管理条例》第3条；《广播电视管理条例》第32条；《互联网信息服务管理办法》第15条

第五十一条　【不良信息提示】任何组织或者个人出版、发布、传播的图书、报刊、电影、广播电视节目、舞台艺术作品、音像制品、电子出版物或者网络信息，包含可能影响未成年人身心健康内容的，应当以显著方式作出提示。

第五十二条　【禁止未成年人淫秽色情信息】禁止制作、复制、发布、传播或者持有有关未成年人的淫秽色情物品和网络信息。

应用

54. 持有有关未成年人的淫秽色情物品和网络信息是否构成违法?

本条特别规定，"禁止持有"有关未成年人的淫秽色情物品和网络信息，也就是说，持有有关未成年人的淫秽色情物品和网络信息，则违反了本条规定。此外，根据最高人民法院、最高人民检察院2010年发布的《关于办理利用互联网、移动通讯终端、声讯台制作、复制、出版、贩卖、传播淫秽电子信息刑事案件具体应用法律若干问题的解释（二）》规定，以牟利为目的，利用互联网、移动通讯终端制作、复制、出版、贩卖、传播内容含有不满十四周岁未成年人的淫秽电子信息，以制作、复制、出版、贩卖、传播淫秽物品牟利罪定罪处罚。

第五十三条　【禁止特定广告和广告行为】任何组织或者个

人不得刊登、播放、张贴或者散发含有危害未成年人身心健康内容的广告；不得在学校、幼儿园播放、张贴或者散发商业广告；不得利用校服、教材等发布或者变相发布商业广告。

第五十四条　【禁止涉未成年人的违法犯罪】禁止拐卖、绑架、虐待、非法收养未成年人，禁止对未成年人实施性侵害、性骚扰。

禁止胁迫、引诱、教唆未成年人参加黑社会性质组织或者从事违法犯罪活动。

禁止胁迫、诱骗、利用未成年人乞讨。

注解

（1）拐卖未成年人，是指以出卖为目的，使用欺骗、引诱、威胁、绑架等手段，将未成年人拐骗、绑架、收买、贩卖、接送或者中转的违法犯罪行为。

（2）绑架未成年人，是指以勒索财物为目的或者出于其他目的，将未成年人作为人质，使用暴力、胁迫或者麻醉等方法强行掳走未成年人，非法剥夺其人身自由的犯罪行为。

（3）虐待是指行为人经常以打骂、冻饿、禁闭、有病不给治疗、强迫过度劳动或限制自由、凌辱人格等各种方法，对未成年人进行肉体上、精神上迫害、折磨、摧残的行为。

（4）常见的对未成年人实施的性侵害有强奸、强制猥亵妇女或者猥亵儿童等行为。其中强奸是指行为人违背妇女意志使用暴力、胁迫或者其他手段，强行与妇女发生性交的行为。如果被害人是不满十四周岁的幼女，则不论被害人是否同意，只要与幼女发生性关系即构成强奸罪。强制猥亵十四周岁以上不满十八周岁的未成年女性，构成强制猥亵妇女罪。强制猥亵妇女，是违背妇女的意愿，采取暴力、胁迫或者其他方法，强制以脱光衣服、抠摸等淫秽下流的手段猥亵妇女。对不满十四周岁的儿童实施猥亵行为的，构成猥亵儿童罪。考虑到不满十四周岁的儿童的认知能力，尤其是对性的认识能力很欠缺，为了保护儿童的身心健康，构成猥亵儿童罪并不要求以暴力、胁迫或者其他方法强制进行，只要对儿童实施了猥亵行为，就构成猥亵儿童罪。

（5）对未成年人实施的性骚扰一般包括以下条件：一是性骚扰的对象一般是中高年龄的未成年人。年龄较小的未成年人尚未形成性的意识，无法识别性骚扰行为，也难以对性骚扰行为有明确的意愿表达，或者产生厌恶、反感等情绪，对其进行的性侵犯行为一般认定为性侵害。二是性骚扰的对象不分性别。既可以是男性，也可以是女性。三是行为与性有关。行为人具有性意图，以获取性方面的生理或者心理满足为目的。四是行为一般具有明确的针对性。性骚扰行为所针对的对象是具体的、明确的。五是行为人主观上一般是故意的。

配套

《中华人民共和国刑法》第 29、194、236、237、239、240、260、262 之一、262 之二、301、347、353 条；《中华人民共和国民法典》第 1010 条；《最高人民法院、最高人民检察院、公安部、司法部关于依法严惩利用未成年人实施黑恶势力犯罪的意见》

第五十五条　【未成年人用品质量安全注意义务】生产、销售用于未成年人的食品、药品、玩具、用具和游戏游艺设备、游乐设施等，应当符合国家或者行业标准，不得危害未成年人的人身安全和身心健康。上述产品的生产者应当在显著位置标明注意事项，未标明注意事项的不得销售。

第五十六条　【公共场所保护措施】未成年人集中活动的公共场所应当符合国家或者行业安全标准，并采取相应安全保护措施。对可能存在安全风险的设施，应当定期进行维护，在显著位置设置安全警示标志并标明适龄范围和注意事项；必要时应当安排专门人员看管。

大型的商场、超市、医院、图书馆、博物馆、科技馆、游乐场、车站、码头、机场、旅游景区景点等场所运营单位应当设置搜寻走失未成年人的安全警报系统。场所运营单位接到求助后，应当立即启动安全警报系统，组织人员进行搜寻并向公安机关报告。

公共场所发生突发事件时，应当优先救护未成年人。

配套

《中华人民共和国消费者权益保护法》第18条；《中华人民共和国民法典》第1197条

第五十七条 【住宿场所注意义务】旅馆、宾馆、酒店等住宿经营者接待未成年人入住，或者接待未成年人和成年人共同入住时，应当询问父母或者其他监护人的联系方式、入住人员的身份关系等有关情况；发现有违法犯罪嫌疑的，应当立即向公安机关报告，并及时联系未成年人的父母或者其他监护人。

应用

55. 宾馆、酒店对未成年人的安全保护义务包括哪些方面？

首先，无论是有成年人陪同的未成年人入住，还是未成年人单独入住，都应当按照《旅馆业治安管理办法》的规定，必须登记。登记时，应当查验入住的所有旅客的身份证件，按规定的项目如实登记。其次，在进行实名登记时，住宿经营者应当询问未成年人的父母或者其他监护人的联系方式、入住人员的身份关系等有关情况，特别是多名未成年人共同入住或者与成年人一同入住的，住宿经营者应当询问并注明彼此之间的关系。最后，通过询问，发现有违法犯罪嫌疑的，应当立即向公安机关报告，并及时联系未成年人的父母或者其他监护人。对于钟点房、不过夜入住的未成年人，同样应当遵守这一规定。

配套

《中华人民共和国治安管理处罚法》第56条；《旅馆业治安管理办法》第6、9条；《关于建立侵害未成年人案件强制报告制度的意见（试行）》第2、3条

第五十八条 【不适宜场所限制和注意义务】学校、幼儿园周边不得设置营业性娱乐场所、酒吧、互联网上网服务营业场所等不适宜未成年人活动的场所。营业性歌舞娱乐场所、酒吧、互联网上网服务营业场所等不适宜未成年人活动场所的经营者，不得允许未成年人进入；游艺娱乐场所设置的电子游戏设备，除国

家法定节假日外，不得向未成年人提供。经营者应当在显著位置设置未成年人禁入、限入标志；对难以判明是否是未成年人的，应当要求其出示身份证件。

应用

56. 不适宜未成年人活动的场所多次违规接纳未成年人进入，行政监管不到位的，检察机关能否通过行政公益诉讼督促监管履职？

营业性娱乐场所、酒吧、网吧等不适宜未成年人活动场所违规接纳未成年人，以及旅馆、宾馆、酒店等住宿经营者违规接待未成年人入住等，易对未成年人身心健康造成不良影响甚至诱发违法犯罪。上述违规行为发现难、监管难、易反弹，检察机关发现行政机关未依法充分履行监管执法职责的，可以通过行政公益诉讼，督促和支持行政机关依法履职，及时查处违规接纳未成年人的行为，避免出现侵犯未成年人合法权益和诱发违法犯罪等危害后果。（检例第145号：江苏省溧阳市人民检察院督促整治网吧违规接纳未成年人行政公益诉讼案）

第五十九条　【烟、酒、彩票限制措施】学校、幼儿园周边不得设置烟、酒、彩票销售网点。禁止向未成年人销售烟、酒、彩票或者兑付彩票奖金。烟、酒和彩票经营者应当在显著位置设置不向未成年人销售烟、酒或者彩票的标志；对难以判明是否是未成年人的，应当要求其出示身份证件。

任何人不得在学校、幼儿园和其他未成年人集中活动的公共场所吸烟、饮酒。

注解

学校包括本法附则中规定的各类学校，幼儿园包括公立幼儿园、私立幼儿园等。需要注意的是，本法只作了原则性的规定，并没有具体规定“周边”的空间距离，由有关部门和地方根据实际情况具体规定。

配套

《中华人民共和国烟草专卖法》第2、5条；《彩票管理条例》第18、26条

第六十条　【危险器具限制措施】禁止向未成年人提供、销售管制刀具或者其他可能致人严重伤害的器具等物品。经营者难以判明购买者是否是未成年人的，应当要求其出示身份证件。

配套

《中华人民共和国刑法》第130条；《中华人民共和国治安管理处罚法》第32条；《管制刀具认定标准》；《互联网危险物品信息发布管理规定》第3、9条

第六十一条　【未成年人用工限制措施】任何组织或者个人不得招用未满十六周岁未成年人，国家另有规定的除外。

营业性娱乐场所、酒吧、互联网上网服务营业场所等不适宜未成年人活动的场所不得招用已满十六周岁的未成年人。

招用已满十六周岁未成年人的单位和个人应当执行国家在工种、劳动时间、劳动强度和保护措施等方面的规定，不得安排其从事过重、有毒、有害等危害未成年人身心健康的劳动或者危险作业。

任何组织或者个人不得组织未成年人进行危害其身心健康的表演等活动。经未成年人的父母或者其他监护人同意，未成年人参与演出、节目制作等活动，活动组织方应当根据国家有关规定，保障未成年人合法权益。

配套

《中华人民共和国劳动法》第15、58、64、65条；《禁止使用童工规定》；《未成年工特殊保护规定》；《未成年人节目管理规定》

第六十二条　【密切接触未成年人从业人员限制措施】密切接触未成年人的单位招聘工作人员时，应当向公安机关、人民检察院查询应聘者是否具有性侵害、虐待、拐卖、暴力伤害等违法犯罪记录；发现其具有前述行为记录的，不得录用。

密切接触未成年人的单位应当每年定期对工作人员是否具有上述违法犯罪记录进行查询。通过查询或者其他方式发现其工作

人员具有上述行为的，应当及时解聘。

注解

本条是关于密切接触未成年人从业人员限制措施的规定，包括三个方面的内容：

首先，密切接触未成年人的单位包括：中小学校、幼儿园等教育机构；校外培训机构；未成年人救助保护机构、儿童福利机构等未成年人安置、救助机构；婴幼儿照护和未成年人早期教育服务机构；校外托管、临时看护机构；家政服务机构；为未成年人提供医疗服务的医疗机构；其他对未成年人负有教育、培训、监护、救助、看护、医疗等职责的企业事业单位、社会组织等。根据本条规定，密切接触未成年人的单位应当查询应聘者及其工作人员是否具有性侵害、虐待等违法犯罪记录。

其次，招聘工作人员范围包括：工作内容本身直接为未成年人服务的，如教师、儿科医生、婴幼儿护理人员、保姆等；在工作场所与未成年人有接触的，如学校的教辅人员、食堂工作人员、保安人员等；与未成年人有定期或者经常性接触的，如校车司机、学校保安等。

最后，查询包括拟聘查询和定期查询。拟聘查询是指用人单位在招录工作人员时，必须将查询是否具有性侵害、虐待、拐卖、暴力伤害等违法犯罪记录作为必经程序，一旦发现有相关记录，不得录用。定期查询是指用人单位应当对已经录用的工作人员定期查询其是否具有性侵害、虐待、拐卖、暴力伤害等违法犯罪记录，如果经查询有相关记录，应当及时予以解聘。

依照《教师法》第十四条、《教师资格条例》第十八条规定，受到剥夺政治权利或者故意犯罪受到有期徒刑以上刑罚的，不能取得教师资格；已经取得教师资格的，丧失教师资格，且不能重新取得教师资格。

教职员工实施性侵害、虐待、拐卖、暴力伤害等犯罪的，人民法院应当依照《未成年人保护法》第六十二条的规定，判决禁止其从事密切接触未成年人的工作。

教职员工实施前款规定以外的其他犯罪，人民法院可以根据犯罪情况和预防再犯罪的需要，依照《刑法》第三十七条之一第一款的规定，判决禁止其自刑罚执行完毕之日或者假释之日起从事相关职业，期限为三年至五年；或者依照《刑法》第三十八条第二款、第七十二条第二款的规定，对其适用禁止令。

配套

《最高人民检察院、教育部、公安部关于建立教职员工准入查询性侵违法犯罪信息制度的意见》;《最高人民法院、最高人民检察院、公安部、司法部关于办理性侵害未成年人刑事案件的意见》;《最高人民法院、最高人民检察院、教育部关于落实从业禁止制度的意见》

第六十三条　【未成年人通信自由和通信秘密保障措施】任何组织或者个人不得隐匿、毁弃、非法删除未成年人的信件、日记、电子邮件或者其他网络通讯内容。

除下列情形外,任何组织或者个人不得开拆、查阅未成年人的信件、日记、电子邮件或者其他网络通讯内容:

(一)无民事行为能力未成年人的父母或者其他监护人代未成年人开拆、查阅;

(二)因国家安全或者追查刑事犯罪依法进行检查;

(三)紧急情况下为了保护未成年人本人的人身安全。

应用

57. 何种情形可以开拆、查阅未成年人的信件、日记、电子邮件或者其他网络通讯内容?

根据本条第1款的规定,任何组织或者个人不得开拆、查阅未成年人的信件、日记、电子邮件或者其他网络通讯内容。对于该规定有三个例外情形:

一是无民事行为能力未成年人的父母或者其他监护人代未成年人开拆、查阅,这是监护人正常履行监护职责的内容。二是因国家安全或者追查刑事犯罪依法进行检查。例如,《国家安全法》第77条中规定,公民和组织应当如实提供所知悉的涉及危害国家安全活动的证据,为国家安全工作提供便利条件或者其他协助,向国家安全机关、公安机关和有关军事机关提供必要的支持和协助。三是紧急情况下为了保护未成年人本人的人身安全。例如,在未成年人下落不明时为了查找其下落,通过恰当方式查阅其网络通讯内容等信息,是出于保护其人身安全的需要,不侵犯其隐私权和通信秘密。

58. 未成年人隐私受到侵害可否提起精神损害赔偿?

所谓精神损害赔偿，是指自然人因其人身权利受到不法侵害而遭受精神痛苦或精神利益受到损害，要求侵权人进行金钱赔偿的一种法律制度。根据《最高人民法院关于确定民事侵权精神损害赔偿责任若干问题的解释》第1条的规定，因人身权益或者具有人身意义的特定物受到侵害，自然人或者其近亲属向人民法院提起诉讼请求精神损害赔偿的，人民法院应当依法予以受理。隐私权属于人身权益，由此可以见，未成年人隐私受到侵害可以提起精神损害赔偿。

配套

《中华人民共和国宪法》第40条；《中华人民共和国民法典》第110、111条；《中华人民共和国邮政法》第3条；《中华人民共和国刑法》第252、253条；《计算机信息网络国际联网安全保护管理办法》第7条

第五章　网络保护

第六十四条　【未成年人网络保护的宗旨】国家、社会、学校和家庭应当加强未成年人网络素养宣传教育，培养和提高未成年人的网络素养，增强未成年人科学、文明、安全、合理使用网络的意识和能力，保障未成年人在网络空间的合法权益。

第六十五条　【促进有益于未成年人的网络因素】国家鼓励和支持有利于未成年人健康成长的网络内容的创作与传播，鼓励和支持专门以未成年人为服务对象、适合未成年人身心健康特点的网络技术、产品、服务的研发、生产和使用。

第六十六条　【网信等部门监督检查等执法职责】网信部门及其他有关部门应当加强对未成年人网络保护工作的监督检查，依法惩处利用网络从事危害未成年人身心健康的活动，为未成年人提供安全、健康的网络环境。

注解

本条是关于网信等部门监督检查等执法职责的规定，包括两个方面的内

容：一方面，网信部门和其他有关部门是监督检查和执法主体。其中网信部门是监督执法的主责部门，其他部门应当根据自身的职责积极主动履职，加强执法监管。另一方面，关于监督检查和惩处措施。相关部门对于监督检查和执法活动中发现的问题，根据情况依法采取多种处理方式，包括约谈、责令限期整改、停止相关功能、全面下架、停止互联网接入服务、罚款、曝光违法违规案例等。

应用

59. 未成年人及其法定代理人因网络服务合同纠纷提出支持起诉申请，检察机关能否依法支持起诉?

未成年人保护法明确规定，人民检察院可以通过督促、支持起诉的方式，维护未成年人合法权益。未成年人及其法定代理人因网络服务合同纠纷提出支持起诉申请的，检察机关应当坚持未成年人特殊、优先保护要求，对支持起诉必要性进行审查。对于网络服务提供者未落实未成年人网络保护责任，当事人申请符合法律规定，但存在诉讼能力较弱，采取其他方式不足以实现权利救济等情形的典型案件，检察机关可以依法支持起诉。检察机关可以通过法律释明引导、协助当事人收集证据，制发《支持起诉意见书》，还可以派员出席法庭，发表支持起诉意见，更有力维护未成年人合法权益。同时，检察机关可以结合案件办理开展以案释法宣传，为同类案件处理提供指引，提高当事人依法维权能力。（检例第 174 号：未成年人网络民事权益综合司法保护案）

配套

《中华人民共和国网络安全法》第 8 条；《电信和互联网用户个人信息保护规定》第 3 条；《电子出版物出版管理规定》第 4 条；《互联网视听节目服务管理规定》第 3 条；《互联网文化管理暂行规定》第 6 条

第六十七条　【网络不良信息的确定】网信部门会同公安、文化和旅游、新闻出版、电影、广播电视等部门根据保护不同年龄阶段未成年人的需要，确定可能影响未成年人身心健康网络信息的种类、范围和判断标准。

配套

《中华人民共和国广告法》第10条；《关于认定淫秽及色情出版物的暂行规定》；《关于认定淫秽与色情声讯的暂行规定》；《未成年人节目管理规定》

第六十八条　【预防和干预沉迷网络】新闻出版、教育、卫生健康、文化和旅游、网信等部门应当定期开展预防未成年人沉迷网络的宣传教育，监督网络产品和服务提供者履行预防未成年人沉迷网络的义务，指导家庭、学校、社会组织互相配合，采取科学、合理的方式对未成年人沉迷网络进行预防和干预。

任何组织或者个人不得以侵害未成年人身心健康的方式对未成年人沉迷网络进行干预。

第六十九条　【未成年人网络保护软件等安全保护措施】学校、社区、图书馆、文化馆、青少年宫等场所为未成年人提供的互联网上网服务设施，应当安装未成年人网络保护软件或者采取其他安全保护技术措施。

智能终端产品的制造者、销售者应当在产品上安装未成年人网络保护软件，或者以显著方式告知用户未成年人网络保护软件的安装渠道和方法。

注解

本条就如何普及和推广使用未成年人保护软件等安全保护措施作出规定。一是学校、社区、图书馆、文化馆、青少年宫等场所为未成年人提供互联网上网服务设施时，应当安装未成年人网络保护软件或者采取其他安全保护技术措施。二是智能终端产品的制造者、销售者应当在产品上安装未成年人网络保护软件，或者以显著方式告知用户未成年人网络保护软件的安装渠道和方法。根据这一要求，在制造和销售笔记本、手机等智能终端产品时，或者预先安装未成年人保护软件，或者以显著方式告知用户安装未成年人保护软件的渠道和方法，否则智能终端产品属于不合格产品，不得销售。

配套

《互联网上网服务营业场所管理条例》

第七十条　【学校开展未成年人网络保护的职责】学校应当合理使用网络开展教学活动。未经学校允许，未成年学生不得将手机等智能终端产品带入课堂，带入学校的应当统一管理。

学校发现未成年学生沉迷网络的，应当及时告知其父母或者其他监护人，共同对未成年学生进行教育和引导，帮助其恢复正常的学习生活。

应用

60. 未成年学生可以将手机等智能终端产品带入课堂、学校吗？

根据本条规定，未经学校允许，未成年学生不得将手机等智能终端产品带入课堂，带入学校的应当统一管理。此外，2018 年 8 月，教育部会同国家卫生健康委等八部门印发的《综合防控儿童青少年近视实施方案》就已经明确提出，严禁学生将个人手机、平板电脑等电子产品带入课堂，带入学校的要进行统一保管。

配套

《综合防控儿童青少年近视实施方案》

第七十一条　【父母或者其他监护人开展网络保护的职责】未成年人的父母或者其他监护人应当提高网络素养，规范自身使用网络的行为，加强对未成年人使用网络行为的引导和监督。

未成年人的父母或者其他监护人应当通过在智能终端产品上安装未成年人网络保护软件、选择适合未成年人的服务模式和管理功能等方式，避免未成年人接触危害或者可能影响其身心健康的网络信息，合理安排未成年人使用网络的时间，有效预防未成年人沉迷网络。

第七十二条　【未成年人个人信息保护】信息处理者通过网

络处理未成年人个人信息的，应当遵循合法、正当和必要的原则。处理不满十四周岁未成年人个人信息的，应当征得未成年人的父母或者其他监护人同意，但法律、行政法规另有规定的除外。

未成年人、父母或者其他监护人要求信息处理者更正、删除未成年人个人信息的，信息处理者应当及时采取措施予以更正、删除，但法律、行政法规另有规定的除外。

应用

61. 未成年人的个人信息的概念及范围是什么?

根据《民法典》第 1034 条的规定，个人信息是以电子或者其他方式记录的能够单独或者与其他信息结合识别特定自然人的各种信息，包括自然人的姓名、出生日期、身份证件号码、生物识别信息、住址、电话号码、电子邮箱、健康信息、行踪信息等。

62. 处理未成年人个人信息应当遵循哪些规则?

一是通过网络处理未成年人个人信息需要遵守的原则。信息处理者通过网络处理未成年人个人信息的，应当遵循合法、正当和必要的原则。合法原则，即信息处理者处理个人信息必须有合法性基础，且处理的方法应当符合法律法规的规定。正当原则，即处理个人信息除要遵循合法原则外，信息处理的目的和手段还要正当，应当尊重公序良俗和遵守诚实信用原则，并且要尽量满足透明的要求，以便能够充分保障信息主体的知情权。必要原则，即处理个人信息的目的应当特定，处理应当依据特定、明确的目的进行，禁止超出目的范围处理个人信息。

二是知情同意补全规则，即处理不满十四周岁未成年人个人信息的，还应当征得未成年人的父母或者其他监护人同意，但法律、行政法规另有规定的除外。一般而言，信息处理者处理个人信息时，需告知信息主体并征得其同意。但是由于未成年人认知能力的欠缺和特殊保护的需要，对未成年人特别是低龄未成年人个人信息的处理有特殊要求，即处理不满十四周岁未成年人个人信息的，应当征得未成年人的父母或者其他监护人同意。

三是通知更正删除个人信息规则，即未成年人、父母或者其他监护人要求信息处理者更正、删除未成年人个人信息的，信息处理者应当及时采取措施予以更正、删除，但法律、行政法规另有规定的除外。未成年人、父母或者其他监护人其中任何一方都可以提出相关通知；通知更正的情形，不限于有错误的，换言之，只要未成年人、父母或者其他监护人认为相关个人信息不适当，均可以通知更正；通知删除的情形，不限于违反法律、行政法规的规定或者双方的约定，换言之，未成年人、父母或者其他监护人通知删除个人信息时不用解释和提供任何理由。

此外，需要说明的是，本条中“处理”的概念范围与《民法典》第1035条第3款中处理的概念范围一致，并不限于个人信息的使用行为，还包括个人信息的收集、存储、加工、传输、提供、公开等行为。

配套

《中华人民共和国消费者权益保护法》第29条；《中华人民共和国网络安全法》第40-45条；《中华人民共和国民法典》第1035条；《中华人民共和国传染病防治法》第12条；《全国人民代表大会常务委员会关于加强网络信息保护的决定》；《儿童个人信息网络保护规定》第2条、第9条

第七十三条　【未成年人私密信息提示和保护】网络服务提供者发现未成年人通过网络发布私密信息的，应当及时提示，并采取必要的保护措施。

配套

《中华人民共和国民法典》第1032、1033条

第七十四条　【网络产品和服务预防沉迷网络的措施】网络产品和服务提供者不得向未成年人提供诱导其沉迷的产品和服务。

网络游戏、网络直播、网络音视频、网络社交等网络服务提供者应当针对未成年人使用其服务设置相应的时间管理、权限管理、消费管理等功能。

以未成年人为服务对象的在线教育网络产品和服务，不得插入网络游戏链接，不得推送广告等与教学无关的信息。

注解

本条是关于网络产品和服务提供者预防未成年人沉迷网络措施的规定，包括三个方面的内容。

（1）第1款从内容防沉迷的角度，规定了所有网络产品和服务提供者的未成年人保护义务，要求其不得向未成年人提供诱导其沉迷的产品和服务。

（2）第2款从功能防沉迷的角度，要求网络产品和服务提供者应当设置相应的管理功能。首先，以网络游戏、网络直播、网络音视频、网络社交等为代表的网络服务提供者应当注重履行这一义务。当然，适用的服务类型不应局限于列举的四种网络服务。其次，应当针对未成年人使用其服务设置相应的管理功能。最后，网络服务提供者应当结合其网络服务的特殊性，确定其所应提供的管理功能的类型。

（3）第3款对未成年人经常使用的在线教育作出了防沉迷的规定。需要说明的是：一是本款从保护未成年人的目的出发，只是对以未成年人为服务对象的在线教育网络产品和服务作了规定，而不是对所有在线教育网络产品和服务的普遍规定。二是本款并未将义务主体限定为在线教育网络产品和服务提供者，而是对所有的网络产品和服务提供者均提出了要求。三是“不得推送广告”并非禁止在线教育网络产品和服务提供者一切展示和推广其相关课程信息的行为，而是指不得在为未成年人提供课程服务的过程中，向其推送相关广告。

配套

《国家新闻出版署关于进一步严格管理切实防止未成年人沉迷网络游戏的通知》

第七十五条　【网络游戏服务提供者的保护职责】网络游戏经依法审批后方可运营。

国家建立统一的未成年人网络游戏电子身份认证系统。网络游戏服务提供者应当要求未成年人以真实身份信息注册并登录网络游戏。

网络游戏服务提供者应当按照国家有关规定和标准，对游戏产品进行分类，作出适龄提示，并采取技术措施，不得让未成年人接触不适宜的游戏或者游戏功能。

网络游戏服务提供者不得在每日二十二时至次日八时向未成年人提供网络游戏服务。

配套

《国家新闻出版署关于进一步严格管理切实防止未成年人沉迷网络游戏的通知》

第七十六条 【网络直播服务提供者的保护职责】网络直播服务提供者不得为未满十六周岁的未成年人提供网络直播发布者账号注册服务；为年满十六周岁的未成年人提供网络直播发布者账号注册服务时，应当对其身份信息进行认证，并征得其父母或者其他监护人同意。

配套

《中华人民共和国民法典》第18条；《互联网直播服务管理规定》第12条第1款；《网络表演经营活动管理办法》第9条

第七十七条 【网络欺凌防治】任何组织或者个人不得通过网络以文字、图片、音视频等形式，对未成年人实施侮辱、诽谤、威胁或者恶意损害形象等网络欺凌行为。

遭受网络欺凌的未成年人及其父母或者其他监护人有权通知网络服务提供者采取删除、屏蔽、断开链接等措施。网络服务提供者接到通知后，应当及时采取必要的措施制止网络欺凌行为，防止信息扩散。

第七十八条 【投诉和举报制度】网络产品和服务提供者应当建立便捷、合理、有效的投诉和举报渠道，公开投诉、举报方式等信息，及时受理并处理涉及未成年人的投诉、举报。

第七十九条 【对网络危害信息的投诉和举报】任何组织或者个人发现网络产品、服务含有危害未成年人身心健康的信息，有权向网络产品和服务提供者或者网信、公安等部门投诉、举报。

第八十条 【网络不良信息、危害信息和侵害未成年人违法

犯罪的处置】 网络服务提供者发现用户发布、传播可能影响未成年人身心健康的信息且未作显著提示的，应当作出提示或者通知用户予以提示；未作出提示的，不得传输相关信息。

网络服务提供者发现用户发布、传播含有危害未成年人身心健康内容的信息的，应当立即停止传输相关信息，采取删除、屏蔽、断开链接等处置措施，保存有关记录，并向网信、公安等部门报告。

网络服务提供者发现用户利用其网络服务对未成年人实施违法犯罪行为的，应当立即停止向该用户提供网络服务，保存有关记录，并向公安机关报告。

注解

本法从保护未成年人工作实际出发，在对网络信息进行原则区分的基础上，针对不同内容的网络信息作了不同规定：一是对于有利于未成年人健康成长的网络信息，本法第 48 条中规定，国家鼓励制作和传播有利于未成年人健康成长的网络信息。二是对于可能影响未成年人身心健康的网络信息，本法第 51 条中规定，任何组织或者个人发布、传播的网络信息，包含可能影响未成年人身心健康内容的，应当以显著方式作出提示。三是对于危害未成年人身心健康的网络信息，本法第 50 条中规定，禁止制作、复制、发布、传播含有宣扬淫秽、色情、暴力、邪教、迷信、赌博、引诱自杀、恐怖主义、分裂主义、极端主义等危害未成年人身心健康内容的网络信息。因此，本条规定的网络服务提供者对用户发布信息的安全管理义务，根据上述网络信息分类，对可能影响未成年人健康成长的信息和危害未成年人健康成长的信息分别作了规定。

配套

《全国人民代表大会常务委员会关于加强网络信息保护的决定》第 5 条；《中华人民共和国网络安全法》第 12、47 条；《网络信息内容生态治理规定》第 10 条

第六章　政府保护

第八十一条　【政府保护工作机制】 县级以上人民政府承担

未成年人保护协调机制具体工作的职能部门应当明确相关内设机构或者专门人员，负责承担未成年人保护工作。

乡镇人民政府和街道办事处应当设立未成年人保护工作站或者指定专门人员，及时办理未成年人相关事务；支持、指导居民委员会、村民委员会设立专人专岗，做好未成年人保护工作。

第八十二条　【家庭教育促进】各级人民政府应当将家庭教育指导服务纳入城乡公共服务体系，开展家庭教育知识宣传，鼓励和支持有关人民团体、企业事业单位、社会组织开展家庭教育指导服务。

第八十三条　【义务教育的保障】各级人民政府应当保障未成年人受教育的权利，并采取措施保障留守未成年人、困境未成年人、残疾未成年人接受义务教育。

对尚未完成义务教育的辍学未成年学生，教育行政部门应当责令父母或者其他监护人将其送入学校接受义务教育。

配套

《残疾人教育条例》《国务院关于加强农村留守儿童关爱保护工作的意见》《国务院关于加强困境儿童保障工作的意见》《国务院办公厅关于进一步加强控辍保学提高义务教育巩固水平的通知》

第八十四条　【婴幼儿照护服务和学前教育促进】各级人民政府应当发展托育、学前教育事业，办好婴幼儿照护服务机构、幼儿园，支持社会力量依法兴办母婴室、婴幼儿照护服务机构、幼儿园。

县级以上地方人民政府及其有关部门应当培养和培训婴幼儿照护服务机构、幼儿园的保教人员，提高其职业道德素质和业务能力。

第八十五条　【发展职业教育】各级人民政府应当发展职业教育，保障未成年人接受职业教育或者职业技能培训，鼓励和支持人民团体、企业事业单位、社会组织为未成年人提供职业技能培训服务。

配套

《国家职业教育改革实施方案》;《国务院关于推行终身职业技能培训制度的意见》

第八十六条 【特殊教育保障】 各级人民政府应当保障具有接受普通教育能力、能适应校园生活的残疾未成年人就近在普通学校、幼儿园接受教育;保障不具有接受普通教育能力的残疾未成年人在特殊教育学校、幼儿园接受学前教育、义务教育和职业教育。

各级人民政府应当保障特殊教育学校、幼儿园的办学、办园条件,鼓励和支持社会力量举办特殊教育学校、幼儿园。

配套

《中华人民共和国残疾人保障法》第25、26条;《残疾人教育条例》第2章

第八十七条 【校园安全保障】 地方人民政府及其有关部门应当保障校园安全,监督、指导学校、幼儿园等单位落实校园安全责任,建立突发事件的报告、处置和协调机制。

配套

《中小学幼儿园安全管理办法》;《学生伤害事故处理办法》;《关于加强中小学幼儿园安全风险防控体系建设的意见》

第八十八条 【校园周边治安和交通秩序保障】 公安机关和其他有关部门应当依法维护校园周边的治安和交通秩序,设置监控设备和交通安全设施,预防和制止侵害未成年人的违法犯罪行为。

应用

63. 政府有关部门保障校园周边安全的具体措施有哪些?

(1) 依法维护校园周边的治安。在学生安全区域内，禁止新建对环境造成污染的企业、设施，禁止设立上网服务、娱乐、彩票专营等营业场所，禁止设立存在安全隐患的场所等。在学生安全区域内，公安机关要健全日常巡逻防控制度，加强学校周边“护学岗”建设，完善高峰勤务机制，优先布设视频监控系统，增强学生的安全感。(2) 设置监控设备和交通安全设施。公安部 2014 年 12 月发布了《中小学与幼儿园校园周边道路交通设施设置规范》(GA/T1215—2014)。在该标准中，详细规定了中小学、幼儿园校园周边道路交通设施的设置原则、要求和方法，明确了相关设施具体包括：交通信号灯、交通标志和标线、人行设施、分隔设施、停车设施、监控设施、照明设施等，为校园周边设置监控设备和交通安全设施，提供了可供参照的标准规范。(3) 预防和制止侵害未成年人的违法犯罪行为。

配套

《中小学幼儿园安全管理办法》第 50 条；《中小学与幼儿园校园周边道路交通设施设置规范》；《关于防治中小学生欺凌和暴力的指导意见》；《关于加强中小学幼儿园安全风险防控体系建设的意见》

第八十九条　【适合未成年人活动场所和设施的促进】地方人民政府应当建立和改善适合未成年人的活动场所和设施，支持公益性未成年人活动场所和设施的建设和运行，鼓励社会力量兴办适合未成年人的活动场所和设施，并加强管理。

地方人民政府应当采取措施，鼓励和支持学校在国家法定节假日、休息日及寒暑假期将文化体育设施对未成年人免费或者优惠开放。

地方人民政府应当采取措施，防止任何组织或者个人侵占、破坏学校、幼儿园、婴幼儿照护服务机构等未成年人活动场所的场地、房屋和设施。

第九十条　【卫生保健服务促进】各级人民政府及其有关部

门应当对未成年人进行卫生保健和营养指导，提供卫生保健服务。

卫生健康部门应当依法对未成年人的疫苗预防接种进行规范，防治未成年人常见病、多发病，加强传染病防治和监督管理，做好伤害预防和干预，指导和监督学校、幼儿园、婴幼儿照护服务机构开展卫生保健工作。

教育行政部门应当加强未成年人的心理健康教育，建立未成年人心理问题的早期发现和及时干预机制。卫生健康部门应当做好未成年人心理治疗、心理危机干预以及精神障碍早期识别和诊断治疗等工作。

配套

《中华人民共和国传染病防治法》第15条；《中华人民共和国疫苗管理法》第47、48条；《中小学心理健康教育指导纲要（2012年修订）》；《学校食品安全与营养健康管理规定》

第九十一条　【困境未成年人分类保障】各级人民政府及其有关部门对困境未成年人实施分类保障，采取措施满足其生活、教育、安全、医疗康复、住房等方面的基本需要。

配套

《国务院关于加强农村留守儿童关爱保护工作的意见》；《国务院关于加强困境儿童保障工作的意见》；《民政部关于规范生父母有特殊困难无力抚养的子女和社会散居孤儿收养工作的意见》

第九十二条　【民政临时监护的情形】具有下列情形之一的，民政部门应当依法对未成年人进行临时监护：

（一）未成年人流浪乞讨或者身份不明，暂时查找不到父母或者其他监护人；

（二）监护人下落不明且无其他人可以担任监护人；

（三）监护人因自身客观原因或者因发生自然灾害、事故灾难、公共卫生事件等突发事件不能履行监护职责，导致未成年人监护缺失；

（四）监护人拒绝或者怠于履行监护职责，导致未成年人处于无人照料的状态；

（五）监护人教唆、利用未成年人实施违法犯罪行为，未成年人需要被带离安置；

（六）未成年人遭受监护人严重伤害或者面临人身安全威胁，需要被紧急安置；

（七）法律规定的其他情形。

应用

64. 发生何种情形，应当依法对未成年人进行临时监护？

临时监护不是长期监护，而是为了解决未成年人暂时缺乏监护的困境而确定临时监护主体。主要包括以下情形：（一）未成年人流浪乞讨或者身份不明，暂时查找不到父母或者其他监护人；（二）监护人下落不明且无其他人可以担任监护人；（三）监护人因自身客观原因或者因发生自然灾害、事故灾难、公共卫生事件等突发事件不能履行监护职责，导致未成年人监护缺失；（四）监护人拒绝或者怠于履行监护职责，导致未成年人处于无人照料的状态；（五）监护人教唆、利用未成年人实施违法犯罪行为，未成年人需要被带离安置；（六）未成年人遭受监护人严重伤害或者面临人身安全威胁，需要被紧急安置；（七）法律规定的其他情形。至于法律规定的其他情形，包括但不限于《民法典》第31条规定的情形，即对监护人的确定有争议的，在依法指定监护人前，被监护人的人身权利、财产权利以及其他合法权益处于无人保护状态的，由被监护人住所地的居民委员会、村民委员会、法律规定的有关组织或者民政部门担任临时监护人。

配套

《中华人民共和国民法典》第31、34、36条；《社会救助暂行办法》第50条；《城市生活无着的流浪乞讨人员救助管理办法》第5条；《国务院关于加强困境儿童保障工作的意见》；《最高人民法院、最高人民检察院、公安部、民政部关于依法处理监护人侵害未成年人权益行为若干问题的意见》

第九十三条　【民政临时监护的方式】对临时监护的未成年人，民政部门可以采取委托亲属抚养、家庭寄养等方式进行安置，也可以交由未成年人救助保护机构或者儿童福利机构进行收留、抚养。

临时监护期间，经民政部门评估，监护人重新具备履行监护职责条件的，民政部门可以将未成年人送回监护人抚养。

配　套

《国务院关于加强困境儿童保障工作的意见》；《家庭寄养管理办法》第35条

第九十四条　【民政长期监护的情形】具有下列情形之一的，民政部门应当依法对未成年人进行长期监护：

（一）查找不到未成年人的父母或者其他监护人；

（二）监护人死亡或者被宣告死亡且无其他人可以担任监护人；

（三）监护人丧失监护能力且无其他人可以担任监护人；

（四）人民法院判决撤销监护人资格并指定由民政部门担任监护人；

（五）法律规定的其他情形。

应　用

65. 如何理解本条与居民委员会、村民委员会担任监护人规定的关系？

本条是对未成年人政府保护职责的规定，居民委员会、村民委员会是基层群众自治组织，不属于政府部门，所以没有将其纳入政府长期监护的规定。本条规定没有排除《民法典》第32条“具备履行监护职责条件的被监护人住所地的居民委员会、村民委员会担任”等相关规定的适用。在未成年人没有具有监护资格的监护人时，应优先考虑由民政部门承担长期监护职责。同时，值得说明的是，考虑到实践中未成年人没有具有监护资格监护人的情况比较复杂，有的是父母死亡成为孤儿，有的是父母长期服刑或者一方死亡一方失踪，在大部分情况下，居民委员会和村民委员会因自身力量较弱等原因很难承担监护职责，《民法典》第32条规定也要求民政部门承担主要的长期监护职责，这与本条规定的精神是相吻合的。

配套

《中华人民共和国民法典》第26、28、31、32、34、36条

第九十五条　【民政长期监护未成年人的收养】民政部门进行收养评估后，可以依法将其长期监护的未成年人交由符合条件的申请人收养。收养关系成立后，民政部门与未成年人的监护关系终止。

应用

66. 被国家长期监护的未成年人是否有依法被收养的权利？

国家监护是未成年人监护保护的“最后一公里”，但国家监护并非未成年人成长最好的选择。大量实践经验表明，未成年人最合适、最科学的替代养育方式是家庭化养育和收养，其中收养是困境未成年人回归家庭、融入社会的重要方式。我国《民法典》第1093条规定，丧失父母的孤儿、查找不到生父母的未成年人、生父母有特殊困难无力抚养的子女，可以被收养。第1094条规定，孤儿的监护人、儿童福利机构、有特殊困难无力抚养子女的生父母可以作为送养人。其中丧失父母的孤儿、查找不到生父母的未成年人、生父母有特殊困难无力抚养的子女等被国家长期监护的，不影响其被收养的权利。

配套

《中华人民共和国民法典》第五编婚姻家庭第五章收养；《收养评估办法（试行）》

第九十六条　【民政监护的执行】民政部门承担临时监护或者长期监护职责的，财政、教育、卫生健康、公安等部门应当根据各自职责予以配合。

县级以上人民政府及其民政部门应当根据需要设立未成年人救助保护机构、儿童福利机构，负责收留、抚养由民政部门监护的未成年人。

第九十七条　【全国统一未成年人保护热线】县级以上人民政府应当开通全国统一的未成年人保护热线，及时受理、转介侵犯未成年人合法权益的投诉、举报；鼓励和支持人民团体、企业事业单位、社会组织参与建设未成年人保护服务平台、服务热线、服务站点，提供未成年人保护方面的咨询、帮助。

第九十八条　【特定违法犯罪人员信息查询系统】国家建立性侵害、虐待、拐卖、暴力伤害等违法犯罪人员信息查询系统，向密切接触未成年人的单位提供免费查询服务。

第九十九条　【政府保护的社会支持体系】地方人民政府应当培育、引导和规范有关社会组织、社会工作者参与未成年人保护工作，开展家庭教育指导服务，为未成年人的心理辅导、康复救助、监护及收养评估等提供专业服务。

第七章　司法保护

第一百条　【司法保护的机关及其职责】公安机关、人民检察院、人民法院和司法行政部门应当依法履行职责，保障未成年人合法权益。

第一百零一条　【办案专门化】公安机关、人民检察院、人民法院和司法行政部门应当确定专门机构或者指定专门人员，负责办理涉及未成年人案件。办理涉及未成年人案件的人员应当经过专门培训，熟悉未成年人身心特点。专门机构或者专门人员中，应当有女性工作人员。

公安机关、人民检察院、人民法院和司法行政部门应当对上述机构和人员实行与未成年人保护工作相适应的评价考核标准。

注解

本条是关于办理涉及未成年人案件专门化的规定，包括三个方面的内容。一是确定专门机构或者指定专门人员。办理涉及未成年人案件是一项专业性很强的工作，除传统的证据审查判断和适用法律外，还需要落实法律规定的特别程序和保护措施，在与未成年人接触过程中注重方式方法和技巧。办理涉及未成年人案件要实现法律效果和社会效果，对办案人员提出了更高的专业化要求，必然需要确定专门机构或者指定专门人员。二是办案人员需经过专门培训，熟悉未成年人身心特点。办理涉及未成年人案件，办案人员会经常接触未成年人，不仅需要有效、顺畅的沟通，而且需要保护他们相对脆弱的身心。这就要求办案人员具备专业知识，熟悉未成年人的身心特点。三是实行与未成年人保护工作相适应的评价考核标准。办理涉及未成年人案件在很多方面与办理成年人案件有重大区别，工作内容、工作方式、工作理念都有较大差异，为全面、客观衡量和评价办理涉未成年人案件的质与量，需要实行与未成年人保护工作相适应的评价考核标准。

配套

《联合国少年司法最低限度标准规则》第22条；《中华人民共和国刑事诉讼法》第277条；《中华人民共和国社区矫正法》第52条；《最高人民法院关于适用〈中华人民共和国刑事诉讼法〉的解释》第549条；《人民检察院办理未成年人刑事案件的规定》第8条；《人民检察院刑事诉讼规则》第458条；《公安机关办理刑事案件程序规定》第319条；《最高人民法院、最高人民检察院、公安部、司法部关于办理性侵害未成年人刑事案件的意见》第3条；《关于建立未成年人检察工作评价机制的意见（试行）》

第一百零二条　【办案方式】公安机关、人民检察院、人民法院和司法行政部门办理涉及未成年人案件，应当考虑未成年人身心特点和健康成长的需要，使用未成年人能够理解的语言和表达方式，听取未成年人的意见。

第一百零三条　【个人信息和隐私保护】公安机关、人民检察院、人民法院、司法行政部门以及其他组织和个人不得披露有关案件中未成年人的姓名、影像、住所、就读学校以及其他可能识别出其身份的信息，但查找失踪、被拐卖未成年人等情形除外。

配套

《联合国少年司法最低限度标准规则》第8条；《中华人民共和国民法典》第1032、1034条；《中华人民共和国社区矫正法》第54条；《最高人民法院关于适用〈中华人民共和国刑事诉讼法〉的解释》第559条；《未成年人刑事检察工作指引（试行）》第19条；《人民检察院刑事诉讼规则》第481条；《关于建立侵害未成年人案件强制报告制度的意见（试行）》第14条

第一百零四条　【法律援助和司法救助】对需要法律援助或者司法救助的未成年人，法律援助机构或者公安机关、人民检察院、人民法院和司法行政部门应当给予帮助，依法为其提供法律援助或者司法救助。

法律援助机构应当指派熟悉未成年人身心特点的律师为未成年人提供法律援助服务。

法律援助机构和律师协会应当对办理未成年人法律援助案件的律师进行指导和培训。

第一百零五条　【检察机关的未成年人保护的法律监督】人民检察院通过行使检察权，对涉及未成年人的诉讼活动等依法进行监督。

第一百零六条　【检察机关督促支持起诉和公益诉讼】未成年人合法权益受到侵犯，相关组织和个人未代为提起诉讼的，人民检察院可以督促、支持其提起诉讼；涉及公共利益的，人民检察院有权提起公益诉讼。

注解

本条是新增内容，包括两个方面：一是增加规定人民检察院对相关组织和个人怠于维护未成年人合法权益，未能及时代为提起诉讼的，人民检察院可以督促、支持其提起诉讼，及时维护未成年人权益；二是未成年人合法权益受到侵犯，涉及公共利益的，人民检察院有权提起公益诉讼，完善检察公益诉讼的范围。

应用

67. 如何理解本条中的“公共利益”?

关于“公共利益”，通常是指全体社会成员的共同利益和社会的整体利益，关系到不特定多数人的利益。如有的网络技术、产品和服务不符合网络保护的要求，有的食品、玩具、学习用品等严重危害未成年人身心健康，有的电影、图书、广播电视等含有影响未成年人身心健康的信息，还有的对未成年人保护负有监督管理职责的行政机关不作为等。以上现象侵犯未成年人合法权益，涉及面广、社会影响大、后果严重，是广大人民群众迫切期盼解决的突出问题，依靠单个案件处理难以及时有效地打击、惩戒以上侵权行为，需要人民检察院发挥检察机关法律监督职能作用，维护国家和社会公共利益。

68. 为未成年人提供文身服务，侵犯未成年人合法权益，损害社会公共利益，是否属于检察机关公益诉讼监督范畴?

文身对未成年人的身心健康和发展均有不同程度的现实影响和潜在危害。未成年人身心尚未成熟，认知和辨别能力较弱，自护能力不足，对文身给自身成长和未来发展带来的影响缺乏预见和判断。为未成年人提供文身服务，侵犯未成年人合法权益，且侵犯行为具有持续性和反复性，侵犯结果和范围可能随时扩大，应当认定为侵犯社会公共利益，检察机关可以提起公益诉讼。(检例第142号：江苏省宿迁市人民检察院对章某为未成年人文身提起民事公益诉讼案)

69. 对于跨行政区划的未成年人网络保护公益诉讼案件，如何确定管辖?

对于跨行政区划的未成年人网络保护公益诉讼案件，应综合考虑案件性质、领域、诉讼便利、有利整改等因素，确定管辖机关。涉网络案件通常具有企业注册地、主要营业地、服务覆盖地、侵权行为地、侵害结果地分离的特点。检察机关办理未成年人网络保护公益诉讼案件，在涉及多个行政区划，多个检察院均具有管辖权的情形下，民事公益诉讼案件应当层报共同的上级检察院指定，一般应当由损害结果发生地检察机关管辖；行政公益诉讼案件一般应当由网络企业注册地检察机关管辖，以便利行政监管。(检例第141号：浙江省杭州市余杭区人民检察院对北京某公司侵犯儿童个人信息权益提起民事公益诉讼北京市人民检察院督促保护儿童个人信息权益行政公益

诉讼案）

配套

《最高人民法院、最高人民检察院关于检察公益诉讼案件适用法律若干问题的解释》

第一百零七条 【继承案件和离婚案件中的保护】 人民法院审理继承案件，应当依法保护未成年人的继承权和受遗赠权。

人民法院审理离婚案件，涉及未成年子女抚养问题的，应当尊重已满八周岁未成年子女的真实意愿，根据双方具体情况，按照最有利于未成年子女的原则依法处理。

应用

70. 对继承案件中未成年人继承权和受遗赠权的保护应注意哪些方面？

（1）未成年人具有民事权利能力，依法享有继承权。未成年人是无民事行为能力或者限制民事行为能力人的，由其监护人代理被监护人实施民事法律行为，保护被监护人的人身权利、财产权利以及其他合法权益，包括依法行使继承权、受遗赠权。未成年人的监护人应当按照《民法典》第1124条的规定，及时代为行使继承权、受遗赠权。

（2）男女平等地享有继承权。自然人有无继承权与性别没有任何关系，继承顺序不因男女而有区别，适用于男性的继承顺序同样适用于女性。在继承份额上，如果没有法律规定的多分、少分或者不分遗产的情形，同一顺序的继承人继承遗产的份额，一般应当均等，继承遗产份额不因男女性别不同而有差异。

（3）未成年人依法受到特别照顾。《民法典》第1130条第2款规定，对生活有特殊困难又缺乏劳动能力的继承人，分配遗产时，应当予以照顾；第1141条规定，遗嘱应当为缺乏劳动能力又没有生活来源的继承人保留必要的遗产份额。通常情况下未成年人缺乏劳动能力且无经济来源，其学习、生活等方面需要较多费用，需要得到特别照顾的，可以在分配遗产时适当予以多分。

（4）关于未成年子女的范围。民法典继承编中规定，本编所称子女包括婚生子女、非婚生子女、养子女和有扶养关系的继子女。

（5）关于胎儿权益保护。《民法典》第16条中规定，涉及遗产继承、接受赠与等胎儿利益保护的，胎儿视为具有民事权利能力。第1155条规定，遗产分割时，应当保留胎儿的继承份额。胎儿娩出时是死体的，保留的份额按照法定继承办理。

(6) 父母离异后的继承权问题。父母离婚后，未成年子女仍依法享有对父母双方的遗产继承权。

71. 离婚案件中，涉及未成年子女抚养问题时的处理原则是什么?

法院应当本着最有利于未成年人的原则依法处理：第一，不满两周岁的子女，以由母亲直接抚养为原则；第二，已满两周岁的子女，由人民法院根据双方的具体情况，在尊重已满八周岁未成年子女的真实意愿的前提下，按照最有利于未成年子女的原则判决。

配套

《中华人民共和国民法典》第1084、1124、1128、1130、1133、1152、1155条

第一百零八条　【撤销监护人资格】未成年人的父母或者其他监护人不依法履行监护职责或者严重侵犯被监护的未成年人合法权益的，人民法院可以根据有关人员或者单位的申请，依法作出人身安全保护令或者撤销监护人资格。

被撤销监护人资格的父母或者其他监护人应当依法继续负担抚养费用。

应用

72. 哪些情形，人民法院可以根据申请撤销监护人的监护资格?

2014年，《最高人民法院、最高人民检察院、公安部和民政部关于依法处理监护人侵害未成年人权益行为若干问题的意见》第35条规定，被申请人有下列情形之一的，人民法院可以判决撤销其监护人资格：(一) 性侵害、出卖、遗弃、虐待、暴力伤害未成年人，严重损害未成年人身心健康的；(二) 将未成年人置于无人监管和照看的状态，导致未成年人面临死亡或者严重伤害危险，经教育不改的；(三) 拒不履行监护职责长达六个月以上，导致未成年人流离失所或者生活无着的；(四) 有吸毒、赌博、长期酗酒等恶习无法正确履行监护职责或者因服刑等原因无法履行监护职责，且拒绝将

监护职责部分或者全部委托给他人，致使未成年人处于困境或者危险状态的；（五）胁迫、诱骗、利用未成年人乞讨，经公安机关和未成年人救助保护机构等部门三次以上批评教育拒不改正，严重影响未成年人正常生活和学习的；（六）教唆、利用未成年人实施违法犯罪行为，情节恶劣的；（七）有其他严重侵害未成年人合法权益行为的。

73. 人身安全保护令的内容有哪些?

人身安全保护令的内容包括禁止被申请人实施家庭暴力，禁止被申请人骚扰、跟踪、接触申请人及其相关近亲属，责令被申请人迁出申请人住所以及保护申请人人身安全的其他措施。被申请人拒不履行人身安全保护裁定，危及未成年人及其临时照料人人身安全或者扰乱未成年人救助保护机构工作秩序的，未成年人、未成年人救助保护机构或者其他临时照料人有权向公安机关报告，由公安机关依法处理；被申请人有其他拒不履行人身安全保护裁定行为的，未成年人、未成年人救助保护机构或者其他临时照料人有权向人民法院报告，人民法院根据民事诉讼法的规定，视情节轻重处以罚款、拘留；构成犯罪的，依法追究刑事责任。

74. 父母被撤销监护人资格后还有义务负担抚养费吗?

未成年人的父母或者其他监护人被撤销监护资格，原因在于其违反法定义务，不依法履行监护职责或者严重侵犯被监护未成年人的合法权益，导致其不再适宜继续担任未成年人的监护人，但是父母或者其他监护人基于血缘关系等担负的对未成年人的法定抚养义务，并不因撤销其监护资格而全部免除。

配套

《中华人民共和国民法典》第 36 条；《中华人民共和国反家庭暴力法》第 21 条及第四章；《最高人民法院、最高人民检察院、公安部、民政部关于依法处理监护人侵害未成年人权益行为若干问题的意见》

第一百零九条　【家事案件中的社会调查】人民法院审理离婚、抚养、收养、监护、探望等案件涉及未成年人的，可以自行或者委托社会组织对未成年人的相关情况进行社会调查。

第一百一十条　【讯问询问时的保护措施】公安机关、人民检察院、人民法院讯问未成年犯罪嫌疑人、被告人，询问未成年被害人、证人，应当依法通知其法定代理人或者其成年亲属、所在学校的代表等合适成年人到场，并采取适当方式，在适当场所进行，保障未成年人的名誉权、隐私权和其他合法权益。

人民法院开庭审理涉及未成年人案件，未成年被害人、证人一般不出庭作证；必须出庭的，应当采取保护其隐私的技术手段和心理干预等保护措施。

配套

《中华人民共和国刑事诉讼法》第281条；《人民检察院刑事诉讼规则》第465、468条；《关于适用认罪认罚从宽制度的指导意见》；《未成年人刑事检察工作指引（试行）》第二章第三节、第三章、第四章

第一百一十一条 【对遭受性侵害或者暴力伤害未成年人的综合保护】公安机关、人民检察院、人民法院应当与其他有关政府部门、人民团体、社会组织互相配合，对遭受性侵害或者暴力伤害的未成年被害人及其家庭实施必要的心理干预、经济救助、法律援助、转学安置等保护措施。

配套

《中华人民共和国刑事诉讼法》第278条；《最高人民检察院关于加强新时代未成年人检察工作的意见》；《未成年人刑事检察工作指引（试行）》第二章第一节、第五节、第七节

第一百一十二条 【对遭受性侵害或者暴力伤害未成年人询问的保护措施】公安机关、人民检察院、人民法院办理未成年人遭受性侵害或者暴力伤害案件，在询问未成年被害人、证人时，应当采取同步录音录像等措施，尽量一次完成；未成年被害人、证人是女性的，应当由女性工作人员进行。

注解

性侵害、暴力伤害案件的重要证据之一往往是未成年被害人的陈述或者

未成年证人的证词。实践中，侦查人员询问未成年被害人、证人后案件移送到检察院。如果侦查过程中询问时很多细节并未弄清楚，则需要再次询问甚至多次询问，这很容易给未成年被害人、证人带来伤害。为避免出现这一问题，根据本条规定，公安机关、人民检察院、人民法院办理未成年人遭受性侵害或者暴力伤害案件，在询问未成年被害人、证人时，应当采取同步录音录像等措施，尽量一次完成。

配套

《最高人民检察院关于加强新时代未成年人检察工作的意见》；《未成年人刑事检察工作指引（试行）》第130、132条

第一百一十三条　【未成年人违法犯罪的处理】对违法犯罪的未成年人，实行教育、感化、挽救的方针，坚持教育为主、惩罚为辅的原则。

对违法犯罪的未成年人依法处罚后，在升学、就业等方面不得歧视。

应用

75. 学校可以拒收服刑期满释放的未成年学生吗?

服刑期满释放的未成年人，对社会有着极大的期望，十分渴望改正自己以前犯过的错误，走上正确的人生道路。为此，我国法律作出了许多关怀性的规定，给他们改过自新的机会，充分保障他们的各项权利，如受教育权等。

服刑期满释放的未成年学生并非低人一等，他们有平等的受教育权，学校不可以拒收服刑期满释放的未成年学生，也不能以停课、劝退等方式变相剥夺他们的受教育权。对于人民检察院免予起诉、人民法院判决免除刑事处罚或者宣告缓刑、被收容教养或者服刑期满释放的未成年人，在复学、升学、就业方面和其他未成年人享有同样的权利。他们可以和其他学生一样上学并参加考试，任何个人和组织不能给予他们不平等的待遇。

配套

《中华人民共和国刑事诉讼法》第277条；《人民检察院刑事诉讼规则》第457条；《关于适用认罪认罚从宽制度的指导意见》；《公安机关办理刑事案件程序规定》第317条

第一百一十四条　【未成年人保护社会治理的建议】公安机关、人民检察院、人民法院和司法行政部门发现有关单位未尽到未成年人教育、管理、救助、看护等保护职责的，应当向该单位提出建议。被建议单位应当在一个月内作出书面回复。

第一百一十五条　【法治宣教教育】公安机关、人民检察院、人民法院和司法行政部门应当结合实际，根据涉及未成年人案件的特点，开展未成年人法治宣传教育工作。

第一百一十六条　【社会支持体系】国家鼓励和支持社会组织、社会工作者参与涉及未成年人案件中未成年人的心理干预、法律援助、社会调查、社会观护、教育矫治、社区矫正等工作。

第八章　法律责任

第一百一十七条　【违反强制报告义务的法律责任】违反本法第十一条第二款规定，未履行报告义务造成严重后果的，由上级主管部门或者所在单位对直接负责的主管人员和其他直接责任人员依法给予处分。

注解

本条规定的违法行为是未按照本法第11条第2款的规定履行强制报告义务，即国家机关、居民委员会、村民委员会、密切接触未成年人的单位及其工作人员，在工作中发现未成年人身心健康受到侵害、疑似受到侵害或者面临其他危险情形的，未及时向公安、民政、教育等有关部门报告。这些违法行为属于不作为，依据本条进行处理的前提是未履行报告义务造成严重后果。严重后果既包括因侵害未成年人的情形或者危险情形对未成年人造成了严重的侵害后果，也包括因这些侵害情形或者危险情形在社会上造成恶劣影响。另外，本条中处分包括批评、警告、记过、降级等。情节特别严重的，对有相关资格、资质的人员，还可以暂停其相应的职务或者业务活动。根据本法第129条的规定，实践中负有强制报告义务的单位未履行强制报告义务造成严重后果的，还可能构成犯罪，在此情况下还要依法追究刑事责任。

配套

《关于建立侵害未成年人案件强制报告制度的意见（试行）》

第一百一十八条　【父母或者其他监护人监护失职的法律责任】未成年人的父母或者其他监护人不依法履行监护职责或者侵犯未成年人合法权益的，由其居住地的居民委员会、村民委员会予以劝诫、制止；情节严重的，居民委员会、村民委员会应当及时向公安机关报告。

公安机关接到报告或者公安机关、人民检察院、人民法院在办理案件过程中发现未成年人的父母或者其他监护人存在上述情形的，应当予以训诫，并可以责令其接受家庭教育指导。

注解

本法第二章关于家庭保护的规定，对未成年人的父母或者其他监护人的监护职责作了规定，违反这些规定，不依法履行监护职责，或者侵犯未成年人合法权益的，应当按照本条规定追究相应的责任。承担责任的途径有两种：第一种是先由其居住地的居民委员会、村民委员会予以劝诫、制止，如果存在屡教不改等严重情节的，居民委员会、村民委员会应当及时向公安机关报告，由公安机关依法处理。第二种是公安机关、人民检察院、人民法院在办理案件过程中发现的，直接予以训诫，并可以责令其接受家庭教育指导。

配套

本法第二章；《中华人民共和国反家庭暴力法》第四章

第一百一十九条　【学校保护失职的法律责任】学校、幼儿园、婴幼儿照护服务等机构及其教职员工违反本法第二十七条、第二十八条、第三十九条规定的，由公安、教育、卫生健康、市场监督管理等部门按照职责分工责令改正；拒不改正或者情节严重的，对直接负责的主管人员和其他直接责任人员依法给予处分。

注解

学校、幼儿园、婴幼儿照护服务等机构及其教职员工对未成年人实施体罚、变相体罚或者有其他侮辱人格尊严的行为的，违反国家规定开除、变相开除未成年学生的，对辍学未成年学生劝返无效未及时向教育行政部门书面报告的，未立即制止学生欺凌行为的，未依法处理学生欺凌事件和开展保护工作的，隐瞒严重欺凌行为的，由公安、教育、卫生健康、市场监督管理等部门按照职责分工责令改正。拒不改正或者情节严重的，对直接负责的主管人员和其他直接责任人员依法给予处分。

配套

《中华人民共和国义务教育法》第27条；《未成年人法律援助服务指引(试行)》；《国务院办公厅关于加强中小学幼儿园安全风险防控体系建设的意见》

第一百二十条　【未给予未成年人免费或者优惠待遇的法律责任】违反本法第四十四条、第四十五条、第四十七条规定，未给予未成年人免费或者优惠待遇的，由市场监督管理、文化和旅游、交通运输等部门按照职责分工责令限期改正，给予警告；拒不改正的，处一万元以上十万元以下罚款。

注解

(1) 责令限期改正，是指行政机关责令违法行为人停止和纠正违法行为，以恢复原状，维持法定的秩序或者状态，具有事后救济性。责令限期改正，既可以单独适用，亦可以和其他行政处罚合并适用。责令限期改正的“期限”，应当根据具体违法行为的性质和实际情况合理设定。设定的期限既不能让违法行为人因时间过短无法改正，也不能过于宽松致使违法行为长时间存在。

(2) 警告，是指行政机关对违法者实施的一种谴责和告诫。它既具有教育性质又具有制裁性质，目的是向违法者发出警戒，声明行为人的行为已经违法，避免其再犯。警告一般适用于情节轻微或未构成实际危害后果的违法行为。警告属于申诫罚，其特点在于是对个人、组织的精神上的惩戒，并不像其他处罚种类那样涉及个人、组织的实体权利，一般在给予其他处罚之前给予，目的在于引起违法者思想上的警惕，使其以后不再违法。

(3) 罚款，是指行政机关依法强制违反行政管理法规的行为人（包括自然人、法人及其他组织）在一定期限内缴纳一定数量货币的行政处罚。本条对适用罚款处罚规定了限定条件，必须是在违法行为人“拒不改正”的前提下。也就是说，行政机关必须先责令违法行为人限期改正，停止和纠正违法行为，若违法行为人拒不改正才可以予以罚款的处罚。

第一百二十一条　【违反危害影视信息禁止制度和不良影视信息提示制度的法律责任】违反本法第五十条、第五十一条规定的，由新闻出版、广播电视、电影、网信等部门按照职责分工责令限期改正，给予警告，没收违法所得，可以并处十万元以下罚款；拒不改正或者情节严重的，责令暂停相关业务、停产停业或者吊销营业执照、吊销相关许可证，违法所得一百万元以上的，并处违法所得一倍以上十倍以下的罚款，没有违法所得或者违法所得不足一百万元的，并处十万元以上一百万元以下罚款。

注解

(1) 没收违法所得，是指国家行政机关根据行政管理法规，将行为人的违法行为所获得的财物强制无偿收归国有的一项行政处罚措施。没收违法所得是一种财产罚。给予“没收违法所得”处罚的前提是行为人通过违法行为获得了收益，否则不能也无法给予该处罚。

(2) 责令暂停相关业务、停产停业，是指行政机关要求从事违法生产经营活动的公民、法人或其他组织停止生产、停止经营的处罚形式。责令暂停相关业务、停产停业的目的是纠正错误，改进工作。被处罚组织或个人在停产停业期间应当进行整顿，纠正违法行为，行政机关认为其达到恢复运营条件的，才可以重新开展相关业务。

(3) 吊销营业执照、吊销相关许可证，是指行政机关通过对违法的公民、法人或者其他组织依法吊销营业执照、吊销许可证，剥夺其从事某项生产或经营活动的权利，是一种较为严重的处罚措施。

配套

《中华人民共和国行政处罚法》第9、28条

第一百二十二条　【有关场所未履行特殊保障和注意义务的法律责任】 场所运营单位违反本法第五十六条第二款规定、住宿经营者违反本法第五十七条规定的，由市场监督管理、应急管理、公安等部门按照职责分工责令限期改正，给予警告；拒不改正或者造成严重后果的，责令停业整顿或者吊销营业执照、吊销相关许可证，并处一万元以上十万元以下罚款。

注解

大型的商场、超市、医院、图书馆、博物馆、科技馆、游乐场、车站、码头、机场、旅游景区景点等场所运营单位未设置搜寻走失未成年人的安全警报系统，或者场所运营单位接到求助后未立即启动安全警报系统以及组织人员进行搜寻的，旅馆、宾馆、酒店等住宿经营者未经询问未成年人的父母或者其他监护人的联系方式、入住人员的身份关系等有关情况即接待未成年人入住或者接待未成年人和成年人共同入住的，或者发现有违法犯罪嫌疑未立即向公安机关报告，或者未及时联系未成年人的父母、其他监护人的，由市场监督管理、应急管理、公安等部门按照职责分工责令限期改正，给予警告；拒不改正或者造成严重后果的，责令停业整顿或者吊销营业执照、吊销相关许可证，并处一万元以上十万元以下罚款。

配套

《中华人民共和国行政处罚法》第9、28条

第一百二十三条　【相关经营者违反未成年人保护义务的法律责任】 相关经营者违反本法第五十八条、第五十九条第一款、第六十条规定的，由文化和旅游、市场监督管理、烟草专卖、公安等部门按照职责分工责令限期改正，给予警告，没收违法所得，可以并处五万元以下罚款；拒不改正或者情节严重的，责令停业整顿或者吊销营业执照、吊销相关许可证，可以并处五万元以上五十万元以下罚款。

注解

在学校、幼儿园周边设置营业性娱乐场所、酒吧、互联网上网服务营业场所等不适宜未成年人活动的场所的，营业性歌舞娱乐场所、酒吧、互联网上网服务营业场所等不适宜未成年人活动场所的经营者允许未成年人进入的，游艺娱乐场所设置的电子游戏设备违法向未成年人提供的，经营者未在显著位置设置未成年人禁入、限入标志的，在学校、幼儿园周边设置烟、酒、彩票销售网点的，向未成年人销售烟、酒、彩票或者兑付彩票奖金的，未在显著位置设置不向未成年人销售烟、酒或者彩票的标志的，向未成年人提供、销售管制刀具或者其他可能致人严重伤害的器具等物品的，对难以判明是否是未成年人时未要求其出示身份证件的，由文化和旅游、市场监督管理、烟草专卖、公安等部门按照职责分工责令限期改正，给予警告，没收违法所得，可以并处五万元以下罚款；拒不改正或者情节严重的，责令停业整顿或者吊销营业执照、吊销相关许可证，可以并处五万元以上五十万元以下罚款。

第一百二十四条　【在禁止场所吸烟饮酒的法律责任】违反本法第五十九条第二款规定，在学校、幼儿园和其他未成年人集中活动的公共场所吸烟、饮酒的，由卫生健康、教育、市场监督管理等部门按照职责分工责令改正，给予警告，可以并处五百元以下罚款；场所管理者未及时制止的，由卫生健康、教育、市场监督管理等部门按照职责分工给予警告，并处一万元以下罚款。

注解

任何人在学校、幼儿园和其他未成年人集中活动的公共场所吸烟、饮酒的，由卫生健康、教育、市场监督管理等部门按照职责分工责令改正，给予警告，可以并处五百元以下罚款。学校、幼儿园和其他未成年人集中活动的公共场所管理者发现有人吸烟、饮酒未及时制止的，由卫生健康、教育、市场监督管理等部门按照职责分工给予警告，并处一万元以下罚款。

第一百二十五条　【违法招用未成年人的法律责任】违反本法第六十一条规定的，由文化和旅游、人力资源和社会保障、市场监督管理等部门按照职责分工责令限期改正，给予警告，没收违法所得，可以并处十万元以下罚款；拒不改正或者情节严重的，责令停产停业或者吊销营业执照、吊销相关许可证，并处十万元以上一百万元以下罚款。

注解

违反国家有关规定招用未满十六周岁未成年人的，营业性娱乐场所、酒吧、互联网上网服务营业场所等不适宜未成年人活动的场所招用已满十六周岁的未成年人的，招用已满十六周岁未成年人的单位和个人不执行国家在工种、劳动时间、劳动强度和保护措施等方面的规定，安排其从事过重、有毒、有害等危害未成年人身心健康的劳动或者危险作业的，组织未成年人进行危害其身心健康的表演等活动的，活动组织方未根据国家有关规定保障参与演出、节目制作等活动的未成年人的合法权益的，由文化和旅游、人力资源和社会保障、市场监督管理等部门按照职责分工责令限期改正，给予警告，没收违法所得，可以并处十万元以下罚款；拒不改正或者情节严重的，责令停产停业或者吊销营业执照、吊销相关许可证，并处十万元以上一百万元以下罚款。

第一百二十六条　【违反密切接触未成年人行业查询和限制制度的法律责任】密切接触未成年人的单位违反本法第六十二条规定，未履行查询义务，或者招用、继续聘用具有相关违法犯罪记录人员的，由教育、人力资源和社会保障、市场监督管理等部门按照职责分工责令限期改正，给予警告，并处五万元以下罚款；拒不改正或者造成严重后果的，责令停业整顿或者吊销营业执照、吊销相关许可证，并处五万元以上五十万元以下罚款，对直接负责的主管人员和其他直接责任人员依法给予处分。

注解

密切接触未成年人的单位招聘工作人员时，未向公安机关、人民检察院查询应聘者是否具有性侵害、虐待、拐卖、暴力伤害等违法犯罪记录的，或者发现其具有前述行为记录依然予以录用的，未每年定期对工作人员是否具有上述违法犯罪记录进行查询的，或者通过查询等其他方式发现其工作人员具有上述行为时未及时解聘的，由教育、人力资源和社会保障、市场监督管理等部门按照职责分工责令限期改正，给予警告，并处五万元以下罚款；拒不改正或者造成严重后果的，责令停业整顿或者吊销营业执照、吊销相关许可证，并处五万元以上五十万元以下罚款，对直接负责的主管人员和其他直接责任人员依法给予处分。

第一百二十七条　【网络企业和服务平台违反网络保护义务的法律责任】信息处理者违反本法第七十二条规定，或者网络产品和服务提供者违反本法第七十三条、第七十四条、第七十五条、第七十六条、第七十七条、第八十条规定的，由公安、网信、电信、新闻出版、广播电视、文化和旅游等有关部门按照职责分工责令改正，给予警告，没收违法所得，违法所得一百万元以上的，并处违法所得一倍以上十倍以下罚款，没有违法所得或者违法所得不足一百万元的，并处十万元以上一百万元以下罚款，对直接负责的主管人员和其他责任人员处一万元以上十万元以下罚款；拒不改正或者情节严重的，并可以责令暂停相关业务、停业整顿、关闭网站、吊销营业执照或者吊销相关许可证。

注解

为加强对未成年人的网络保护，本法第72条、第73条、第74条、第75条、第76条、第77条、第80条分别对信息处理者处理未成年人个人信息、网络产品和服务提供者预防未成年人沉迷网络、信息内容管理、网络欺凌防治等义务作了规定，具体包括：(1) 除法律、行政法规另有规定外，信息处理者通过网络处理不满十四周岁未成年人个人信息的，应当征得未成年人的父母或者其他监护人同意。(2) 除法律、行政法规另有规定外，未成年人、父母或者其他监护人要求信息处理者更正、删除未成年人个人信息的，信息处理者应当及时采取措施予以更正、删除。(3) 网络服务提供者发现未成年人通过网络发布私密信息的，应当及时提示，并采取必要的保护措施。(4) 网络产品和服务提供者不得向未成年人提供诱导其沉迷的产品和服务。(5) 网络游戏、网络直播、网络音视频、网络社交等网络服务提供者应当针对未成年人使用其服务设置相应的时间管理、权限管理、消费管理等功能。(6) 以未成年人为服务对象的在线教育网络产品和服务，不得插入网络游戏链接，不得推送广告等与教学无关的信息。(7) 网络游戏经依法审批后方可运营；网络游戏服务提供者应当要求未成年人以真实身份信息注册并登录网络游戏；应当按照国家有关规定和标准，对游戏产品进行分类，作出适龄提示，并采取技术措施，不得让未成年人接触不适宜的游戏或者游戏功能；不得在每日二十二时至次日八时向未成年人提供网络游戏服务。(8) 网络直播服务提供者不得为未满十六周岁的未成年人提供网络直播发布者账号注册服务；为年满十六周岁的未成年人提供网络直播发布者账号注册服务时，应当对其身份信息进行认证，并征得其父母或者其他监护人同意。(9) 遭受网络欺凌的未成年人及其父母或者其他监护人有权通知网络服务提供者采取删除、屏蔽、断开链接等措施。网络服务提供者接到通知后，应当及时采取必要的措施制止网络欺凌行为，防止信息扩散。(10) 网络服务提供者发现用户发布、传播可能影响未成年人身心健康的信息且未作显著提示的，应当作出提示或者通知用户予以提示；未作出提示的，不得传输相关信息。(11) 网络服务提供者发现用户发布、传播含有危害未成年人身心健康内容的信息的，应当立即停止传输相关信息，采取删除、屏蔽、断开链接等处置措施，保存有关记录，并向网信、公安等部门报告。(12) 网络服务提供者发现用户利用其网络服务对未成年人实施违法犯罪行为的，应当立即停止向该用户提供网络服务，保存有关记录，并向公安机关报告。本条对违反上述规定的行为，规定了相应的法律责任。

第一百二十八条　【国家机关工作人员失职的法律责任】国家机关工作人员玩忽职守、滥用职权、徇私舞弊，损害未成年人合法权益的，依法给予处分。

第一百二十九条　【民事责任、行政责任和刑事责任】违反本法规定，侵犯未成年人合法权益，造成人身、财产或者其他损害的，依法承担民事责任。

违反本法规定，构成违反治安管理行为的，依法给予治安管理处罚；构成犯罪的，依法追究刑事责任。

第九章　附　　则

第一百三十条　【术语解释】本法中下列用语的含义：

（一）密切接触未成年人的单位，是指学校、幼儿园等教育机构；校外培训机构；未成年人救助保护机构、儿童福利机构等未成年人安置、救助机构；婴幼儿照护服务机构、早期教育服务机构；校外托管、临时看护机构；家政服务机构；为未成年人提供医疗服务的医疗机构；其他对未成年人负有教育、培训、监护、救助、看护、医疗等职责的企业事业单位、社会组织等。

（二）学校，是指普通中小学、特殊教育学校、中等职业学校、专门学校。

（三）学生欺凌，是指发生在学生之间，一方蓄意或者恶意通过肢体、语言及网络等手段实施欺压、侮辱，造成另一方人身伤害、财产损失或者精神损害的行为。

注解

解释密切接触未成年人的单位时，一方面，列举了最常见的机构或者组织；另一方面，作出了兜底性规定，即其他对未成年人负有教育、培训、监护、救助、看护、医疗等职责的企业事业单位、社会组织等。这有利于实践操作，以保障密切接触未成年人行业从业查询和限制制度的落实。

对于学校的范围有不同理解，根据未成年人保护的实际需要，本法所称学校包括普通中小学、特殊教育学校、中等职业学校、专门学校，并不包括幼儿园、高等学校。

学生欺凌的概念有四个要件：一是主体，即发生在学生之间；二是过错，即一方蓄意或者恶意；三是方式，即通过肢体、语言及网络等手段实施欺压、侮辱；四是后果，即造成另一方人身伤害、财产损失或者精神损害。可见，只要同时符合以上四个要件，无论是一次还是多次，不管是否具有反复性或者持续性，都构成学生欺凌。

第一百三十一条　【依照适用】对中国境内未满十八周岁的外国人、无国籍人，依照本法有关规定予以保护。

第一百三十二条　【施行日期】本法自 2021 年 6 月 1 日起施行。

配 套 法 规

中华人民共和国民法典（节录）

（2020年5月28日第十三届全国人民代表大会第三次会议通过 2020年5月28日中华人民共和国主席令第45号公布 自2021年1月1日起施行）

……

第二章 自 然 人

第一节 民事权利能力和民事行为能力

第十三条 自然人从出生时起到死亡时止，具有民事权利能力，依法享有民事权利，承担民事义务。

第十四条 自然人的民事权利能力一律平等。

第十五条 自然人的出生时间和死亡时间，以出生证明、死亡证明记载的时间为准；没有出生证明、死亡证明的，以户籍登记或者其他有效身份登记记载的时间为准。有其他证据足以推翻以上记载时间的，以该证据证明的时间为准。

第十六条 涉及遗产继承、接受赠与等胎儿利益保护的，胎儿视为具有民事权利能力。但是，胎儿娩出时为死体的，其民事权利能力自始不存在。

第十七条 十八周岁以上的自然人为成年人。不满十八周岁的自然人为未成年人。

第十八条 成年人为完全民事行为能力人，可以独立实施民事法律行为。

十六周岁以上的未成年人，以自己的劳动收入为主要生活来源的，视为完全民事行为能力人。

第十九条 八周岁以上的未成年人为限制民事行为能力人，实施民事法律行为由其法定代理人代理或者经其法定代理人同意、追认；但是，可以独立实施纯获利益的民事法律行为或者与其年龄、智力相适应的民事法律行为。

第二十条 不满八周岁的未成年人为无民事行为能力人，由其法定代理人代理实施民事法律行为。

第二十一条 不能辨认自己行为的成年人为无民事行为能力人，由其法定代理人代理实施民事法律行为。

八周岁以上的未成年人不能辨认自己行为的，适用前款规定。

第二十二条 不能完全辨认自己行为的成年人为限制民事行为能力人，实施民事法律行为由其法定代理人代理或者经其法定代理人同意、追认；但是，可以独立实施纯获利益的民事法律行为或者与其智力、精神健康状况相适应的民事法律行为。

第二十三条 无民事行为能力人、限制民事行为能力人的监护人是其法定代理人。

第二十四条 不能辨认或者不能完全辨认自己行为的成年人，其利害关系人或者有关组织，可以向人民法院申请认定该成年人为无民事行为能力人或者限制民事行为能力人。

被人民法院认定为无民事行为能力人或者限制民事行为能力人的，经本人、利害关系人或者有关组织申请，人民法院可以根据其智力、精神健康恢复的状况，认定该成年人恢复为限制民事行为能力人或者完全民事行为能力人。

本条规定的有关组织包括：居民委员会、村民委员会、学校、医疗机构、妇女联合会、残疾人联合会、依法设立的老年人组织、民政部门等。

第二十五条　自然人以户籍登记或者其他有效身份登记记载的居所为住所；经常居所与住所不一致的，经常居所视为住所。

第二节　监　　护

第二十六条　父母对未成年子女负有抚养、教育和保护的义务。

成年子女对父母负有赡养、扶助和保护的义务。

第二十七条　父母是未成年子女的监护人。

未成年人的父母已经死亡或者没有监护能力的，由下列有监护能力的人按顺序担任监护人：

（一）祖父母、外祖父母；

（二）兄、姐；

（三）其他愿意担任监护人的个人或者组织，但是须经未成年人住所地的居民委员会、村民委员会或者民政部门同意。

第二十八条　无民事行为能力或者限制民事行为能力的成年人，由下列有监护能力的人按顺序担任监护人：

（一）配偶；

（二）父母、子女；

（三）其他近亲属；

（四）其他愿意担任监护人的个人或者组织，但是须经被监护人住所地的居民委员会、村民委员会或者民政部门同意。

第二十九条　被监护人的父母担任监护人的，可以通过遗嘱指定监护人。

第三十条　依法具有监护资格的人之间可以协议确定监护人。协议确定监护人应当尊重被监护人的真实意愿。

第三十一条　对监护人的确定有争议的，由被监护人住所地的居民委员会、村民委员会或者民政部门指定监护人，有关当事人对指定不服的，可以向人民法院申请指定监护人；有关当事人也可以直接向人民法院申请指定监护人。

居民委员会、村民委员会、民政部门或者人民法院应当尊重被监护人的真实意愿，按照最有利于被监护人的原则在依法具有监护资格的人中指定监护人。

依据本条第一款规定指定监护人前，被监护人的人身权利、财产权利以及其他合法权益处于无人保护状态的，由被监护人住所地的居民委员会、村民委员会、法律规定的有关组织或者民政部门担任临时监护人。

监护人被指定后，不得擅自变更；擅自变更的，不免除被指定的监护人的责任。

第三十二条 没有依法具有监护资格的人的，监护人由民政部门担任，也可以由具备履行监护职责条件的被监护人住所地的居民委员会、村民委员会担任。

第三十三条 具有完全民事行为能力的成年人，可以与其近亲属、其他愿意担任监护人的个人或者组织事先协商，以书面形式确定自己的监护人，在自己丧失或者部分丧失民事行为能力时，由该监护人履行监护职责。

第三十四条 监护人的职责是代理被监护人实施民事法律行为，保护被监护人的人身权利、财产权利以及其他合法权益等。

监护人依法履行监护职责产生的权利，受法律保护。

监护人不履行监护职责或者侵害被监护人合法权益的，应当承担法律责任。

因发生突发事件等紧急情况，监护人暂时无法履行监护职责，被监护人的生活处于无人照料状态的，被监护人住所地的居民委员会、村民委员会或者民政部门应当为被监护人安排必要的临时生活照料措施。

第三十五条 监护人应当按照最有利于被监护人的原则履行监护职责。监护人除为维护被监护人利益外，不得处分被监护人的财产。

未成年人的监护人履行监护职责，在作出与被监护人利益有关的决定时，应当根据被监护人的年龄和智力状况，尊重被监护人的真实意愿。

成年人的监护人履行监护职责，应当最大程度地尊重被监护人的真实意愿，保障并协助被监护人实施与其智力、精神健康状况相适应的民事法律行为。对被监护人有能力独立处理的事务，监护人不得干涉。

第三十六条　监护人有下列情形之一的，人民法院根据有关个人或者组织的申请，撤销其监护人资格，安排必要的临时监护措施，并按照最有利于被监护人的原则依法指定监护人：

（一）实施严重损害被监护人身心健康的行为；

（二）怠于履行监护职责，或者无法履行监护职责且拒绝将监护职责部分或者全部委托给他人，导致被监护人处于危困状态；

（三）实施严重侵害被监护人合法权益的其他行为。

本条规定的有关个人、组织包括：其他依法具有监护资格的人，居民委员会、村民委员会、学校、医疗机构、妇女联合会、残疾人联合会、未成年人保护组织、依法设立的老年人组织、民政部门等。

前款规定的个人和民政部门以外的组织未及时向人民法院申请撤销监护人资格的，民政部门应当向人民法院申请。

第三十七条　依法负担被监护人抚养费、赡养费、扶养费的父母、子女、配偶等，被人民法院撤销监护人资格后，应当继续履行负担的义务。

第三十八条　被监护人的父母或者子女被人民法院撤销监护人资格后，除对被监护人实施故意犯罪的外，确有悔改表现的，经其申请，人民法院可以在尊重被监护人真实意愿的前提下，视情况恢复其监护人资格，人民法院指定的监护人与被监护人的监护关系同时终止。

第三十九条　有下列情形之一的，监护关系终止：

（一）被监护人取得或者恢复完全民事行为能力；

（二）监护人丧失监护能力；

（三）被监护人或者监护人死亡；

（四）人民法院认定监护关系终止的其他情形。

监护关系终止后，被监护人仍然需要监护的，应当依法另行确定监护人。

……

第七章 代　理

第一节 一般规定

第一百六十一条 民事主体可以通过代理人实施民事法律行为。

依照法律规定、当事人约定或者民事法律行为的性质，应当由本人亲自实施的民事法律行为，不得代理。

第一百六十二条 代理人在代理权限内，以被代理人名义实施的民事法律行为，对被代理人发生效力。

第一百六十三条 代理包括委托代理和法定代理。

委托代理人按照被代理人的委托行使代理权。法定代理人依照法律的规定行使代理权。

第一百六十四条 代理人不履行或者不完全履行职责，造成被代理人损害的，应当承担民事责任。

代理人和相对人恶意串通，损害被代理人合法权益的，代理人和相对人应当承担连带责任。

……

第五编 婚姻家庭

第一章 一般规定

第一千零四十条 本编调整因婚姻家庭产生的民事关系。

第一千零四十一条　婚姻家庭受国家保护。

实行婚姻自由、一夫一妻、男女平等的婚姻制度。

保护妇女、未成年人、老年人、残疾人的合法权益。

第一千零四十二条　禁止包办、买卖婚姻和其他干涉婚姻自由的行为。禁止借婚姻索取财物。

禁止重婚。禁止有配偶者与他人同居。

禁止家庭暴力。禁止家庭成员间的虐待和遗弃。

第一千零四十三条　家庭应当树立优良家风，弘扬家庭美德，重视家庭文明建设。

夫妻应当互相忠实，互相尊重，互相关爱；家庭成员应当敬老爱幼，互相帮助，维护平等、和睦、文明的婚姻家庭关系。

第一千零四十四条　收养应当遵循最有利于被收养人的原则，保障被收养人和收养人的合法权益。

禁止借收养名义买卖未成年人。

第一千零四十五条　亲属包括配偶、血亲和姻亲。

配偶、父母、子女、兄弟姐妹、祖父母、外祖父母、孙子女、外孙子女为近亲属。

配偶、父母、子女和其他共同生活的近亲属为家庭成员。

第三章　家庭关系

……

第二节　父母子女关系和其他近亲属关系

第一千零六十七条　父母不履行抚养义务的，未成年子女或者不能独立生活的成年子女，有要求父母给付抚养费的权利。

成年子女不履行赡养义务的，缺乏劳动能力或者生活困难的父母，有要求成年子女给付赡养费的权利。

第一千零六十八条 父母有教育、保护未成年子女的权利和义务。未成年子女造成他人损害的，父母应当依法承担民事责任。

第一千零六十九条 子女应当尊重父母的婚姻权利，不得干涉父母离婚、再婚以及婚后的生活。子女对父母的赡养义务，不因父母的婚姻关系变化而终止。

第一千零七十条 父母和子女有相互继承遗产的权利。

第一千零七十一条 非婚生子女享有与婚生子女同等的权利，任何组织或者个人不得加以危害和歧视。

不直接抚养非婚生子女的生父或者生母，应当负担未成年子女或者不能独立生活的成年子女的抚养费。

第一千零七十二条 继父母与继子女间，不得虐待或者歧视。

继父或者继母和受其抚养教育的继子女间的权利义务关系，适用本法关于父母子女关系的规定。

第一千零七十三条 对亲子关系有异议且有正当理由的，父或者母可以向人民法院提起诉讼，请求确认或者否认亲子关系。

对亲子关系有异议且有正当理由的，成年子女可以向人民法院提起诉讼，请求确认亲子关系。

第一千零七十四条 有负担能力的祖父母、外祖父母，对于父母已经死亡或者父母无力抚养的未成年孙子女、外孙子女，有抚养的义务。

有负担能力的孙子女、外孙子女，对于子女已经死亡或者子女无力赡养的祖父母、外祖父母，有赡养的义务。

第一千零七十五条 有负担能力的兄、姐，对于父母已经死亡或者父母无力抚养的未成年弟、妹，有扶养的义务。

由兄、姐扶养长大的有负担能力的弟、妹，对于缺乏劳动能力又缺乏生活来源的兄、姐，有扶养的义务。

第四章 离　　婚

第一千零七十六条 夫妻双方自愿离婚的，应当签订书面离婚协议，并亲自到婚姻登记机关申请离婚登记。

离婚协议应当载明双方自愿离婚的意思表示和对子女抚养、财产以及债务处理等事项协商一致的意见。

第一千零七十七条 自婚姻登记机关收到离婚登记申请之日起三十日内，任何一方不愿意离婚的，可以向婚姻登记机关撤回离婚登记申请。

前款规定期限届满后三十日内，双方应当亲自到婚姻登记机关申请发给离婚证；未申请的，视为撤回离婚登记申请。

第一千零七十八条 婚姻登记机关查明双方确实是自愿离婚，并已经对子女抚养、财产以及债务处理等事项协商一致的，予以登记，发给离婚证。

第一千零七十九条 夫妻一方要求离婚的，可以由有关组织进行调解或者直接向人民法院提起离婚诉讼。

人民法院审理离婚案件，应当进行调解；如果感情确已破裂，调解无效的，应当准予离婚。

有下列情形之一，调解无效的，应当准予离婚：

（一）重婚或者与他人同居；

（二）实施家庭暴力或者虐待、遗弃家庭成员；

（三）有赌博、吸毒等恶习屡教不改；

（四）因感情不和分居满二年；

（五）其他导致夫妻感情破裂的情形。

一方被宣告失踪，另一方提起离婚诉讼的，应当准予离婚。

经人民法院判决不准离婚后，双方又分居满一年，一方再次提起离婚诉讼的，应当准予离婚。

第一千零八十条 完成离婚登记，或者离婚判决书、调解书生效，即解除婚姻关系。

第一千零八十一条 现役军人的配偶要求离婚，应当征得军人同意，但是军人一方有重大过错的除外。

第一千零八十二条 女方在怀孕期间、分娩后一年内或者终止妊娠后六个月内，男方不得提出离婚；但是，女方提出离婚或者人民法院认为确有必要受理男方离婚请求的除外。

第一千零八十三条 离婚后，男女双方自愿恢复婚姻关系的，应当到婚姻登记机关重新进行结婚登记。

第一千零八十四条 父母与子女间的关系，不因父母离婚而消除。离婚后，子女无论由父或者母直接抚养，仍是父母双方的子女。

离婚后，父母对于子女仍有抚养、教育、保护的权利和义务。

离婚后，不满两周岁的子女，以由母亲直接抚养为原则。已满两周岁的子女，父母双方对抚养问题协议不成的，由人民法院根据双方的具体情况，按照最有利于未成年子女的原则判决。子女已满八周岁的，应当尊重其真实意愿。

第一千零八十五条 离婚后，子女由一方直接抚养的，另一方应当负担部分或者全部抚养费。负担费用的多少和期限的长短，由双方协议；协议不成的，由人民法院判决。

前款规定的协议或者判决，不妨碍子女在必要时向父母任何一方提出超过协议或者判决原定数额的合理要求。

第一千零八十六条 离婚后，不直接抚养子女的父或者母，有探望子女的权利，另一方有协助的义务。

行使探望权利的方式、时间由当事人协议；协议不成的，由人民法院判决。

父或者母探望子女，不利于子女身心健康的，由人民法院依法中止探望；中止的事由消失后，应当恢复探望。

第一千零八十七条 离婚时，夫妻的共同财产由双方协议处理；协议不成的，由人民法院根据财产的具体情况，按照照顾子女、女方和无过错方权益的原则判决。

对夫或者妻在家庭土地承包经营中享有的权益等，应当依法予以保护。

第一千零八十八条 夫妻一方因抚育子女、照料老年人、协助另一方工作等负担较多义务的，离婚时有权向另一方请求补偿，另一方应当给予补偿。具体办法由双方协议；协议不成的，由人民法院判决。

第一千零八十九条 离婚时，夫妻共同债务应当共同偿还。共同财产不足清偿或者财产归各自所有的，由双方协议清偿；协议不成的，由人民法院判决。

第一千零九十条 离婚时，如果一方生活困难，有负担能力的另一方应当给予适当帮助。具体办法由双方协议；协议不成的，由人民法院判决。

第一千零九十一条 有下列情形之一，导致离婚的，无过错方有权请求损害赔偿：

（一）重婚；

（二）与他人同居；

（三）实施家庭暴力；

（四）虐待、遗弃家庭成员；

（五）有其他重大过错。

第一千零九十二条 夫妻一方隐藏、转移、变卖、毁损、挥霍夫妻共同财产，或者伪造夫妻共同债务企图侵占另一方财产的，在离婚分割夫妻共同财产时，对该方可以少分或者不分。离婚后，另一方发现有上述行为的，可以向人民法院提起诉讼，请求再次分割夫妻共同财产。

第五章　收　　养

第一节　收养关系的成立

第一千零九十三条 下列未成年人，可以被收养：

（一）丧失父母的孤儿；

（二）查找不到生父母的未成年人；

（三）生父母有特殊困难无力抚养的子女。

第一千零九十四条 下列个人、组织可以作送养人：

（一）孤儿的监护人；

（二）儿童福利机构；

（三）有特殊困难无力抚养子女的生父母。

第一千零九十五条 未成年人的父母均不具备完全民事行为能力且可能严重危害该未成年人的，该未成年人的监护人可以将其送养。

第一千零九十六条 监护人送养孤儿的，应当征得有抚养义务的人同意。有抚养义务的人不同意送养、监护人不愿意继续履行监护职责的，应当依照本法第一编的规定另行确定监护人。

第一千零九十七条 生父母送养子女，应当双方共同送养。生父母一方不明或者查找不到的，可以单方送养。

第一千零九十八条 收养人应当同时具备下列条件：

（一）无子女或者只有一名子女；

（二）有抚养、教育和保护被收养人的能力；

（三）未患有在医学上认为不应当收养子女的疾病；

（四）无不利于被收养人健康成长的违法犯罪记录；

（五）年满三十周岁。

第一千零九十九条 收养三代以内旁系同辈血亲的子女，可以不受本法第一千零九十三条第三项、第一千零九十四条第三项和第一千一百零二条规定的限制。

华侨收养三代以内旁系同辈血亲的子女，还可以不受本法第一千零九十八条第一项规定的限制。

第一千一百条 无子女的收养人可以收养两名子女；有子女的收养人只能收养一名子女。

收养孤儿、残疾未成年人或者儿童福利机构抚养的查找不到生父母的未成年人，可以不受前款和本法第一千零九十八条第一项规定的限制。

第一千一百零一条 有配偶者收养子女，应当夫妻共同收养。

第一千一百零二条 无配偶者收养异性子女的，收养人与被收养人的年龄应当相差四十周岁以上。

第一千一百零三条 继父或者继母经继子女的生父母同意，可以收养继子女，并可以不受本法第一千零九十三条第三项、第一千零九十四条第三项、第一千零九十八条和第一千一百条第一款规定的限制。

第一千一百零四条 收养人收养与送养人送养，应当双方自愿。收养八周岁以上未成年人的，应当征得被收养人的同意。

第一千一百零五条 收养应当向县级以上人民政府民政部门登记。收养关系自登记之日起成立。

收养查找不到生父母的未成年人的，办理登记的民政部门应当在登记前予以公告。

收养关系当事人愿意签订收养协议的，可以签订收养协议。

收养关系当事人各方或者一方要求办理收养公证的，应当办理收养公证。

县级以上人民政府民政部门应当依法进行收养评估。

第一千一百零六条 收养关系成立后，公安机关应当按照国家有关规定为被收养人办理户口登记。

第一千一百零七条 孤儿或者生父母无力抚养的子女，可以由生父母的亲属、朋友抚养；抚养人与被抚养人的关系不适用本章规定。

第一千一百零八条 配偶一方死亡，另一方送养未成年子女的，死亡一方的父母有优先抚养的权利。

第一千一百零九条 外国人依法可以在中华人民共和国收养子女。

外国人在中华人民共和国收养子女，应当经其所在国主管机关依照该国法律审查同意。收养人应当提供由其所在国有权机构出具的有关其年龄、婚姻、职业、财产、健康、有无受过刑事处罚等状况的证明材料，并与送养人签订书面协议，亲自向省、自治区、直辖市人民政府民政部门登记。

前款规定的证明材料应当经收养人所在国外交机关或者外交机关授权的机构认证，并经中华人民共和国驻该国使领馆认证，但是国家另有规定的除外。

第一千一百一十条 收养人、送养人要求保守收养秘密的，其他人应当尊重其意愿，不得泄露。

第二节 收养的效力

第一千一百一十一条 自收养关系成立之日起，养父母与养子女间的权利义务关系，适用本法关于父母子女关系的规定；养子女与养父母的近亲属间的权利义务关系，适用本法关于子女与父母的近亲属关系的规定。

养子女与生父母以及其他近亲属间的权利义务关系，因收养关系的成立而消除。

第一千一百一十二条 养子女可以随养父或者养母的姓氏，经当事人协商一致，也可以保留原姓氏。

第一千一百一十三条 有本法第一编关于民事法律行为无效规定情形或者违反本编规定的收养行为无效。

无效的收养行为自始没有法律约束力。

第三节 收养关系的解除

第一千一百一十四条 收养人在被收养人成年以前，不得解除收养关系，但是收养人、送养人双方协议解除的除外。养子女八周岁以上的，应当征得本人同意。

收养人不履行抚养义务，有虐待、遗弃等侵害未成年养子女合法权益行为的，送养人有权要求解除养父母与养子女间的收养关系。送养人、收养人不能达成解除收养关系协议的，可以向人民法院提起诉讼。

第一千一百一十五条 养父母与成年养子女关系恶化、无法共同生活的，可以协议解除收养关系。不能达成协议的，可以向人民法院提起诉讼。

第一千一百一十六条 当事人协议解除收养关系的，应当到民政部门办理解除收养关系登记。

第一千一百一十七条 收养关系解除后，养子女与养父母以及其他近亲属间的权利义务关系即行消除，与生父母以及其他近亲属间的权利义务关系自行恢复。但是，成年养子女与生父母以及其他近亲属间的权利义务关系是否恢复，可以协商确定。

第一千一百一十八条 收养关系解除后，经养父母抚养的成年养子女，对缺乏劳动能力又缺乏生活来源的养父母，应当给付生活费。因养子女成年后虐待、遗弃养父母而解除收养关系的，养父母可以要求养子女补偿收养期间支出的抚养费。

生父母要求解除收养关系的，养父母可以要求生父母适当补偿收养期间支出的抚养费；但是，因养父母虐待、遗弃养子女而解除收养关系的除外。

第六编 继　　承

第一章 一般规定

第一千一百一十九条 本编调整因继承产生的民事关系。

第一千一百二十条 国家保护自然人的继承权。

第一千一百二十一条 继承从被继承人死亡时开始。

相互有继承关系的数人在同一事件中死亡，难以确定死亡时间的，推定没有其他继承人的人先死亡。都有其他继承人，辈份不同的，推定长辈先死亡；辈份相同的，推定同时死亡，相互不发生继承。

第一千一百二十二条 遗产是自然人死亡时遗留的个人合法财产。

依照法律规定或者根据其性质不得继承的遗产，不得继承。

第一千一百二十三条 继承开始后，按照法定继承办理；有遗嘱的，按照遗嘱继承或者遗赠办理；有遗赠扶养协议的，按照协议办理。

第一千一百二十四条 继承开始后，继承人放弃继承的，应当在遗产处理前，以书面形式作出放弃继承的表示；没有表示的，视为接受继承。

受遗赠人应当在知道受遗赠后六十日内，作出接受或者放弃受遗赠的表示；到期没有表示的，视为放弃受遗赠。

第一千一百二十五条 继承人有下列行为之一的，丧失继承权：

（一）故意杀害被继承人；

（二）为争夺遗产而杀害其他继承人；

（三）遗弃被继承人，或者虐待被继承人情节严重；

（四）伪造、篡改、隐匿或者销毁遗嘱，情节严重；

（五）以欺诈、胁迫手段迫使或者妨碍被继承人设立、变更或者撤回遗嘱，情节严重。

继承人有前款第三项至第五项行为，确有悔改表现，被继承人表示宽恕或者事后在遗嘱中将其列为继承人的，该继承人不丧失继承权。

受遗赠人有本条第一款规定行为的，丧失受遗赠权。

第二章 法定继承

第一千一百二十六条 继承权男女平等。

第一千一百二十七条 遗产按照下列顺序继承：

（一）第一顺序：配偶、子女、父母；

（二）第二顺序：兄弟姐妹、祖父母、外祖父母。

继承开始后，由第一顺序继承人继承，第二顺序继承人不继承；没有第一顺序继承人继承的，由第二顺序继承人继承。

本编所称子女，包括婚生子女、非婚生子女、养子女和有扶养关系的继子女。

本编所称父母，包括生父母、养父母和有扶养关系的继父母。

本编所称兄弟姐妹，包括同父母的兄弟姐妹、同父异母或者同母异父的兄弟姐妹、养兄弟姐妹、有扶养关系的继兄弟姐妹。

第一千一百二十八条 被继承人的子女先于被继承人死亡的，由被继承人的子女的直系晚辈血亲代位继承。

被继承人的兄弟姐妹先于被继承人死亡的，由被继承人的兄弟姐妹的子女代位继承。

代位继承人一般只能继承被代位继承人有权继承的遗产份额。

第一千一百二十九条 丧偶儿媳对公婆，丧偶女婿对岳父母，尽了主要赡养义务的，作为第一顺序继承人。

第一千一百三十条 同一顺序继承人继承遗产的份额，一般应当均等。

对生活有特殊困难又缺乏劳动能力的继承人，分配遗产时，应当予以照顾。

对被继承人尽了主要扶养义务或者与被继承人共同生活的继承人，分配遗产时，可以多分。

有扶养能力和有扶养条件的继承人，不尽扶养义务的，分配遗产时，应当不分或者少分。

继承人协商同意的，也可以不均等。

第一千一百三十一条 对继承人以外的依靠被继承人扶养的人，或者继承人以外的对被继承人扶养较多的人，可以分给适当的遗产。

第一千一百三十二条 继承人应当本着互谅互让、和睦团结的精神，协商处理继承问题。遗产分割的时间、办法和份额，由继承人协商确定；协商不成的，可以由人民调解委员会调解或者向人民法院提起诉讼。

……

第一千一百五十九条 分割遗产，应当清偿被继承人依法应当缴纳的税款和债务；但是，应当为缺乏劳动能力又没有生活来源的继承人保留必要的遗产。

第一千一百六十条 无人继承又无人受遗赠的遗产，归国家所有，用于公益事业；死者生前是集体所有制组织成员的，归所在集体所有制组织所有。

第一千一百六十一条 继承人以所得遗产实际价值为限清偿被继承人依法应当缴纳的税款和债务。超过遗产实际价值部分，继承人自愿偿还的不在此限。

继承人放弃继承的，对被继承人依法应当缴纳的税款和债务可以不负清偿责任。

第一千一百六十二条 执行遗赠不得妨碍清偿遗赠人依法应当缴纳的税款和债务。

第一千一百六十三条 既有法定继承又有遗嘱继承、遗赠的，由法定继承人清偿被继承人依法应当缴纳的税款和债务；超过法定继承遗产实际价值部分，由遗嘱继承人和受遗赠人按比例以所得遗产清偿。

第七编 侵权责任

第一章 一般规定

第一千一百六十四条 本编调整因侵害民事权益产生的民事关系。

第一千一百六十五条 行为人因过错侵害他人民事权益造成损

害的，应当承担侵权责任。

依照法律规定推定行为人有过错，其不能证明自己没有过错的，应当承担侵权责任。

第一千一百六十六条 行为人造成他人民事权益损害，不论行为人有无过错，法律规定应当承担侵权责任的，依照其规定。

第一千一百六十七条 侵权行为危及他人人身、财产安全的，被侵权人有权请求侵权人承担停止侵害、排除妨碍、消除危险等侵权责任。

第一千一百六十八条 二人以上共同实施侵权行为，造成他人损害的，应当承担连带责任。

第一千一百六十九条 教唆、帮助他人实施侵权行为的，应当与行为人承担连带责任。

教唆、帮助无民事行为能力人、限制民事行为能力人实施侵权行为的，应当承担侵权责任；该无民事行为能力人、限制民事行为能力人的监护人未尽到监护职责的，应当承担相应的责任。

第一千一百七十条 二人以上实施危及他人人身、财产安全的行为，其中一人或者数人的行为造成他人损害，能够确定具体侵权人的，由侵权人承担责任；不能确定具体侵权人的，行为人承担连带责任。

第一千一百七十一条 二人以上分别实施侵权行为造成同一损害，每个人的侵权行为都足以造成全部损害的，行为人承担连带责任。

第一千一百七十二条 二人以上分别实施侵权行为造成同一损害，能够确定责任大小的，各自承担相应的责任；难以确定责任大小的，平均承担责任。

第一千一百七十三条 被侵权人对同一损害的发生或者扩大有过错的，可以减轻侵权人的责任。

第一千一百七十四条 损害是因受害人故意造成的，行为人不承担责任。

第一千一百七十五条 损害是因第三人造成的，第三人应当承担侵权责任。

第一千一百七十六条 自愿参加具有一定风险的文体活动，因其他参加者的行为受到损害的，受害人不得请求其他参加者承担侵权责任；但是，其他参加者对损害的发生有故意或者重大过失的除外。

活动组织者的责任适用本法第一千一百九十八条至第一千二百零一条的规定。

第一千一百七十七条 合法权益受到侵害，情况紧迫且不能及时获得国家机关保护，不立即采取措施将使其合法权益受到难以弥补的损害的，受害人可以在保护自己合法权益的必要范围内采取扣留侵权人的财物等合理措施；但是，应当立即请求有关国家机关处理。

受害人采取的措施不当造成他人损害的，应当承担侵权责任。

第一千一百七十八条 本法和其他法律对不承担责任或者减轻责任的情形另有规定的，依照其规定。

第二章 损害赔偿

第一千一百七十九条 侵害他人造成人身损害的，应当赔偿医疗费、护理费、交通费、营养费、住院伙食补助费等为治疗和康复支出的合理费用，以及因误工减少的收入。造成残疾的，还应当赔偿辅助器具费和残疾赔偿金；造成死亡的，还应当赔偿丧葬费和死亡赔偿金。

第一千一百八十条 因同一侵权行为造成多人死亡的，可以以相同数额确定死亡赔偿金。

第一千一百八十一条 被侵权人死亡的，其近亲属有权请求侵权人承担侵权责任。被侵权人为组织，该组织分立、合并的，承继权利的组织有权请求侵权人承担侵权责任。

被侵权人死亡的，支付被侵权人医疗费、丧葬费等合理费用的人有权请求侵权人赔偿费用，但是侵权人已经支付该费用的除外。

第一千一百八十二条 侵害他人人身权益造成财产损失的，按照被侵权人因此受到的损失或者侵权人因此获得的利益赔偿；被侵权人因此受到的损失以及侵权人因此获得的利益难以确定，被侵权人和侵权人就赔偿数额协商不一致，向人民法院提起诉讼的，由人民法院根据实际情况确定赔偿数额。

第一千一百八十三条 侵害自然人人身权益造成严重精神损害的，被侵权人有权请求精神损害赔偿。

因故意或者重大过失侵害自然人具有人身意义的特定物造成严重精神损害的，被侵权人有权请求精神损害赔偿。

第一千一百八十四条 侵害他人财产的，财产损失按照损失发生时的市场价格或者其他合理方式计算。

第一千一百八十五条 故意侵害他人知识产权，情节严重的，被侵权人有权请求相应的惩罚性赔偿。

第一千一百八十六条 受害人和行为人对损害的发生都没有过错的，依照法律的规定由双方分担损失。

第一千一百八十七条 损害发生后，当事人可以协商赔偿费用的支付方式。协商不一致的，赔偿费用应当一次性支付；一次性支付确有困难的，可以分期支付，但是被侵权人有权请求提供相应的担保。

第三章 责任主体的特殊规定

第一千一百八十八条 无民事行为能力人、限制民事行为能力人造成他人损害的，由监护人承担侵权责任。监护人尽到监护职责的，可以减轻其侵权责任。

有财产的无民事行为能力人、限制民事行为能力人造成他人损害的，从本人财产中支付赔偿费用；不足部分，由监护人赔偿。

第一千一百八十九条 无民事行为能力人、限制民事行为能力人造成他人损害，监护人将监护职责委托给他人的，监护人应当承担侵权责任；受托人有过错的，承担相应的责任。

第一千一百九十条 完全民事行为能力人对自己的行为暂时没有意识或者失去控制造成他人损害有过错的，应当承担侵权责任；没有过错的，根据行为人的经济状况对受害人适当补偿。

完全民事行为能力人因醉酒、滥用麻醉药品或者精神药品对自己的行为暂时没有意识或者失去控制造成他人损害的，应当承担侵权责任。

……

第一千一百九十四条 网络用户、网络服务提供者利用网络侵害他人民事权益的，应当承担侵权责任。法律另有规定的，依照其规定。

第一千一百九十五条 网络用户利用网络服务实施侵权行为的，权利人有权通知网络服务提供者采取删除、屏蔽、断开链接等必要措施。通知应当包括构成侵权的初步证据及权利人的真实身份信息。

网络服务提供者接到通知后，应当及时将该通知转送相关网络用户，并根据构成侵权的初步证据和服务类型采取必要措施；未及时采取必要措施的，对损害的扩大部分与该网络用户承担连带责任。

权利人因错误通知造成网络用户或者网络服务提供者损害的，应当承担侵权责任。法律另有规定的，依照其规定。

第一千一百九十六条 网络用户接到转送的通知后，可以向网络服务提供者提交不存在侵权行为的声明。声明应当包括不存在侵权行为的初步证据及网络用户的真实身份信息。

网络服务提供者接到声明后，应当将该声明转送发出通知的权利人，并告知其可以向有关部门投诉或者向人民法院提起诉讼。网络服务提供者在转送声明到达权利人后的合理期限内，未收到权利人已经投诉或者提起诉讼通知的，应当及时终止所采取的措施。

第一千一百九十七条 网络服务提供者知道或者应当知道网络用户利用其网络服务侵害他人民事权益，未采取必要措施的，与该网络用户承担连带责任。

第一千一百九十八条 宾馆、商场、银行、车站、机场、体育场馆、娱乐场所等经营场所、公共场所的经营者、管理者或者群众性活动的组织者，未尽到安全保障义务，造成他人损害的，应当承担侵权责任。

因第三人的行为造成他人损害的，由第三人承担侵权责任；经营者、管理者或者组织者未尽到安全保障义务的，承担相应的补充责任。经营者、管理者或者组织者承担补充责任后，可以向第三人追偿。

第一千一百九十九条 无民事行为能力人在幼儿园、学校或者其他教育机构学习、生活期间受到人身损害的，幼儿园、学校或者其他教育机构应当承担侵权责任；但是，能够证明尽到教育、管理职责的，不承担侵权责任。

第一千二百条 限制民事行为能力人在学校或者其他教育机构学习、生活期间受到人身损害，学校或者其他教育机构未尽到教育、管理职责的，应当承担侵权责任。

第一千二百零一条 无民事行为能力人或者限制民事行为能力人在幼儿园、学校或者其他教育机构学习、生活期间，受到幼儿园、学校或者其他教育机构以外的第三人人身损害的，由第三人承担侵权责任；幼儿园、学校或者其他教育机构未尽到管理职责的，承担相应的补充责任。幼儿园、学校或者其他教育机构承担补充责任后，可以向第三人追偿。

……

中华人民共和国义务教育法

（1986年4月12日第六届全国人民代表大会第四次会议通过　2006年6月29日第十届全国人民代表大会常务委员会第二十二次会议修订　根据2015年4月24日第十二届全国人民代表大会常务委员会第十四次会议《关于修改〈中华人民共和国义务教育法〉等五部法律的决定》第一次修正　根据2018年12月29日第十三届全国人民代表大会常务委员会第七次会议《关于修改〈中华人民共和国产品质量法〉等五部法律的决定》第二次修正）

第一章　总　　则

第一条　为了保障适龄儿童、少年接受义务教育的权利，保证义务教育的实施，提高全民族素质，根据宪法和教育法，制定本法。

第二条　国家实行九年义务教育制度。

义务教育是国家统一实施的所有适龄儿童、少年必须接受的教育，是国家必须予以保障的公益性事业。

实施义务教育，不收学费、杂费。

国家建立义务教育经费保障机制，保证义务教育制度实施。

第三条　义务教育必须贯彻国家的教育方针，实施素质教育，提高教育质量，使适龄儿童、少年在品德、智力、体质等方面全面发展，为培养有理想、有道德、有文化、有纪律的社会主义建设者和接班人奠定基础。

第四条　凡具有中华人民共和国国籍的适龄儿童、少年，不分性别、民族、种族、家庭财产状况、宗教信仰等，依法享有平等接受义务教育的权利，并履行接受义务教育的义务。

第五条 各级人民政府及其有关部门应当履行本法规定的各项职责，保障适龄儿童、少年接受义务教育的权利。

适龄儿童、少年的父母或者其他法定监护人应当依法保证其按时入学接受并完成义务教育。

依法实施义务教育的学校应当按照规定标准完成教育教学任务，保证教育教学质量。

社会组织和个人应当为适龄儿童、少年接受义务教育创造良好的环境。

第六条 国务院和县级以上地方人民政府应当合理配置教育资源，促进义务教育均衡发展，改善薄弱学校的办学条件，并采取措施，保障农村地区、民族地区实施义务教育，保障家庭经济困难的和残疾的适龄儿童、少年接受义务教育。

国家组织和鼓励经济发达地区支援经济欠发达地区实施义务教育。

第七条 义务教育实行国务院领导，省、自治区、直辖市人民政府统筹规划实施，县级人民政府为主管理的体制。

县级以上人民政府教育行政部门具体负责义务教育实施工作；县级以上人民政府其他有关部门在各自的职责范围内负责义务教育实施工作。

第八条 人民政府教育督导机构对义务教育工作执行法律法规情况、教育教学质量以及义务教育均衡发展状况等进行督导，督导报告向社会公布。

第九条 任何社会组织或者个人有权对违反本法的行为向有关国家机关提出检举或者控告。

发生违反本法的重大事件，妨碍义务教育实施，造成重大社会影响的，负有领导责任的人民政府或者人民政府教育行政部门负责人应当引咎辞职。

第十条 对在义务教育实施工作中做出突出贡献的社会组织和个人，各级人民政府及其有关部门按照有关规定给予表彰、奖励。

第二章 学 生

第十一条 凡年满六周岁的儿童，其父母或者其他法定监护人应当送其入学接受并完成义务教育；条件不具备的地区的儿童，可以推迟到七周岁。

适龄儿童、少年因身体状况需要延缓入学或者休学的，其父母或者其他法定监护人应当提出申请，由当地乡镇人民政府或者县级人民政府教育行政部门批准。

第十二条 适龄儿童、少年免试入学。地方各级人民政府应当保障适龄儿童、少年在户籍所在地学校就近入学。

父母或者其他法定监护人在非户籍所在地工作或者居住的适龄儿童、少年，在其父母或者其他法定监护人工作或者居住地接受义务教育的，当地人民政府应当为其提供平等接受义务教育的条件。具体办法由省、自治区、直辖市规定。

县级人民政府教育行政部门对本行政区域内的军人子女接受义务教育予以保障。

第十三条 县级人民政府教育行政部门和乡镇人民政府组织和督促适龄儿童、少年入学，帮助解决适龄儿童、少年接受义务教育的困难，采取措施防止适龄儿童、少年辍学。

居民委员会和村民委员会协助政府做好工作，督促适龄儿童、少年入学。

第十四条 禁止用人单位招用应当接受义务教育的适龄儿童、少年。

根据国家有关规定经批准招收适龄儿童、少年进行文艺、体育等专业训练的社会组织，应当保证所招收的适龄儿童、少年接受义务教育；自行实施义务教育的，应当经县级人民政府教育行政部门批准。

第三章　学　　校

第十五条　县级以上地方人民政府根据本行政区域内居住的适龄儿童、少年的数量和分布状况等因素，按照国家有关规定，制定、调整学校设置规划。新建居民区需要设置学校的，应当与居民区的建设同步进行。

第十六条　学校建设，应当符合国家规定的办学标准，适应教育教学需要；应当符合国家规定的选址要求和建设标准，确保学生和教职工安全。

第十七条　县级人民政府根据需要设置寄宿制学校，保障居住分散的适龄儿童、少年入学接受义务教育。

第十八条　国务院教育行政部门和省、自治区、直辖市人民政府根据需要，在经济发达地区设置接收少数民族适龄儿童、少年的学校（班）。

第十九条　县级以上地方人民政府根据需要设置相应的实施特殊教育的学校（班），对视力残疾、听力语言残疾和智力残疾的适龄儿童、少年实施义务教育。特殊教育学校（班）应当具备适应残疾儿童、少年学习、康复、生活特点的场所和设施。

普通学校应当接收具有接受普通教育能力的残疾适龄儿童、少年随班就读，并为其学习、康复提供帮助。

第二十条　县级以上地方人民政府根据需要，为具有预防未成年人犯罪法规定的严重不良行为的适龄少年设置专门的学校实施义务教育。

第二十一条　对未完成义务教育的未成年犯和被采取强制性教育措施的未成年人应当进行义务教育，所需经费由人民政府予以保障。

第二十二条　县级以上人民政府及其教育行政部门应当促进学校均衡发展，缩小学校之间办学条件的差距，不得将学校分为重点学校和非重点学校。学校不得分设重点班和非重点班。

县级以上人民政府及其教育行政部门不得以任何名义改变或者变相改变公办学校的性质。

第二十三条 各级人民政府及其有关部门依法维护学校周边秩序，保护学生、教师、学校的合法权益，为学校提供安全保障。

第二十四条 学校应当建立、健全安全制度和应急机制，对学生进行安全教育，加强管理，及时消除隐患，预防发生事故。

县级以上地方人民政府定期对学校校舍安全进行检查；对需要维修、改造的，及时予以维修、改造。

学校不得聘用曾经因故意犯罪被依法剥夺政治权利或者其他不适合从事义务教育工作的人担任工作人员。

第二十五条 学校不得违反国家规定收取费用，不得以向学生推销或者变相推销商品、服务等方式谋取利益。

第二十六条 学校实行校长负责制。校长应当符合国家规定的任职条件。校长由县级人民政府教育行政部门依法聘任。

第二十七条 对违反学校管理制度的学生，学校应当予以批评教育，不得开除。

第四章 教 师

第二十八条 教师享有法律规定的权利，履行法律规定的义务，应当为人师表，忠诚于人民的教育事业。

全社会应当尊重教师。

第二十九条 教师在教育教学中应当平等对待学生，关注学生的个体差异，因材施教，促进学生的充分发展。

教师应当尊重学生的人格，不得歧视学生，不得对学生实施体罚、变相体罚或者其他侮辱人格尊严的行为，不得侵犯学生合法权益。

第三十条 教师应当取得国家规定的教师资格。

国家建立统一的义务教育教师职务制度。教师职务分为初级职务、中级职务和高级职务。

第三十一条 各级人民政府保障教师工资福利和社会保险待遇，改善教师工作和生活条件；完善农村教师工资经费保障机制。

教师的平均工资水平应当不低于当地公务员的平均工资水平。

特殊教育教师享有特殊岗位补助津贴。在民族地区和边远贫困地区工作的教师享有艰苦贫困地区补助津贴。

第三十二条 县级以上人民政府应当加强教师培养工作，采取措施发展教师教育。

县级人民政府教育行政部门应当均衡配置本行政区域内学校师资力量，组织校长、教师的培训和流动，加强对薄弱学校的建设。

第三十三条 国务院和地方各级人民政府鼓励和支持城市学校教师和高等学校毕业生到农村地区、民族地区从事义务教育工作。

国家鼓励高等学校毕业生以志愿者的方式到农村地区、民族地区缺乏教师的学校任教。县级人民政府教育行政部门依法认定其教师资格，其任教时间计入工龄。

第五章 教育教学

第三十四条 教育教学工作应当符合教育规律和学生身心发展特点，面向全体学生，教书育人，将德育、智育、体育、美育等有机统一在教育教学活动中，注重培养学生独立思考能力、创新能力和实践能力，促进学生全面发展。

第三十五条 国务院教育行政部门根据适龄儿童、少年身心发展的状况和实际情况，确定教学制度、教育教学内容和课程设置，改革考试制度，并改进高级中等学校招生办法，推进实施素质教育。

学校和教师按照确定的教育教学内容和课程设置开展教育教学活动，保证达到国家规定的基本质量要求。

国家鼓励学校和教师采用启发式教育等教育教学方法，提高教育教学质量。

第三十六条 学校应当把德育放在首位，寓德育于教育教学之中，开展与学生年龄相适应的社会实践活动，形成学校、家庭、社会相互配合的思想道德教育体系，促进学生养成良好的思想品德和行为习惯。

第三十七条 学校应当保证学生的课外活动时间，组织开展文化娱乐等课外活动。社会公共文化体育设施应当为学校开展课外活动提供便利。

第三十八条 教科书根据国家教育方针和课程标准编写，内容力求精简，精选必备的基础知识、基本技能，经济实用，保证质量。

国家机关工作人员和教科书审查人员，不得参与或者变相参与教科书的编写工作。

第三十九条 国家实行教科书审定制度。教科书的审定办法由国务院教育行政部门规定。

未经审定的教科书，不得出版、选用。

第四十条 教科书价格由省、自治区、直辖市人民政府价格行政部门会同同级出版主管部门按照微利原则确定。

第四十一条 国家鼓励教科书循环使用。

第六章 经费保障

第四十二条 国家将义务教育全面纳入财政保障范围，义务教育经费由国务院和地方各级人民政府依照本法规定予以保障。

国务院和地方各级人民政府将义务教育经费纳入财政预算，按照教职工编制标准、工资标准和学校建设标准、学生人均公用经费标准等，及时足额拨付义务教育经费，确保学校的正常运转和校舍安全，确保教职工工资按照规定发放。

国务院和地方各级人民政府用于实施义务教育财政拨款的增长比例应当高于财政经常性收入的增长比例，保证按照在校学生人数平均的义务教育费用逐步增长，保证教职工工资和学生人均公用经费逐步增长。

第四十三条　学校的学生人均公用经费基本标准由国务院财政部门会同教育行政部门制定，并根据经济和社会发展状况适时调整。制定、调整学生人均公用经费基本标准，应当满足教育教学基本需要。

省、自治区、直辖市人民政府可以根据本行政区域的实际情况，制定不低于国家标准的学校学生人均公用经费标准。

特殊教育学校（班）学生人均公用经费标准应当高于普通学校学生人均公用经费标准。

第四十四条　义务教育经费投入实行国务院和地方各级人民政府根据职责共同负担，省、自治区、直辖市人民政府负责统筹落实的体制。农村义务教育所需经费，由各级人民政府根据国务院的规定分项目、按比例分担。

各级人民政府对家庭经济困难的适龄儿童、少年免费提供教科书并补助寄宿生生活费。

义务教育经费保障的具体办法由国务院规定。

第四十五条　地方各级人民政府在财政预算中将义务教育经费单列。

县级人民政府编制预算，除向农村地区学校和薄弱学校倾斜外，应当均衡安排义务教育经费。

第四十六条　国务院和省、自治区、直辖市人民政府规范财政转移支付制度，加大一般性转移支付规模和规范义务教育专项转移支付，支持和引导地方各级人民政府增加对义务教育的投入。地方各级人民政府确保将上级人民政府的义务教育转移支付资金按照规定用于义务教育。

第四十七条　国务院和县级以上地方人民政府根据实际需要，

设立专项资金，扶持农村地区、民族地区实施义务教育。

第四十八条 国家鼓励社会组织和个人向义务教育捐赠，鼓励按照国家有关基金会管理的规定设立义务教育基金。

第四十九条 义务教育经费严格按照预算规定用于义务教育；任何组织和个人不得侵占、挪用义务教育经费，不得向学校非法收取或者摊派费用。

第五十条 县级以上人民政府建立健全义务教育经费的审计监督和统计公告制度。

第七章 法律责任

第五十一条 国务院有关部门和地方各级人民政府违反本法第六章的规定，未履行对义务教育经费保障职责的，由国务院或者上级地方人民政府责令限期改正；情节严重的，对直接负责的主管人员和其他直接责任人员依法给予行政处分。

第五十二条 县级以上地方人民政府有下列情形之一的，由上级人民政府责令限期改正；情节严重的，对直接负责的主管人员和其他直接责任人员依法给予行政处分：

（一）未按照国家有关规定制定、调整学校的设置规划的；

（二）学校建设不符合国家规定的办学标准、选址要求和建设标准的；

（三）未定期对学校校舍安全进行检查，并及时维修、改造的；

（四）未依照本法规定均衡安排义务教育经费的。

第五十三条 县级以上人民政府或者其教育行政部门有下列情形之一的，由上级人民政府或者其教育行政部门责令限期改正、通报批评；情节严重的，对直接负责的主管人员和其他直接责任人员依法给予行政处分：

（一）将学校分为重点学校和非重点学校的；

（二）改变或者变相改变公办学校性质的。

县级人民政府教育行政部门或者乡镇人民政府未采取措施组织适龄儿童、少年入学或者防止辍学的，依照前款规定追究法律责任。

第五十四条 有下列情形之一的，由上级人民政府或者上级人民政府教育行政部门、财政部门、价格行政部门和审计机关根据职责分工责令限期改正；情节严重的，对直接负责的主管人员和其他直接责任人员依法给予处分：

（一）侵占、挪用义务教育经费的；

（二）向学校非法收取或者摊派费用的。

第五十五条 学校或者教师在义务教育工作中违反教育法、教师法规定的，依照教育法、教师法的有关规定处罚。

第五十六条 学校违反国家规定收取费用的，由县级人民政府教育行政部门责令退还所收费用；对直接负责的主管人员和其他直接责任人员依法给予处分。

学校以向学生推销或者变相推销商品、服务等方式谋取利益的，由县级人民政府教育行政部门给予通报批评；有违法所得的，没收违法所得；对直接负责的主管人员和其他直接责任人员依法给予处分。

国家机关工作人员和教科书审查人员参与或者变相参与教科书编写的，由县级以上人民政府或者其教育行政部门根据职责权限责令限期改正，依法给予行政处分；有违法所得的，没收违法所得。

第五十七条 学校有下列情形之一的，由县级人民政府教育行政部门责令限期改正；情节严重的，对直接负责的主管人员和其他直接责任人员依法给予处分：

（一）拒绝接收具有接受普通教育能力的残疾适龄儿童、少年随班就读的；

（二）分设重点班和非重点班的；

（三）违反本法规定开除学生的；

（四）选用未经审定的教科书的。

第五十八条 适龄儿童、少年的父母或者其他法定监护人无正当理由未依照本法规定送适龄儿童、少年入学接受义务教育的，由当地乡镇人民政府或者县级人民政府教育行政部门给予批评教育，责令限期改正。

第五十九条 有下列情形之一的，依照有关法律、行政法规的规定予以处罚：

（一）胁迫或者诱骗应当接受义务教育的适龄儿童、少年失学、辍学的；

（二）非法招用应当接受义务教育的适龄儿童、少年的；

（三）出版未经依法审定的教科书的。

第六十条 违反本法规定，构成犯罪的，依法追究刑事责任。

第八章　附　　则

第六十一条 对接受义务教育的适龄儿童、少年不收杂费的实施步骤，由国务院规定。

第六十二条 社会组织或者个人依法举办的民办学校实施义务教育的，依照民办教育促进法有关规定执行；民办教育促进法未作规定的，适用本法。

第六十三条 本法自 2006 年 9 月 1 日起施行。

中华人民共和国预防未成年人犯罪法

（1999年6月28日第九届全国人民代表大会常务委员会第十次会议通过　根据2012年10月26日第十一届全国人民代表大会常务委员会第二十九次会议《关于修改〈中华人民共和国预防未成年人犯罪法〉的决定》修正　2020年12月26日第十三届全国人民代表大会常务委员会第二十四次会议修订　2020年12月26日中华人民共和国主席令第64号公布　自2021年6月1日起施行）

第一章　总　　则

第一条　为了保障未成年人身心健康，培养未成年人良好品行，有效预防未成年人违法犯罪，制定本法。

第二条　预防未成年人犯罪，立足于教育和保护未成年人相结合，坚持预防为主、提前干预，对未成年人的不良行为和严重不良行为及时进行分级预防、干预和矫治。

第三条　开展预防未成年人犯罪工作，应当尊重未成年人人格尊严，保护未成年人的名誉权、隐私权和个人信息等合法权益。

第四条　预防未成年人犯罪，在各级人民政府组织下，实行综合治理。

国家机关、人民团体、社会组织、企业事业单位、居民委员会、村民委员会、学校、家庭等各负其责、相互配合，共同做好预防未成年人犯罪工作，及时消除滋生未成年人违法犯罪行为的各种消极因素，为未成年人身心健康发展创造良好的社会环境。

第五条　各级人民政府在预防未成年人犯罪方面的工作职责是：

（一）制定预防未成年人犯罪工作规划；

（二）组织公安、教育、民政、文化和旅游、市场监督管理、网信、卫生健康、新闻出版、电影、广播电视、司法行政等有关部门开展预防未成年人犯罪工作；

（三）为预防未成年人犯罪工作提供政策支持和经费保障；

（四）对本法的实施情况和工作规划的执行情况进行检查；

（五）组织开展预防未成年人犯罪宣传教育；

（六）其他预防未成年人犯罪工作职责。

第六条 国家加强专门学校建设，对有严重不良行为的未成年人进行专门教育。专门教育是国民教育体系的组成部分，是对有严重不良行为的未成年人进行教育和矫治的重要保护处分措施。

省级人民政府应当将专门教育发展和专门学校建设纳入经济社会发展规划。县级以上地方人民政府成立专门教育指导委员会，根据需要合理设置专门学校。

专门教育指导委员会由教育、民政、财政、人力资源社会保障、公安、司法行政、人民检察院、人民法院、共产主义青年团、妇女联合会、关心下一代工作委员会、专门学校等单位，以及律师、社会工作者等人员组成，研究确定专门学校教学、管理等相关工作。

专门学校建设和专门教育具体办法，由国务院规定。

第七条 公安机关、人民检察院、人民法院、司法行政部门应当由专门机构或者经过专业培训、熟悉未成年人身心特点的专门人员负责预防未成年人犯罪工作。

第八条 共产主义青年团、妇女联合会、工会、残疾人联合会、关心下一代工作委员会、青年联合会、学生联合会、少年先锋队以及有关社会组织，应当协助各级人民政府及其有关部门、人民检察院和人民法院做好预防未成年人犯罪工作，为预防未成年人犯罪培育社会力量，提供支持服务。

第九条 国家鼓励、支持和指导社会工作服务机构等社会组织参与预防未成年人犯罪相关工作，并加强监督。

第十条 任何组织或者个人不得教唆、胁迫、引诱未成年人实施不良行为或者严重不良行为，以及为未成年人实施上述行为提供条件。

第十一条 未成年人应当遵守法律法规及社会公共道德规范，树立自尊、自律、自强意识，增强辨别是非和自我保护的能力，自觉抵制各种不良行为以及违法犯罪行为的引诱和侵害。

第十二条 预防未成年人犯罪，应当结合未成年人不同年龄的生理、心理特点，加强青春期教育、心理关爱、心理矫治和预防犯罪对策的研究。

第十三条 国家鼓励和支持预防未成年人犯罪相关学科建设、专业设置、人才培养及科学研究，开展国际交流与合作。

第十四条 国家对预防未成年人犯罪工作有显著成绩的组织和个人，给予表彰和奖励。

第二章 预防犯罪的教育

第十五条 国家、社会、学校和家庭应当对未成年人加强社会主义核心价值观教育，开展预防犯罪教育，增强未成年人的法治观念，使未成年人树立遵纪守法和防范违法犯罪的意识，提高自我管控能力。

第十六条 未成年人的父母或者其他监护人对未成年人的预防犯罪教育负有直接责任，应当依法履行监护职责，树立优良家风，培养未成年人良好品行；发现未成年人心理或者行为异常的，应当及时了解情况并进行教育、引导和劝诫，不得拒绝或者怠于履行监护职责。

第十七条 教育行政部门、学校应当将预防犯罪教育纳入学校教学计划，指导教职员工结合未成年人的特点，采取多种方式对未成年学生进行有针对性的预防犯罪教育。

第十八条 学校应当聘任从事法治教育的专职或者兼职教师，

并可以从司法和执法机关、法学教育和法律服务机构等单位聘请法治副校长、校外法治辅导员。

第十九条 学校应当配备专职或者兼职的心理健康教育教师，开展心理健康教育。学校可以根据实际情况与专业心理健康机构合作，建立心理健康筛查和早期干预机制，预防和解决学生心理、行为异常问题。

学校应当与未成年学生的父母或者其他监护人加强沟通，共同做好未成年学生心理健康教育；发现未成年学生可能患有精神障碍的，应当立即告知其父母或者其他监护人送相关专业机构诊治。

第二十条 教育行政部门应当会同有关部门建立学生欺凌防控制度。学校应当加强日常安全管理，完善学生欺凌发现和处置的工作流程，严格排查并及时消除可能导致学生欺凌行为的各种隐患。

第二十一条 教育行政部门鼓励和支持学校聘请社会工作者长期或者定期进驻学校，协助开展道德教育、法治教育、生命教育和心理健康教育，参与预防和处理学生欺凌等行为。

第二十二条 教育行政部门、学校应当通过举办讲座、座谈、培训等活动，介绍科学合理的教育方法，指导教职员工、未成年学生的父母或者其他监护人有效预防未成年人犯罪。

学校应当将预防犯罪教育计划告知未成年学生的父母或者其他监护人。未成年学生的父母或者其他监护人应当配合学校对未成年学生进行有针对性的预防犯罪教育。

第二十三条 教育行政部门应当将预防犯罪教育的工作效果纳入学校年度考核内容。

第二十四条 各级人民政府及其有关部门、人民检察院、人民法院、共产主义青年团、少年先锋队、妇女联合会、残疾人联合会、关心下一代工作委员会等应当结合实际，组织、举办多种形式的预防未成年人犯罪宣传教育活动。有条件的地方可以建立青少年法治教育基地，对未成年人开展法治教育。

第二十五条 居民委员会、村民委员会应当积极开展有针对性的预防未成年人犯罪宣传活动，协助公安机关维护学校周围治安，及时掌握本辖区内未成年人的监护、就学和就业情况，组织、引导社区社会组织参与预防未成年人犯罪工作。

第二十六条 青少年宫、儿童活动中心等校外活动场所应当把预防犯罪教育作为一项重要的工作内容，开展多种形式的宣传教育活动。

第二十七条 职业培训机构、用人单位在对已满十六周岁准备就业的未成年人进行职业培训时，应当将预防犯罪教育纳入培训内容。

第三章 对不良行为的干预

第二十八条 本法所称不良行为，是指未成年人实施的不利于其健康成长的下列行为：

（一）吸烟、饮酒；

（二）多次旷课、逃学；

（三）无故夜不归宿、离家出走；

（四）沉迷网络；

（五）与社会上具有不良习性的人交往，组织或者参加实施不良行为的团伙；

（六）进入法律法规规定未成年人不宜进入的场所；

（七）参与赌博、变相赌博，或者参加封建迷信、邪教等活动；

（八）阅览、观看或者收听宣扬淫秽、色情、暴力、恐怖、极端等内容的读物、音像制品或者网络信息等；

（九）其他不利于未成年人身心健康成长的不良行为。

第二十九条 未成年人的父母或者其他监护人发现未成年人有不良行为的，应当及时制止并加强管教。

第三十条 公安机关、居民委员会、村民委员会发现本辖区内未成年人有不良行为的，应当及时制止，并督促其父母或者其他监护人依法履行监护职责。

第三十一条 学校对有不良行为的未成年学生，应当加强管理教育，不得歧视；对拒不改正或者情节严重的，学校可以根据情况予以处分或者采取以下管理教育措施：

（一）予以训导；

（二）要求遵守特定的行为规范；

（三）要求参加特定的专题教育；

（四）要求参加校内服务活动；

（五）要求接受社会工作者或者其他专业人员的心理辅导和行为干预；

（六）其他适当的管理教育措施。

第三十二条 学校和家庭应当加强沟通，建立家校合作机制。学校决定对未成年学生采取管理教育措施的，应当及时告知其父母或者其他监护人；未成年学生的父母或者其他监护人应当支持、配合学校进行管理教育。

第三十三条 未成年学生偷窃少量财物，或者有殴打、辱骂、恐吓、强行索要财物等学生欺凌行为，情节轻微的，可以由学校依照本法第三十一条规定采取相应的管理教育措施。

第三十四条 未成年学生旷课、逃学的，学校应当及时联系其父母或者其他监护人，了解有关情况；无正当理由的，学校和未成年学生的父母或者其他监护人应当督促其返校学习。

第三十五条 未成年人无故夜不归宿、离家出走的，父母或者其他监护人、所在的寄宿制学校应当及时查找，必要时向公安机关报告。

收留夜不归宿、离家出走未成年人的，应当及时联系其父母或者其他监护人、所在学校；无法取得联系的，应当及时向公安机关报告。

第三十六条 对夜不归宿、离家出走或者流落街头的未成年人，公安机关、公共场所管理机构等发现或者接到报告后，应当及时采取有效保护措施，并通知其父母或者其他监护人、所在的寄宿制学校，必要时应当护送其返回住所、学校；无法与其父母或者其他监护人、学校取得联系的，应当护送未成年人到救助保护机构接受救助。

第三十七条 未成年人的父母或者其他监护人、学校发现未成年人组织或者参加实施不良行为的团伙，应当及时制止；发现该团伙有违法犯罪嫌疑的，应当立即向公安机关报告。

第四章 对严重不良行为的矫治

第三十八条 本法所称严重不良行为，是指未成年人实施的有刑法规定、因不满法定刑事责任年龄不予刑事处罚的行为，以及严重危害社会的下列行为：

（一）结伙斗殴，追逐、拦截他人，强拿硬要或者任意损毁、占用公私财物等寻衅滋事行为；

（二）非法携带枪支、弹药或者弩、匕首等国家规定的管制器具；

（三）殴打、辱骂、恐吓，或者故意伤害他人身体；

（四）盗窃、哄抢、抢夺或者故意损毁公私财物；

（五）传播淫秽的读物、音像制品或者信息等；

（六）卖淫、嫖娼，或者进行淫秽表演；

（七）吸食、注射毒品，或者向他人提供毒品；

（八）参与赌博赌资较大；

（九）其他严重危害社会的行为。

第三十九条 未成年人的父母或者其他监护人、学校、居民委员会、村民委员会发现有人教唆、胁迫、引诱未成年人实施严重不良行为的，应当立即向公安机关报告。公安机关接到报告或者发现有上述情形的，应当及时依法查处；对人身安全受到威胁的未成年人，应当立即采取有效保护措施。

第四十条 公安机关接到举报或者发现未成年人有严重不良行为的，应当及时制止，依法调查处理，并可以责令其父母或者其他监护人消除或者减轻违法后果，采取措施严加管教。

第四十一条 对有严重不良行为的未成年人，公安机关可以根据具体情况，采取以下矫治教育措施：

（一）予以训诫；

（二）责令赔礼道歉、赔偿损失；

（三）责令具结悔过；

（四）责令定期报告活动情况；

（五）责令遵守特定的行为规范，不得实施特定行为、接触特定人员或者进入特定场所；

（六）责令接受心理辅导、行为矫治；

（七）责令参加社会服务活动；

（八）责令接受社会观护，由社会组织、有关机构在适当场所对未成年人进行教育、监督和管束；

（九）其他适当的矫治教育措施。

第四十二条 公安机关在对未成年人进行矫治教育时，可以根据需要邀请学校、居民委员会、村民委员会以及社会工作服务机构等社会组织参与。

未成年人的父母或者其他监护人应当积极配合矫治教育措施的实施，不得妨碍阻挠或者放任不管。

第四十三条 对有严重不良行为的未成年人，未成年人的父母或者其他监护人、所在学校无力管教或者管教无效的，可以向教育行政部门提出申请，经专门教育指导委员会评估同意后，由教育行政部门决定送入专门学校接受专门教育。

第四十四条 未成年人有下列情形之一的，经专门教育指导委员会评估同意，教育行政部门会同公安机关可以决定将其送入专门学校接受专门教育：

（一）实施严重危害社会的行为，情节恶劣或者造成严重后果；

（二）多次实施严重危害社会的行为；

（三）拒不接受或者配合本法第四十一条规定的矫治教育措施；

（四）法律、行政法规规定的其他情形。

第四十五条 未成年人实施刑法规定的行为、因不满法定刑事责任年龄不予刑事处罚的，经专门教育指导委员会评估同意，教育行政部门会同公安机关可以决定对其进行专门矫治教育。

省级人民政府应当结合本地的实际情况，至少确定一所专门学校按照分校区、分班级等方式设置专门场所，对前款规定的未成年人进行专门矫治教育。

前款规定的专门场所实行闭环管理，公安机关、司法行政部门负责未成年人的矫治工作，教育行政部门承担未成年人的教育工作。

第四十六条 专门学校应当在每个学期适时提请专门教育指导委员会对接受专门教育的未成年学生的情况进行评估。对经评估适合转回普通学校就读的，专门教育指导委员会应当向原决定机关提出书面建议，由原决定机关决定是否将未成年学生转回普通学校就读。

原决定机关决定将未成年学生转回普通学校的，其原所在学校不得拒绝接收；因特殊情况，不适宜转回原所在学校的，由教育行政部门安排转学。

第四十七条 专门学校应当对接受专门教育的未成年人分级分类进行教育和矫治，有针对性地开展道德教育、法治教育、心理健康教育，并根据实际情况进行职业教育；对没有完成义务教育的未成年人，应当保证其继续接受义务教育。

专门学校的未成年学生的学籍保留在原学校，符合毕业条件的，原学校应当颁发毕业证书。

第四十八条 专门学校应当与接受专门教育的未成年人的父母或者其他监护人加强联系，定期向其反馈未成年人的矫治和教育情况，为父母或者其他监护人、亲属等看望未成年人提供便利。

第四十九条 未成年人及其父母或者其他监护人对本章规定的行政决定不服的，可以依法提起行政复议或者行政诉讼。

第五章 对重新犯罪的预防

第五十条 公安机关、人民检察院、人民法院办理未成年人刑事案件，应当根据未成年人的生理、心理特点和犯罪的情况，有针对性地进行法治教育。

对涉及刑事案件的未成年人进行教育，其法定代理人以外的成年亲属或者教师、辅导员等参与有利于感化、挽救未成年人的，公安机关、人民检察院、人民法院应当邀请其参加有关活动。

第五十一条 公安机关、人民检察院、人民法院办理未成年人刑事案件，可以自行或者委托有关社会组织、机构对未成年犯罪嫌疑人或者被告人的成长经历、犯罪原因、监护、教育等情况进行社会调查；根据实际需要并经未成年犯罪嫌疑人、被告人及其法定代理人同意，可以对未成年犯罪嫌疑人、被告人进行心理测评。

社会调查和心理测评的报告可以作为办理案件和教育未成年人的参考。

第五十二条 公安机关、人民检察院、人民法院对于无固定住所、无法提供保证人的未成年人适用取保候审的，应当指定合适成年人作为保证人，必要时可以安排取保候审的未成年人接受社会观护。

第五十三条 对被拘留、逮捕以及在未成年犯管教所执行刑罚的未成年人，应当与成年人分别关押、管理和教育。对未成年人的社区矫正，应当与成年人分别进行。

对有上述情形且没有完成义务教育的未成年人，公安机关、人民检察院、人民法院、司法行政部门应当与教育行政部门相互配合，保证其继续接受义务教育。

第五十四条 未成年犯管教所、社区矫正机构应当对未成年犯、未成年社区矫正对象加强法治教育，并根据实际情况对其进行职业教育。

第五十五条 社区矫正机构应当告知未成年社区矫正对象安置帮教的有关规定，并配合安置帮教工作部门落实或者解决未成年社区矫正对象的就学、就业等问题。

第五十六条 对刑满释放的未成年人，未成年犯管教所应当提前通知其父母或者其他监护人按时接回，并协助落实安置帮教措施。没有父母或者其他监护人、无法查明其父母或者其他监护人的，未成年犯管教所应当提前通知未成年人原户籍所在地或者居住地的司法行政部门安排人员按时接回，由民政部门或者居民委员会、村民委员会依法对其进行监护。

第五十七条 未成年人的父母或者其他监护人和学校、居民委员会、村民委员会对接受社区矫正、刑满释放的未成年人，应当采取有效的帮教措施，协助司法机关以及有关部门做好安置帮教工作。

居民委员会、村民委员会可以聘请思想品德优秀，作风正派，热心未成年人工作的离退休人员、志愿者或其他人员协助做好前款规定的安置帮教工作。

第五十八条 刑满释放和接受社区矫正的未成年人，在复学、升学、就业等方面依法享有与其他未成年人同等的权利，任何单位和个人不得歧视。

第五十九条 未成年人的犯罪记录依法被封存的，公安机关、人民检察院、人民法院和司法行政部门不得向任何单位或者个人提供，但司法机关因办案需要或者有关单位根据国家有关规定进行查询的除外。依法进行查询的单位和个人应当对相关记录信息予以保密。

未成年人接受专门矫治教育、专门教育的记录，以及被行政处罚、采取刑事强制措施和不起诉的记录，适用前款规定。

第六十条 人民检察院通过依法行使检察权，对未成年人重新犯罪预防工作等进行监督。

第六章　法律责任

第六十一条　公安机关、人民检察院、人民法院在办理案件过程中发现实施严重不良行为的未成年人的父母或者其他监护人不依法履行监护职责的，应当予以训诫，并可以责令其接受家庭教育指导。

第六十二条　学校及其教职员工违反本法规定，不履行预防未成年人犯罪工作职责，或者虐待、歧视相关未成年人的，由教育行政等部门责令改正，通报批评；情节严重的，对直接负责的主管人员和其他直接责任人员依法给予处分。构成违反治安管理行为的，由公安机关依法予以治安管理处罚。

教职员工教唆、胁迫、引诱未成年人实施不良行为或者严重不良行为，以及品行不良、影响恶劣的，教育行政部门、学校应当依法予以解聘或者辞退。

第六十三条　违反本法规定，在复学、升学、就业等方面歧视相关未成年人的，由所在单位或者教育、人力资源社会保障等部门责令改正；拒不改正的，对直接负责的主管人员或者其他直接责任人员依法给予处分。

第六十四条　有关社会组织、机构及其工作人员虐待、歧视接受社会观护的未成年人，或者出具虚假社会调查、心理测评报告的，由民政、司法行政等部门对直接负责的主管人员或者其他直接责任人员依法给予处分，构成违反治安管理行为的，由公安机关予以治安管理处罚。

第六十五条　教唆、胁迫、引诱未成年人实施不良行为或者严重不良行为，构成违反治安管理行为的，由公安机关依法予以治安管理处罚。

第六十六条 国家机关及其工作人员在预防未成年人犯罪工作中滥用职权、玩忽职守、徇私舞弊的，对直接负责的主管人员和其他直接责任人员，依法给予处分。

第六十七条 违反本法规定，构成犯罪的，依法追究刑事责任。

第七章 附 则

第六十八条 本法自2021年6月1日起施行。

中华人民共和国反家庭暴力法

（2015年12月27日第十二届全国人民代表大会常务委员会第十八次会议通过 2015年12月27日中华人民共和国主席令第37号公布 自2016年3月1日起施行）

第一章 总 则

第一条 为了预防和制止家庭暴力，保护家庭成员的合法权益，维护平等、和睦、文明的家庭关系，促进家庭和谐、社会稳定，制定本法。

第二条 本法所称家庭暴力，是指家庭成员之间以殴打、捆绑、残害、限制人身自由以及经常性谩骂、恐吓等方式实施的身体、精神等侵害行为。

第三条 家庭成员之间应当互相帮助，互相关爱，和睦相处，履行家庭义务。

反家庭暴力是国家、社会和每个家庭的共同责任。

国家禁止任何形式的家庭暴力。

第四条 县级以上人民政府负责妇女儿童工作的机构，负责组织、协调、指导、督促有关部门做好反家庭暴力工作。

县级以上人民政府有关部门、司法机关、人民团体、社会组织、居民委员会、村民委员会、企业事业单位，应当依照本法和有关法律规定，做好反家庭暴力工作。

各级人民政府应当对反家庭暴力工作给予必要的经费保障。

第五条 反家庭暴力工作遵循预防为主，教育、矫治与惩处相结合原则。

反家庭暴力工作应当尊重受害人真实意愿，保护当事人隐私。

未成年人、老年人、残疾人、孕期和哺乳期的妇女、重病患者遭受家庭暴力的，应当给予特殊保护。

第二章 家庭暴力的预防

第六条 国家开展家庭美德宣传教育，普及反家庭暴力知识，增强公民反家庭暴力意识。

工会、共产主义青年团、妇女联合会、残疾人联合会应当在各自工作范围内，组织开展家庭美德和反家庭暴力宣传教育。

广播、电视、报刊、网络等应当开展家庭美德和反家庭暴力宣传。

学校、幼儿园应当开展家庭美德和反家庭暴力教育。

第七条 县级以上人民政府有关部门、司法机关、妇女联合会应当将预防和制止家庭暴力纳入业务培训和统计工作。

医疗机构应当做好家庭暴力受害人的诊疗记录。

第八条 乡镇人民政府、街道办事处应当组织开展家庭暴力预防工作，居民委员会、村民委员会、社会工作服务机构应当予以配合协助。

第九条 各级人民政府应当支持社会工作服务机构等社会组织开展心理健康咨询、家庭关系指导、家庭暴力预防知识教育等服务。

第十条 人民调解组织应当依法调解家庭纠纷，预防和减少家庭暴力的发生。

第十一条 用人单位发现本单位人员有家庭暴力情况的，应当给予批评教育，并做好家庭矛盾的调解、化解工作。

第十二条 未成年人的监护人应当以文明的方式进行家庭教育，依法履行监护和教育职责，不得实施家庭暴力。

第三章 家庭暴力的处置

第十三条 家庭暴力受害人及其法定代理人、近亲属可以向加害人或者受害人所在单位、居民委员会、村民委员会、妇女联合会等单位投诉、反映或者求助。有关单位接到家庭暴力投诉、反映或者求助后，应当给予帮助、处理。

家庭暴力受害人及其法定代理人、近亲属也可以向公安机关报案或者依法向人民法院起诉。

单位、个人发现正在发生的家庭暴力行为，有权及时劝阻。

第十四条 学校、幼儿园、医疗机构、居民委员会、村民委员会、社会工作服务机构、救助管理机构、福利机构及其工作人员在工作中发现无民事行为能力人、限制民事行为能力人遭受或者疑似遭受家庭暴力的，应当及时向公安机关报案。公安机关应当对报案人的信息予以保密。

第十五条 公安机关接到家庭暴力报案后应当及时出警，制止家庭暴力，按照有关规定调查取证，协助受害人就医、鉴定伤情。

无民事行为能力人、限制民事行为能力人因家庭暴力身体受到严重伤害、面临人身安全威胁或者处于无人照料等危险状态的，公安机关应当通知并协助民政部门将其安置到临时庇护场所、救助管理机构或者福利机构。

第十六条 家庭暴力情节较轻，依法不给予治安管理处罚的，由公安机关对加害人给予批评教育或者出具告诫书。

告诫书应当包括加害人的身份信息、家庭暴力的事实陈述、禁止加害人实施家庭暴力等内容。

第十七条 公安机关应当将告诫书送交加害人、受害人，并通知居民委员会、村民委员会。

居民委员会、村民委员会、公安派出所应当对收到告诫书的加害人、受害人进行查访，监督加害人不再实施家庭暴力。

第十八条 县级或者设区的市级人民政府可以单独或者依托救助管理机构设立临时庇护场所，为家庭暴力受害人提供临时生活帮助。

第十九条 法律援助机构应当依法为家庭暴力受害人提供法律援助。

人民法院应当依法对家庭暴力受害人缓收、减收或者免收诉讼费用。

第二十条 人民法院审理涉及家庭暴力的案件，可以根据公安机关出警记录、告诫书、伤情鉴定意见等证据，认定家庭暴力事实。

第二十一条 监护人实施家庭暴力严重侵害被监护人合法权益的，人民法院可以根据被监护人的近亲属、居民委员会、村民委员会、县级人民政府民政部门等有关人员或者单位的申请，依法撤销其监护人资格，另行指定监护人。

被撤销监护人资格的加害人，应当继续负担相应的赡养、扶养、抚养费用。

第二十二条 工会、共产主义青年团、妇女联合会、残疾人联合会、居民委员会、村民委员会等应当对实施家庭暴力的加害人进行法治教育，必要时可以对加害人、受害人进行心理辅导。

第四章　人身安全保护令

第二十三条 当事人因遭受家庭暴力或者面临家庭暴力的现实

危险，向人民法院申请人身安全保护令的，人民法院应当受理。

当事人是无民事行为能力人、限制民事行为能力人，或者因受到强制、威吓等原因无法申请人身安全保护令的，其近亲属、公安机关、妇女联合会、居民委员会、村民委员会、救助管理机构可以代为申请。

第二十四条 申请人身安全保护令应当以书面方式提出；书面申请确有困难的，可以口头申请，由人民法院记入笔录。

第二十五条 人身安全保护令案件由申请人或者被申请人居住地、家庭暴力发生地的基层人民法院管辖。

第二十六条 人身安全保护令由人民法院以裁定形式作出。

第二十七条 作出人身安全保护令，应当具备下列条件：

（一）有明确的被申请人；

（二）有具体的请求；

（三）有遭受家庭暴力或者面临家庭暴力现实危险的情形。

第二十八条 人民法院受理申请后，应当在七十二小时内作出人身安全保护令或者驳回申请；情况紧急的，应当在二十四小时内作出。

第二十九条 人身安全保护令可以包括下列措施：

（一）禁止被申请人实施家庭暴力；

（二）禁止被申请人骚扰、跟踪、接触申请人及其相关近亲属；

（三）责令被申请人迁出申请人住所；

（四）保护申请人人身安全的其他措施。

第三十条 人身安全保护令的有效期不超过六个月，自作出之日起生效。人身安全保护令失效前，人民法院可以根据申请人的申请撤销、变更或者延长。

第三十一条 申请人对驳回申请不服或者被申请人对人身安全保护令不服的，可以自裁定生效之日起五日内向作出裁定的人民法院申请复议一次。人民法院依法作出人身安全保护令的，复议期间不停止人身安全保护令的执行。

第三十二条 人民法院作出人身安全保护令后，应当送达申请人、被申请人、公安机关以及居民委员会、村民委员会等有关组织。人身安全保护令由人民法院执行，公安机关以及居民委员会、村民委员会等应当协助执行。

第五章 法律责任

第三十三条 加害人实施家庭暴力，构成违反治安管理行为的，依法给予治安管理处罚；构成犯罪的，依法追究刑事责任。

第三十四条 被申请人违反人身安全保护令，构成犯罪的，依法追究刑事责任；尚不构成犯罪的，人民法院应当给予训诫，可以根据情节轻重处以一千元以下罚款、十五日以下拘留。

第三十五条 学校、幼儿园、医疗机构、居民委员会、村民委员会、社会工作服务机构、救助管理机构、福利机构及其工作人员未依照本法第十四条规定向公安机关报案，造成严重后果的，由上级主管部门或者本单位对直接负责的主管人员和其他直接责任人员依法给予处分。

第三十六条 负有反家庭暴力职责的国家工作人员玩忽职守、滥用职权、徇私舞弊的，依法给予处分；构成犯罪的，依法追究刑事责任。

第六章 附　　则

第三十七条 家庭成员以外共同生活的人之间实施的暴力行为，参照本法规定执行。

第三十八条 本法自 2016 年 3 月 1 日起施行。

中华人民共和国家庭教育促进法

（2021年10月23日第十三届全国人民代表大会常务委员会第三十一次会议通过　2021年10月23日中华人民共和国主席令第98号公布　自2022年1月1日起施行）

第一章　总　　则

第一条　为了发扬中华民族重视家庭教育的优良传统，引导全社会注重家庭、家教、家风，增进家庭幸福与社会和谐，培养德智体美劳全面发展的社会主义建设者和接班人，制定本法。

第二条　本法所称家庭教育，是指父母或者其他监护人为促进未成年人全面健康成长，对其实施的道德品质、身体素质、生活技能、文化修养、行为习惯等方面的培育、引导和影响。

第三条　家庭教育以立德树人为根本任务，培育和践行社会主义核心价值观，弘扬中华民族优秀传统文化、革命文化、社会主义先进文化，促进未成年人健康成长。

第四条　未成年人的父母或者其他监护人负责实施家庭教育。

国家和社会为家庭教育提供指导、支持和服务。

国家工作人员应当带头树立良好家风，履行家庭教育责任。

第五条　家庭教育应当符合以下要求：

（一）尊重未成年人身心发展规律和个体差异；

（二）尊重未成年人人格尊严，保护未成年人隐私权和个人信息，保障未成年人合法权益；

（三）遵循家庭教育特点，贯彻科学的家庭教育理念和方法；

（四）家庭教育、学校教育、社会教育紧密结合、协调一致；

（五）结合实际情况采取灵活多样的措施。

第六条 各级人民政府指导家庭教育工作，建立健全家庭学校社会协同育人机制。县级以上人民政府负责妇女儿童工作的机构，组织、协调、指导、督促有关部门做好家庭教育工作。

教育行政部门、妇女联合会统筹协调社会资源，协同推进覆盖城乡的家庭教育指导服务体系建设，并按照职责分工承担家庭教育工作的日常事务。

县级以上精神文明建设部门和县级以上人民政府公安、民政、司法行政、人力资源和社会保障、文化和旅游、卫生健康、市场监督管理、广播电视、体育、新闻出版、网信等有关部门在各自的职责范围内做好家庭教育工作。

第七条 县级以上人民政府应当制定家庭教育工作专项规划，将家庭教育指导服务纳入城乡公共服务体系和政府购买服务目录，将相关经费列入财政预算，鼓励和支持以政府购买服务的方式提供家庭教育指导。

第八条 人民法院、人民检察院发挥职能作用，配合同级人民政府及其有关部门建立家庭教育工作联动机制，共同做好家庭教育工作。

第九条 工会、共产主义青年团、残疾人联合会、科学技术协会、关心下一代工作委员会以及居民委员会、村民委员会等应当结合自身工作，积极开展家庭教育工作，为家庭教育提供社会支持。

第十条 国家鼓励和支持企业事业单位、社会组织及个人依法开展公益性家庭教育服务活动。

第十一条 国家鼓励开展家庭教育研究，鼓励高等学校开设家庭教育专业课程，支持师范院校和有条件的高等学校加强家庭教育学科建设，培养家庭教育服务专业人才，开展家庭教育服务人员培训。

第十二条 国家鼓励和支持自然人、法人和非法人组织为家庭教育事业进行捐赠或者提供志愿服务，对符合条件的，依法给予税收优惠。

国家对在家庭教育工作中做出突出贡献的组织和个人，按照有关规定给予表彰、奖励。

第十三条 每年5月15日国际家庭日所在周为全国家庭教育宣传周。

第二章 家庭责任

第十四条 父母或者其他监护人应当树立家庭是第一个课堂、家长是第一任老师的责任意识，承担对未成年人实施家庭教育的主体责任，用正确思想、方法和行为教育未成年人养成良好思想、品行和习惯。

共同生活的具有完全民事行为能力的其他家庭成员应当协助和配合未成年人的父母或者其他监护人实施家庭教育。

第十五条 未成年人的父母或者其他监护人及其他家庭成员应当注重家庭建设，培育积极健康的家庭文化，树立和传承优良家风，弘扬中华民族家庭美德，共同构建文明、和睦的家庭关系，为未成年人健康成长营造良好的家庭环境。

第十六条 未成年人的父母或者其他监护人应当针对不同年龄段未成年人的身心发展特点，以下列内容为指引，开展家庭教育：

（一）教育未成年人爱党、爱国、爱人民、爱集体、爱社会主义，树立维护国家统一的观念，铸牢中华民族共同体意识，培养家国情怀；

（二）教育未成年人崇德向善、尊老爱幼、热爱家庭、勤俭节约、团结互助、诚信友爱、遵纪守法，培养其良好社会公德、家庭美德、个人品德意识和法治意识；

（三）帮助未成年人树立正确的成才观，引导其培养广泛兴趣爱好、健康审美追求和良好学习习惯，增强科学探索精神、创新意识和能力；

（四）保证未成年人营养均衡、科学运动、睡眠充足、身心愉悦，引导其养成良好生活习惯和行为习惯，促进其身心健康发展；

（五）关注未成年人心理健康，教导其珍爱生命，对其进行交通出行、健康上网和防欺凌、防溺水、防诈骗、防拐卖、防性侵等方面的安全知识教育，帮助其掌握安全知识和技能，增强其自我保护的意识和能力；

（六）帮助未成年人树立正确的劳动观念，参加力所能及的劳动，提高生活自理能力和独立生活能力，养成吃苦耐劳的优秀品格和热爱劳动的良好习惯。

第十七条　未成年人的父母或者其他监护人实施家庭教育，应当关注未成年人的生理、心理、智力发展状况，尊重其参与相关家庭事务和发表意见的权利，合理运用以下方式方法：

（一）亲自养育，加强亲子陪伴；

（二）共同参与，发挥父母双方的作用；

（三）相机而教，寓教于日常生活之中；

（四）潜移默化，言传与身教相结合；

（五）严慈相济，关心爱护与严格要求并重；

（六）尊重差异，根据年龄和个性特点进行科学引导；

（七）平等交流，予以尊重、理解和鼓励；

（八）相互促进，父母与子女共同成长；

（九）其他有益于未成年人全面发展、健康成长的方式方法。

第十八条　未成年人的父母或者其他监护人应当树立正确的家庭教育理念，自觉学习家庭教育知识，在孕期和未成年人进入婴幼儿照护服务机构、幼儿园、中小学校等重要时段进行有针对性的学习，掌握科学的家庭教育方法，提高家庭教育的能力。

第十九条　未成年人的父母或者其他监护人应当与中小学校、幼儿园、婴幼儿照护服务机构、社区密切配合，积极参加其提供的公益性家庭教育指导和实践活动，共同促进未成年人健康成长。

第二十条 未成年人的父母分居或者离异的，应当相互配合履行家庭教育责任，任何一方不得拒绝或者怠于履行；除法律另有规定外，不得阻碍另一方实施家庭教育。

第二十一条 未成年人的父母或者其他监护人依法委托他人代为照护未成年人的，应当与被委托人、未成年人保持联系，定期了解未成年人学习、生活情况和心理状况，与被委托人共同履行家庭教育责任。

第二十二条 未成年人的父母或者其他监护人应当合理安排未成年人学习、休息、娱乐和体育锻炼的时间，避免加重未成年人学习负担，预防未成年人沉迷网络。

第二十三条 未成年人的父母或者其他监护人不得因性别、身体状况、智力等歧视未成年人，不得实施家庭暴力，不得胁迫、引诱、教唆、纵容、利用未成年人从事违反法律法规和社会公德的活动。

第三章 国家支持

第二十四条 国务院应当组织有关部门制定、修订并及时颁布全国家庭教育指导大纲。

省级人民政府或者有条件的设区的市级人民政府应当组织有关部门编写或者采用适合当地实际的家庭教育指导读本，制定相应的家庭教育指导服务工作规范和评估规范。

第二十五条 省级以上人民政府应当组织有关部门统筹建设家庭教育信息化共享服务平台，开设公益性网上家长学校和网络课程，开通服务热线，提供线上家庭教育指导服务。

第二十六条 县级以上地方人民政府应当加强监督管理，减轻义务教育阶段学生作业负担和校外培训负担，畅通学校家庭沟通渠道，推进学校教育和家庭教育相互配合。

第二十七条 县级以上地方人民政府及有关部门组织建立家庭教育指导服务专业队伍，加强对专业人员的培养，鼓励社会工作者、志愿者参与家庭教育指导服务工作。

第二十八条 县级以上地方人民政府可以结合当地实际情况和需要，通过多种途径和方式确定家庭教育指导机构。

家庭教育指导机构对辖区内社区家长学校、学校家长学校及其他家庭教育指导服务站点进行指导，同时开展家庭教育研究、服务人员队伍建设和培训、公共服务产品研发。

第二十九条 家庭教育指导机构应当及时向有需求的家庭提供服务。

对于父母或者其他监护人履行家庭教育责任存在一定困难的家庭，家庭教育指导机构应当根据具体情况，与相关部门协作配合，提供有针对性的服务。

第三十条 设区的市、县、乡级人民政府应当结合当地实际采取措施，对留守未成年人和困境未成年人家庭建档立卡，提供生活帮扶、创业就业支持等关爱服务，为留守未成年人和困境未成年人的父母或者其他监护人实施家庭教育创造条件。

教育行政部门、妇女联合会应当采取有针对性的措施，为留守未成年人和困境未成年人的父母或者其他监护人实施家庭教育提供服务，引导其积极关注未成年人身心健康状况、加强亲情关爱。

第三十一条 家庭教育指导机构开展家庭教育指导服务活动，不得组织或者变相组织营利性教育培训。

第三十二条 婚姻登记机构和收养登记机构应当通过现场咨询辅导、播放宣传教育片等形式，向办理婚姻登记、收养登记的当事人宣传家庭教育知识，提供家庭教育指导。

第三十三条 儿童福利机构、未成年人救助保护机构应当对本机构安排的寄养家庭、接受救助保护的未成年人的父母或者其他监护人提供家庭教育指导。

第三十四条 人民法院在审理离婚案件时，应当对有未成年子女的夫妻双方提供家庭教育指导。

第三十五条 妇女联合会发挥妇女在弘扬中华民族家庭美德、树立良好家风等方面的独特作用，宣传普及家庭教育知识，通过家庭教育指导机构、社区家长学校、文明家庭建设等多种渠道组织开展家庭教育实践活动，提供家庭教育指导服务。

第三十六条 自然人、法人和非法人组织可以依法设立非营利性家庭教育服务机构。

县级以上地方人民政府及有关部门可以采取政府补贴、奖励激励、购买服务等扶持措施，培育家庭教育服务机构。

教育、民政、卫生健康、市场监督管理等有关部门应当在各自职责范围内，依法对家庭教育服务机构及从业人员进行指导和监督。

第三十七条 国家机关、企业事业单位、群团组织、社会组织应当将家风建设纳入单位文化建设，支持职工参加相关的家庭教育服务活动。

文明城市、文明村镇、文明单位、文明社区、文明校园和文明家庭等创建活动，应当将家庭教育情况作为重要内容。

第四章　社会协同

第三十八条 居民委员会、村民委员会可以依托城乡社区公共服务设施，设立社区家长学校等家庭教育指导服务站点，配合家庭教育指导机构组织面向居民、村民的家庭教育知识宣传，为未成年人的父母或者其他监护人提供家庭教育指导服务。

第三十九条 中小学校、幼儿园应当将家庭教育指导服务纳入工作计划，作为教师业务培训的内容。

第四十条 中小学校、幼儿园可以采取建立家长学校等方式，针对不同年龄段未成年人的特点，定期组织公益性家庭教育指导服务和实践活动，并及时联系、督促未成年人的父母或者其他监护人参加。

第四十一条 中小学校、幼儿园应当根据家长的需求，邀请有关人员传授家庭教育理念、知识和方法，组织开展家庭教育指导服务和实践活动，促进家庭与学校共同教育。

第四十二条 具备条件的中小学校、幼儿园应当在教育行政部门的指导下，为家庭教育指导服务站点开展公益性家庭教育指导服务活动提供支持。

第四十三条 中小学校发现未成年学生严重违反校规校纪的，应当及时制止、管教，告知其父母或者其他监护人，并为其父母或者其他监护人提供有针对性的家庭教育指导服务；发现未成年学生有不良行为或者严重不良行为的，按照有关法律规定处理。

第四十四条 婴幼儿照护服务机构、早期教育服务机构应当为未成年人的父母或者其他监护人提供科学养育指导等家庭教育指导服务。

第四十五条 医疗保健机构在开展婚前保健、孕产期保健、儿童保健、预防接种等服务时，应当对有关成年人、未成年人的父母或者其他监护人开展科学养育知识和婴幼儿早期发展的宣传和指导。

第四十六条 图书馆、博物馆、文化馆、纪念馆、美术馆、科技馆、体育场馆、青少年宫、儿童活动中心等公共文化服务机构和爱国主义教育基地每年应当定期开展公益性家庭教育宣传、家庭教育指导服务和实践活动，开发家庭教育类公共文化服务产品。

广播、电视、报刊、互联网等新闻媒体应当宣传正确的家庭教育知识，传播科学的家庭教育理念和方法，营造重视家庭教育的良好社会氛围。

第四十七条 家庭教育服务机构应当加强自律管理，制定家庭教育服务规范，组织从业人员培训，提高从业人员的业务素质和能力。

第五章　法律责任

第四十八条　未成年人住所地的居民委员会、村民委员会、妇女联合会，未成年人的父母或者其他监护人所在单位，以及中小学校、幼儿园等有关密切接触未成年人的单位，发现父母或者其他监护人拒绝、怠于履行家庭教育责任，或者非法阻碍其他监护人实施家庭教育的，应当予以批评教育、劝诫制止，必要时督促其接受家庭教育指导。

未成年人的父母或者其他监护人依法委托他人代为照护未成年人，有关单位发现被委托人不依法履行家庭教育责任的，适用前款规定。

第四十九条　公安机关、人民检察院、人民法院在办理案件过程中，发现未成年人存在严重不良行为或者实施犯罪行为，或者未成年人的父母或者其他监护人不正确实施家庭教育侵害未成年人合法权益的，根据情况对父母或者其他监护人予以训诫，并可以责令其接受家庭教育指导。

第五十条　负有家庭教育工作职责的政府部门、机构有下列情形之一的，由其上级机关或者主管单位责令限期改正；情节严重的，对直接负责的主管人员和其他直接责任人员依法予以处分：

（一）不履行家庭教育工作职责；

（二）截留、挤占、挪用或者虚报、冒领家庭教育工作经费；

（三）其他滥用职权、玩忽职守或者徇私舞弊的情形。

第五十一条　家庭教育指导机构、中小学校、幼儿园、婴幼儿照护服务机构、早期教育服务机构违反本法规定，不履行或者不正确履行家庭教育指导服务职责的，由主管部门责令限期改正；情节严重的，对直接负责的主管人员和其他直接责任人员依法予以处分。

第五十二条　家庭教育服务机构有下列情形之一的，由主管部门责令限期改正；拒不改正或者情节严重的，由主管部门责令停业整顿、吊销营业执照或者撤销登记：

（一）未依法办理设立手续；

（二）从事超出许可业务范围的行为或作虚假、引人误解宣传，产生不良后果；

（三）侵犯未成年人及其父母或者其他监护人合法权益。

第五十三条 未成年人的父母或者其他监护人在家庭教育过程中对未成年人实施家庭暴力的，依照《中华人民共和国未成年人保护法》、《中华人民共和国反家庭暴力法》等法律的规定追究法律责任。

第五十四条 违反本法规定，构成违反治安管理行为的，由公安机关依法予以治安管理处罚；构成犯罪的，依法追究刑事责任。

第六章　附　　则

第五十五条 本法自2022年1月1日起施行。

最高人民法院、最高人民检察院、公安部、民政部关于依法处理监护人侵害未成年人权益行为若干问题的意见

（2014年12月18日　法发〔2014〕24号）

为切实维护未成年人合法权益，加强未成年人行政保护和司法保护工作，确保未成年人得到妥善监护照料，根据民法通则、民事诉讼法、未成年人保护法等法律规定，现就处理监护人侵害未成年人权益行为（以下简称监护侵害行为）的有关工作制定本意见。

一、一般规定

1. 本意见所称监护侵害行为，是指父母或者其他监护人（以下简称监护人）性侵害、出卖、遗弃、虐待、暴力伤害未成年人，教唆、利用未成年人实施违法犯罪行为，胁迫、诱骗、利用未成年人乞讨，以及不履行监护职责严重危害未成年人身心健康等行为。

2. 处理监护侵害行为，应当遵循未成年人最大利益原则，充分考虑未成年人身心特点和人格尊严，给予未成年人特殊、优先保护。

3. 对于监护侵害行为，任何组织和个人都有权劝阻、制止或者举报。

公安机关应当采取措施，及时制止在工作中发现以及单位、个人举报的监护侵害行为，情况紧急时将未成年人带离监护人。

民政部门应当设立未成年人救助保护机构（包括救助管理站、未成年人救助保护中心），对因受到监护侵害进入机构的未成年人承担临时监护责任，必要时向人民法院申请撤销监护人资格。

人民法院应当依法受理人身安全保护裁定申请和撤销监护人资格案件并作出裁判。

人民检察院对公安机关、人民法院处理监护侵害行为的工作依法实行法律监督。

人民法院、人民检察院、公安机关设有办理未成年人案件专门工作机构的，应当优先由专门工作机构办理监护侵害案件。

4. 人民法院、人民检察院、公安机关、民政部门应当充分履行职责，加强指导和培训，提高保护未成年人的能力和水平；加强沟通协作，建立信息共享机制，实现未成年人行政保护和司法保护的有效衔接。

5. 人民法院、人民检察院、公安机关、民政部门应当加强与妇儿工委、教育部门、卫生部门、共青团、妇联、关工委、未成年人住所地村（居）民委员会等的联系和协作，积极引导、鼓励、支持法律服务机构、社会工作服务机构、公益慈善组织和志愿者等社会力量，共同做好受监护侵害的未成年人的保护工作。

二、报告和处置

6. 学校、医院、村（居）民委员会、社会工作服务机构等单位及其工作人员，发现未成年人受到监护侵害的，应当及时向公安机关报案或者举报。

其他单位及其工作人员、个人发现未成年人受到监护侵害的，也应当及时向公安机关报案或者举报。

7. 公安机关接到涉及监护侵害行为的报案、举报后，应当立即出警处置，制止正在发生的侵害行为并迅速进行调查。符合刑事立案条件的，应当立即立案侦查。

8. 公安机关在办理监护侵害案件时，应当依照法定程序，及时、全面收集固定证据，保证办案质量。

询问未成年人，应当考虑未成年人的身心特点，采取和缓的方式进行，防止造成进一步伤害。

未成年人有其他监护人的，应当通知其他监护人到场。其他监护人无法通知或者未能到场的，可以通知未成年人的其他成年亲属、所在学校、村（居）民委员会、未成年人保护组织的代表以及专业社会工作者等到场。

9. 监护人的监护侵害行为构成违反治安管理行为的，公安机关应当依法给予治安管理处罚，但情节特别轻微不予治安管理处罚的，应当给予批评教育并通报当地村（居）民委员会；构成犯罪的，依法追究刑事责任。

10. 对于疑似患有精神障碍的监护人，已实施危害未成年人安全的行为或者有危害未成年人安全危险的，其近亲属、所在单位、当地公安机关应当立即采取措施予以制止，并将其送往医疗机构进行精神障碍诊断。

11. 公安机关在出警过程中，发现未成年人身体受到严重伤害、面临严重人身安全威胁或者处于无人照料等危险状态的，应当将其带离实施监护侵害行为的监护人，就近护送至其他监护人、亲属、村（居）民委员会或者未成年人救助保护机构，并办理书面交接手续。未成年人有表达能力的，应当就护送地点征求未成年人意见。

负责接收未成年人的单位和人员（以下简称临时照料人）应当对未成年人予以临时紧急庇护和短期生活照料，保护未成年人的人身安全，不得侵害未成年人合法权益。

公安机关应当书面告知临时照料人有权依法向人民法院申请人身安全保护裁定和撤销监护人资格。

12. 对身体受到严重伤害需要医疗的未成年人，公安机关应当先行送医救治，同时通知其他有监护资格的亲属照料，或者通知当地未成年人救助保护机构开展后续救助工作。

监护人应当依法承担医疗救治费用。其他亲属和未成年人救助保护机构等垫付医疗救治费用的，有权向监护人追偿。

13. 公安机关将受监护侵害的未成年人护送至未成年人救助保护机构的，应当在五个工作日内提供案件侦办查处情况说明。

14. 监护侵害行为可能构成虐待罪的，公安机关应当告知未成年人及其近亲属有权告诉或者代为告诉，并通报所在地同级人民检察院。

未成年人及其近亲属没有告诉的，由人民检察院起诉。

三、临时安置和人身安全保护裁定

15. 未成年人救助保护机构应当接收公安机关护送来的受监护侵害的未成年人，履行临时监护责任。

未成年人救助保护机构履行临时监护责任一般不超过一年。

16. 未成年人救助保护机构可以采取家庭寄养、自愿助养、机构代养或者委托政府指定的寄宿学校安置等方式，对未成年人进行临时照料，并为未成年人提供心理疏导、情感抚慰等服务。

未成年人因临时监护需要转学、异地入学接受义务教育的，教育行政部门应当予以保障。

17. 未成年人的其他监护人、近亲属要求照料未成年人的，经公安机关或者村（居）民委员会确认其身份后，未成年人救助保护机构可以将未成年人交由其照料，终止临时监护。

关系密切的其他亲属、朋友要求照料未成年人的，经未成年人父、母所在单位或者村（居）民委员会同意，未成年人救助保护机构可以将未成年人交由其照料，终止临时监护。

未成年人救助保护机构将未成年人送交亲友临时照料的，应当办理书面交接手续，并书面告知临时照料人有权依法向人民法院申请人身安全保护裁定和撤销监护人资格。

18. 未成年人救助保护机构可以组织社会工作服务机构等社会力量，对监护人开展监护指导、心理疏导等教育辅导工作，并对未成年人的家庭基本情况、监护情况、监护人悔过情况、未成年人身心健康状况以及未成年人意愿等进行调查评估。监护人接受教育辅导及后续表现情况应当作为调查评估报告的重要内容。

有关单位和个人应当配合调查评估工作的开展。

19. 未成年人救助保护机构应当与公安机关、村（居）民委员会、学校以及未成年人亲属等进行会商，根据案件侦办查处情况说明、调查评估报告和监护人接受教育辅导等情况，并征求有表达能力的未成年人意见，形成会商结论。

经会商认为本意见第 11 条第 1 款规定的危险状态已消除，监护人能够正确履行监护职责的，未成年人救助保护机构应当及时通知监护人领回未成年人。监护人应当在三日内领回未成年人并办理书面交接手续。会商形成结论前，未成年人救助保护机构不得将未成年人交由监护人领回。

经会商认为监护侵害行为属于本意见第 35 条规定情形的，未成年人救助保护机构应当向人民法院申请撤销监护人资格。

20. 未成年人救助保护机构通知监护人领回未成年人的，应当将相关情况通报未成年人所在学校、辖区公安派出所、村（居）民委员会，并告知其对通报内容负有保密义务。

21. 监护人领回未成年人的，未成年人救助保护机构应当指导村（居）民委员会对监护人的监护情况进行随访，开展教育辅导工作。

未成年人救助保护机构也可以组织社会工作服务机构等社会力

量，开展前款工作。

22. 未成年人救助保护机构或者其他临时照料人可以根据需要，在诉讼前向未成年人住所地、监护人住所地或者侵害行为地人民法院申请人身安全保护裁定。

未成年人救助保护机构或者其他临时照料人也可以在诉讼中向人民法院申请人身安全保护裁定。

23. 人民法院接受人身安全保护裁定申请后，应当按照民事诉讼法第一百条、第一百零一条、第一百零二条的规定作出裁定。经审查认为存在侵害未成年人人身安全危险的，应当作出人身安全保护裁定。

人民法院接受诉讼前人身安全保护裁定申请后，应当在四十八小时内作出裁定。接受诉讼中人身安全保护裁定申请，情况紧急的，也应当在四十八小时内作出裁定。人身安全保护裁定应当立即执行。

24. 人身安全保护裁定可以包括下列内容中的一项或者多项：

（一）禁止被申请人暴力伤害、威胁未成年人及其临时照料人；

（二）禁止被申请人跟踪、骚扰、接触未成年人及其临时照料人；

（三）责令被申请人迁出未成年人住所；

（四）保护未成年人及其临时照料人人身安全的其他措施。

25. 被申请人拒不履行人身安全保护裁定，危及未成年人及其临时照料人人身安全或者扰乱未成年人救助保护机构工作秩序的，未成年人、未成年人救助保护机构或者其他临时照料人有权向公安机关报告，由公安机关依法处理。

被申请人有其他拒不履行人身安全保护裁定行为的，未成年人、未成年人救助保护机构或者其他临时照料人有权向人民法院报告，人民法院根据民事诉讼法第一百一十一条、第一百一十五条、第一百一十六条的规定，视情节轻重处以罚款、拘留；构成犯罪的，依法追究刑事责任。

26. 当事人对人身安全保护裁定不服的，可以申请复议一次。复议期间不停止裁定的执行。

四、申请撤销监护人资格诉讼

27. 下列单位和人员（以下简称有关单位和人员）有权向人民法院申请撤销监护人资格：

（一）未成年人的其他监护人，祖父母、外祖父母、兄、姐，关系密切的其他亲属、朋友；

（二）未成年人住所地的村（居）民委员会，未成年人父、母所在单位；

（三）民政部门及其设立的未成年人救助保护机构；

（四）共青团、妇联、关工委、学校等团体和单位。

申请撤销监护人资格，一般由前款中负责临时照料未成年人的单位和人员提出，也可以由前款中其他单位和人员提出。

28. 有关单位和人员向人民法院申请撤销监护人资格的，应当提交相关证据。

有包含未成年人基本情况、监护存在问题、监护人悔过情况、监护人接受教育辅导情况、未成年人身心健康状况以及未成年人意愿等内容的调查评估报告的，应当一并提交。

29. 有关单位和人员向公安机关、人民检察院申请出具相关案件证明材料的，公安机关、人民检察院应当提供证明案件事实的基本材料或者书面说明。

30. 监护人因监护侵害行为被提起公诉的案件，人民检察院应当书面告知未成年人及其临时照料人有权依法申请撤销监护人资格。

对于监护侵害行为符合本意见第35条规定情形而相关单位和人员没有提起诉讼的，人民检察院应当书面建议当地民政部门或者未成年人救助保护机构向人民法院申请撤销监护人资格。

31. 申请撤销监护人资格案件，由未成人住所地、监护人住所地或者侵害行为地基层人民法院管辖。

人民法院受理撤销监护人资格案件，不收取诉讼费用。

五、撤销监护人资格案件审理和判后安置

32. 人民法院审理撤销监护人资格案件，比照民事诉讼法规定的特别程序进行，在一个月内审理结案。有特殊情况需要延长的，由本院院长批准。

33. 人民法院应当全面审查调查评估报告等证据材料，听取被申请人、有表达能力的未成年人以及村（居）民委员会、学校、邻居等的意见。

34. 人民法院根据案件需要可以聘请适当的社会人士对未成年人进行社会观护，并可以引入心理疏导和测评机制，组织专业社会工作者、儿童心理问题专家等专业人员参与诉讼，为未成年人和被申请人提供心理辅导和测评服务。

35. 被申请人有下列情形之一的，人民法院可以判决撤销其监护人资格：

（一）性侵害、出卖、遗弃、虐待、暴力伤害未成年人，严重损害未成年人身心健康的；

（二）将未成年人置于无人监管和照看的状态，导致未成年人面临死亡或者严重伤害危险，经教育不改的；

（三）拒不履行监护职责长达六个月以上，导致未成年人流离失所或者生活无着的；

（四）有吸毒、赌博、长期酗酒等恶习无法正确履行监护职责或者因服刑等原因无法履行监护职责，且拒绝将监护职责部分或者全部委托给他人，致使未成年人处于困境或者危险状态的；

（五）胁迫、诱骗、利用未成年人乞讨，经公安机关和未成年人救助保护机构等部门三次以上批评教育拒不改正，严重影响未成年人正常生活和学习的；

（六）教唆、利用未成年人实施违法犯罪行为，情节恶劣的；

（七）有其他严重侵害未成年人合法权益行为的。

36. 判决撤销监护人资格，未成年人有其他监护人的，应当由其他监护人承担监护职责。其他监护人应当采取措施避免未成年人继

续受到侵害。

没有其他监护人的，人民法院根据最有利于未成年人的原则，在民法通则第十六条第二款、第四款规定的人员和单位中指定监护人。指定个人担任监护人的，应当综合考虑其意愿、品行、身体状况、经济条件、与未成年人的生活情感联系以及有表达能力的未成年人的意愿等。

没有合适人员和其他单位担任监护人的，人民法院应当指定民政部门担任监护人，由其所属儿童福利机构收留抚养。

37. 判决不撤销监护人资格的，人民法院可以根据需要走访未成年人及其家庭，也可以向当地民政部门、辖区公安派出所、村（居）民委员会、共青团、妇联、未成年人所在学校、监护人所在单位等发出司法建议，加强对未成年人的保护和对监护人的监督指导。

38. 被撤销监护人资格的侵害人，自监护人资格被撤销之日起三个月至一年内，可以书面向人民法院申请恢复监护人资格，并应当提交相关证据。

人民法院应当将前款内容书面告知侵害人和其他监护人、指定监护人。

39. 人民法院审理申请恢复监护人资格案件，按照变更监护关系的案件审理程序进行。

人民法院应当征求未成年人现任监护人和有表达能力的未成年人的意见，并可以委托申请人住所地的未成年人救助保护机构或者其他未成年人保护组织，对申请人监护意愿、悔改表现、监护能力、身心状况、工作生活情况等进行调查，形成调查评估报告。

申请人正在服刑或者接受社区矫正的，人民法院应当征求刑罚执行机关或者社区矫正机构的意见。

40. 人民法院经审理认为申请人确有悔改表现并且适宜担任监护人的，可以判决恢复其监护人资格，原指定监护人的监护人资格终止。

申请人具有下列情形之一的，一般不得判决恢复其监护人资格：

（一）性侵害、出卖未成年人的；

（二）虐待、遗弃未成年人六个月以上、多次遗弃未成年人，并且造成重伤以上严重后果的；

（三）因监护侵害行为被判处五年有期徒刑以上刑罚的。

41. 撤销监护人资格诉讼终结后六个月内，未成年人及其现任监护人可以向人民法院申请人身安全保护裁定。

42. 被撤销监护人资格的父、母应当继续负担未成年人的抚养费用和因监护侵害行为产生的各项费用。相关单位和人员起诉的，人民法院应予支持。

43. 民政部门应当根据有关规定，将符合条件的受监护侵害的未成年人纳入社会救助和相关保障范围。

44. 民政部门担任监护人的，承担抚养职责的儿童福利机构可以送养未成年人。

送养未成年人应当在人民法院作出撤销监护人资格判决一年后进行。侵害人有本意见第 40 条第 2 款规定情形的，不受一年后送养的限制。

最高人民法院关于办理人身安全保护令案件适用法律若干问题的规定

（2022 年 6 月 7 日最高人民法院审判委员会第 1870 次会议通过　2022 年 7 月 14 日公布　自 2022 年 8 月 1 日起施行　法释〔2022〕17 号）

为正确办理人身安全保护令案件，及时保护家庭暴力受害人的合法权益，根据《中华人民共和国民法典》《中华人民共和国反家庭暴力法》《中华人民共和国民事诉讼法》等相关法律规定，结合审判实践，制定本规定。

第一条 当事人因遭受家庭暴力或者面临家庭暴力的现实危险，依照反家庭暴力法向人民法院申请人身安全保护令的，人民法院应当受理。

向人民法院申请人身安全保护令，不以提起离婚等民事诉讼为条件。

第二条 当事人因年老、残疾、重病等原因无法申请人身安全保护令，其近亲属、公安机关、民政部门、妇女联合会、居民委员会、村民委员会、残疾人联合会、依法设立的老年人组织、救助管理机构等，根据当事人意愿，依照反家庭暴力法第二十三条规定代为申请的，人民法院应当依法受理。

第三条 家庭成员之间以冻饿或者经常性侮辱、诽谤、威胁、跟踪、骚扰等方式实施的身体或者精神侵害行为，应当认定为反家庭暴力法第二条规定的“家庭暴力”。

第四条 反家庭暴力法第三十七条规定的“家庭成员以外共同生活的人”一般包括共同生活的儿媳、女婿、公婆、岳父母以及其他有监护、扶养、寄养等关系的人。

第五条 当事人及其代理人对因客观原因不能自行收集的证据，申请人民法院调查收集，符合《最高人民法院关于适用〈中华人民共和国民事诉讼法〉的解释》第九十四条第一款规定情形的，人民法院应当调查收集。

人民法院经审查，认为办理案件需要的证据符合《最高人民法院关于适用〈中华人民共和国民事诉讼法〉的解释》第九十六条规定的，应当调查收集。

第六条 人身安全保护令案件中，人民法院根据相关证据，认为申请人遭受家庭暴力或者面临家庭暴力现实危险的事实存在较大可能性的，可以依法作出人身安全保护令。

前款所称“相关证据”包括：

（一）当事人的陈述；

（二）公安机关出具的家庭暴力告诫书、行政处罚决定书；

（三）公安机关的出警记录、讯问笔录、询问笔录、接警记录、报警回执等；

（四）被申请人曾出具的悔过书或者保证书等；

（五）记录家庭暴力发生或者解决过程等的视听资料；

（六）被申请人与申请人或者其近亲属之间的电话录音、短信、即时通讯信息、电子邮件等；

（七）医疗机构的诊疗记录；

（八）申请人或者被申请人所在单位、民政部门、居民委员会、村民委员会、妇女联合会、残疾人联合会、未成年人保护组织、依法设立的老年人组织、救助管理机构、反家暴社会公益机构等单位收到投诉、反映或者求助的记录；

（九）未成年子女提供的与其年龄、智力相适应的证言或者亲友、邻居等其他证人证言；

（十）伤情鉴定意见；

（十一）其他能够证明申请人遭受家庭暴力或者面临家庭暴力现实危险的证据。

第七条 人民法院可以通过在线诉讼平台、电话、短信、即时通讯工具、电子邮件等简便方式询问被申请人。被申请人未发表意见的，不影响人民法院依法作出人身安全保护令。

第八条 被申请人认可存在家庭暴力行为，但辩称申请人有过错的，不影响人民法院依法作出人身安全保护令。

第九条 离婚等案件中，当事人仅以人民法院曾作出人身安全保护令为由，主张存在家庭暴力事实的，人民法院应当根据《最高人民法院关于适用〈中华人民共和国民事诉讼法〉的解释》第一百零八条的规定，综合认定是否存在该事实。

第十条 反家庭暴力法第二十九条第四项规定的“保护申请人人身安全的其他措施”可以包括下列措施：

（一）禁止被申请人以电话、短信、即时通讯工具、电子邮件等方式侮辱、诽谤、威胁申请人及其相关近亲属；

（二）禁止被申请人在申请人及其相关近亲属的住所、学校、工作单位等经常出入场所的一定范围内从事可能影响申请人及其相关近亲属正常生活、学习、工作的活动。

第十一条 离婚案件中，判决不准离婚或者调解和好后，被申请人违反人身安全保护令实施家庭暴力的，可以认定为民事诉讼法第一百二十七条第七项规定的“新情况、新理由”。

第十二条 被申请人违反人身安全保护令，符合《中华人民共和国刑法》第三百一十三条规定的，以拒不执行判决、裁定罪定罪处罚；同时构成其他犯罪的，依照刑法有关规定处理。

第十三条 本规定自2022年8月1日起施行。

最高人民法院、全国妇联、教育部、公安部、民政部、司法部、卫生健康委关于加强人身安全保护令制度贯彻实施的意见

（2022年3月3日 法发〔2022〕10号）

为进一步做好预防和制止家庭暴力工作，依法保护家庭成员特别是妇女、未成年人、老年人、残疾人的合法权益，维护平等、和睦、文明的家庭关系，促进家庭和谐、社会稳定，现就加强人身安全保护令制度贯彻实施提出如下意见：

一、坚持以习近平新时代中国特色社会主义思想为指导。深入贯彻习近平法治思想和习近平总书记关于注重家庭家教家风建设的重要论述精神，在家庭中积极培育和践行社会主义核心价值观，涵养优良家风，弘扬家庭美德，最大限度预防和制止家庭暴力。

二、坚持依法、及时、有效保护受害人原则。各部门在临时庇护、法律援助、司法救助等方面要持续加大对家庭暴力受害人的帮

扶力度，建立多层次、多样化、立体式的救助体系。要深刻认识家庭暴力的私密性、突发性特点，提高家庭暴力受害人证据意识，指导其依法及时保存、提交证据。

三、坚持尊重受害人真实意愿原则。各部门在接受涉家庭暴力投诉、反映、求助以及受理案件、转介处置等工作中，应当就采取何种安全保护措施、是否申请人身安全保护令、对加害人的处理方式等方面听取受害人意见，加大对受害人的心理疏导。

四、坚持保护当事人隐私原则。各部门在受理案件、协助执行、履行强制报告义务等工作中应当注重保护当事人尤其是未成年人的隐私。受害人已搬离与加害人共同住所的，不得将受害人的行踪或者联系方式告知加害人，不得在相关文书、回执中列明受害人的现住所。人身安全保护令原则上不得公开。

五、推动建立各部门协同的反家暴工作机制。积极推动将家庭暴力防控纳入社会治安综合治理体系，发挥平安建设考评机制作用。完善人民法院、公安机关、民政部门、司法行政部门、教育部门、卫生部门和妇女联合会等单位共同参与的反家暴工作体系。充分利用信息化建设成果，加强各部门间数据的协同共享。探索通过专案专档、分级预警等方式精准跟踪、实时监督。

六、公安机关应当强化依法干预家庭暴力的观念和意识，加大家庭暴力警情处置力度，强化对加害人的告诫，依法依规出具家庭暴力告诫书。注重搜集、固定证据，积极配合人民法院依职权调取证据，提供出警记录、告诫书、询（讯）问笔录等。有条件的地方可以与人民法院、民政部门、妇女联合会等建立家暴警情联动机制和告诫通报机制。

七、民政部门应当加强对居民委员会、村民委员会、社会工作服务机构、救助管理机构、福利机构等的培训和指导。居民委员会、村民委员会、社会工作服务机构、救助管理机构、福利机构及其工作人员在工作中发现无民事行为能力人、限制民事行为能力人遭受或者疑似遭受家庭暴力的，应当及时向公安机关报案。贯彻落实

《关于做好家庭暴力受害人庇护救助工作的指导意见》，加强临时庇护场所建设和人员、资金配备，为家庭暴力受害人及时提供转介安置、法律援助、婚姻家庭纠纷调解等救助服务。

八、司法行政部门应当加大对家庭暴力受害人的法律援助力度，畅通法律援助申请渠道，健全服务网络。各地可以根据实际情况依托当地妇女联合会等建立法律援助工作站或者联络点，方便家庭暴力受害人就近寻求法律援助。加强对反家庭暴力法、未成年人保护法、妇女权益保障法、老年人权益保障法等法律法规的宣传。充分发挥人民调解优势作用，扎实做好婚姻家庭纠纷排查化解工作，预防家庭暴力发生。

九、医疗机构在诊疗过程中，发现可能遭受家庭暴力的伤者，要详细做好伤者的信息登记和诊疗记录，将伤者的主诉、伤情和治疗过程，准确、客观、全面地记录于病历资料。建立医警联动机制，在诊疗过程中发现无民事行为能力人或者限制民事行为能力人遭受或者疑似遭受家庭暴力的，应当及时向公安机关报案，并积极配合公安机关做好医疗诊治资料收集工作。

十、学校、幼儿园应当加强对未成年人保护法、预防未成年人犯罪法、反家庭暴力法等法律法规的宣传教育。注重家校、家园协同。在发现未成年人遭受或者疑似遭受家庭暴力的，应当根据《未成年人学校保护规定》，及时向公安、民政、教育等有关部门报告。注重保护未成年人隐私，加强心理疏导、干预力度。

十一、人民法院应当建立人身安全保护令案件受理“绿色通道”，加大依职权调取证据力度，依法及时作出人身安全保护令。各基层人民法院及其派出人民法庭应当在立案大厅或者诉讼服务中心为当事人申请人身安全保护令提供导诉服务。

十二、坚持最有利于未成年人原则。各部门就家庭暴力事实听取未成年人意见或制作询问笔录时，应当充分考虑未成年人身心特点，提供适宜的场所环境，采取未成年人能够理解的问询方式，保护其隐私和安全。必要时，可安排心理咨询师或社会工作者协助开展工作。未成年人作为受害人的人身安全保护令案件中，人民法院可以通知法律援助机构为其提供法律援助。未成年子女作为证人提供证言的，可不出庭作证。

十三、各部门在接受涉家庭暴力投诉、反映、求助或者处理婚姻家庭纠纷过程中，发现当事人遭受家庭暴力或者面临家庭暴力现实危险的，应当主动告知其可以向人民法院申请人身安全保护令。

十四、人民法院在作出人身安全保护令后，应当在24小时内向当事人送达，同时送达当地公安派出所、居民委员会、村民委员会，也可以视情况送达当地妇女联合会、学校、未成年人保护组织、残疾人联合会、依法设立的老年人组织等。

十五、人民法院在送达人身安全保护令时，应当注重释明和说服教育，督促被申请人遵守人身安全保护令，告知其违反人身安全保护令的法律后果。被申请人不履行或者违反人身安全保护令的，申请人可以向人民法院申请强制执行。被申请人违反人身安全保护令，尚不构成犯罪的，人民法院应当给予训诫，可以根据情节轻重处以一千元以下罚款、十五日以下拘留。

十六、人民法院在送达人身安全保护令时，可以向当地公安派出所、居民委员会、村民委员会、妇女联合会、学校等一并送达协助执行通知书，协助执行通知书中应当明确载明协助事项。相关单位应当按照协助执行通知书的内容予以协助。

十七、人身安全保护令有效期内，公安机关协助执行的内容可以包括：协助督促被申请人遵守人身安全保护令；在人身安全保护令有效期内，被申请人违反人身安全保护令的，公安机关接警后应当及时出警，制止违法行为；接到报警后救助、保护受害人，并搜集、固定证据；发现被申请人违反人身安全保护令的，将情况通报人民法院等。

十八、人身安全保护令有效期内，居民委员会、村民委员会、妇女联合会、学校等协助执行的内容可以包括：在人身安全保护令有效期内进行定期回访、跟踪记录等，填写回访单或记录单，期满由当事人签字后向人民法院反馈；发现被申请人违反人身安全保护令的，应当对其进行批评教育、填写情况反馈表，帮助受害人及时与人民法院、公安机关联系；对加害人进行法治教育，必要时对加害人、受害人进行心理辅导等。

十九、各部门在接受涉家庭暴力投诉、反映、求助或者处理婚姻家庭纠纷过程中，可以探索引入社会工作和心理疏导机制，缓解受害人以及未成年子女的心理创伤，矫治施暴者认识行为偏差，避免暴力升级，从根本上减少恶性事件发生。

二十、各部门应当充分认识人身安全保护令制度的重要意义，加大学习培训力度，熟悉人身安全保护令申请主体、作出程序以及协助执行的具体内容等，加强人身安全保护令制度普法宣传。

最高人民法院　全国妇联
关于开展家庭教育指导工作的意见

（2023年5月29日　法发〔2023〕7号）

为促进未成年人的父母或者其他监护人依法履行家庭教育职责，维护未成年人合法权益，预防未成年人违法犯罪，保障未成年人健康成长，根据《中华人民共和国未成年人保护法》、《中华人民共和国预防未成年人犯罪法》、《中华人民共和国家庭教育促进法》等法律规定，结合工作实际，制定本意见。

一、总体要求

1. 人民法院开展家庭教育指导工作，应当坚持以下原则：

（1）最有利于未成年人。尊重未成年人人格尊严，适应未成年人身心发展规律，给予未成年人特殊、优先保护，以保护未成年人健康成长为根本目标；

（2）坚持立德树人。指导未成年人的父母或者其他监护人依法履行家庭教育主体责任，传播正确家庭教育理念，培育和践行社会主义核心价值观，促进未成年人全面发展、健康成长；

(3) 支持为主、干预为辅。尊重未成年人的父母或者其他监护人的人格尊严，注重引导、帮助，耐心细致、循循善诱开展工作，促进家庭和谐、避免激化矛盾；

(4) 双向指导、教帮结合。既注重对未成年人的父母或者其他监护人的教育指导，也注重对未成年人的教育引导，根据情况和需要，帮助解决未成年人家庭的实际困难；

(5) 专业指导、注重实效。结合具体案件情况，有针对性地确定家庭教育指导方案，及时评估教育指导效果，并视情调整教育指导方式和内容，确保取得良好效果。

2. 人民法院在法定职责范围内参与、配合、支持家庭教育指导服务体系建设。在办理涉未成年人刑事、民事、行政、执行等各类案件过程中，根据情况和需要，依法开展家庭教育指导工作。

妇联协调社会资源，通过家庭教育指导机构、社区家长学校、文明家庭建设等多种渠道，宣传普及家庭教育知识，组织开展家庭教育实践活动，推进覆盖城乡的家庭教育指导服务体系建设。

各级人民法院、妇联应当加强协作配合，建立联动机制，共同做好家庭教育指导工作。

二、指导情形

3. 人民法院在审理离婚案件过程中，对有未成年子女的夫妻双方，应当提供家庭教育指导。

对于抚养、收养、监护权、探望权纠纷等案件，以及涉留守未成年人、困境未成年人等特殊群体的案件，人民法院可以就监护和家庭教育情况主动开展调查、评估，必要时，依法提供家庭教育指导。

4. 人民法院在办理案件过程中，发现存在下列情形的，根据情况对未成年人的父母或者其他监护人予以训诫，并可以要求其接受家庭教育指导：

（1）未成年人的父母或者其他监护人违反《中华人民共和国未成年人保护法》第十六条及《中华人民共和国家庭教育促进法》第二十一条等规定，不依法履行监护职责的；

（2）未成年人的父母或者其他监护人违反《中华人民共和国未成年人保护法》第十七条、第二十四条及《中华人民共和国家庭教育促进法》第二十条、第二十三条的规定，侵犯未成年人合法权益的；

（3）未成年人存在严重不良行为或者实施犯罪行为的；

（4）未成年人的父母或者其他监护人不依法履行监护职责或者侵犯未成年人合法权益的其他情形。

符合前款第二、第三、第四项情形，未成年人的父母或者其他监护人拒不接受家庭教育指导，或者接受家庭教育指导后仍不依法履行监护职责的，人民法院可以以决定书的形式制发家庭教育指导令，依法责令其接受家庭教育指导。

5. 在办理涉及未成年人的案件时，未成年人的父母或者其他监护人主动请求对自己进行家庭教育指导的，人民法院应当提供。

6. 居民委员会、村民委员会、中小学校、幼儿园等开展家庭教育指导服务活动过程中，申请人民法院协助开展法治宣传教育的，人民法院应当支持。

三、指导要求

7. 人民法院应当根据《中华人民共和国家庭教育促进法》第十六条、第十七条的规定，结合案件具体情况，有针对性地确定家庭教育的内容，指导未成年人的父母或者其他监护人合理运用家庭教育方式方法。

8. 人民法院在开展家庭教育指导过程中，应当结合案件具体情况，对未成年人的父母或者其他监护人开展监护职责教育：

（1）教育未成年人的父母或者其他监护人依法履行监护责任，加强亲子陪伴，不得实施遗弃、虐待、伤害、歧视等侵害未成年人的行为；

（2）委托他人代为照护未成年人的，应当与被委托人、未成年人以及未成年人所在的学校、婴幼儿照顾服务机构保持联系，定期了解未成年人学习、生活情况和心理状况，履行好家庭教育责任；

（3）未成年人的父母分居或者离异的，明确告知其在诉讼期间、分居期间或者离婚后，应当相互配合共同履行家庭教育责任，任何一方不得拒绝或者怠于履行家庭教育责任，不得以抢夺、藏匿未成年子女等方式争夺抚养权或者阻碍另一方行使监护权、探望权。

9. 人民法院在开展家庭教育指导过程中，应当结合案件具体情况，对未成年人及其父母或者其他监护人开展法治教育：

（1）教育未成年人的父母或者其他监护人树立法治意识，增强法治观念；

（2）保障适龄未成年人依法接受并完成义务教育；

（3）教育未成年人遵纪守法，增强自我保护的意识和能力；

（4）发现未成年人存在不良行为、严重不良行为或者实施犯罪行为的，责令其父母或者其他监护人履行职责、加强管教，同时注重亲情感化，并教育未成年人认识错误，积极改过自新。

10. 人民法院决定委托专业机构开展家庭教育指导的，也应当依照前两条规定，自行做好监护职责教育和法治教育工作。

四、指导方式

11. 人民法院可以在诉前调解、案件审理、判后回访等各个环节，通过法庭教育、释法说理、现场辅导、网络辅导、心理干预、制发家庭教育责任告知书等多种形式开展家庭教育指导。

根据情况和需要，人民法院可以自行开展家庭教育指导，也可以委托专业机构、专业人员开展家庭教育指导，或者与专业机构、专业人员联合开展家庭教育指导。

委托专业机构、专业人员开展家庭教育指导的，人民法院应当跟踪评估家庭教育指导效果。

12. 对于需要开展专业化、个性化家庭教育指导的，人民法院可以根据未成年人的监护状况和实际需求，书面通知妇联开展或者协助开展家庭教育指导工作。

妇联应当加强与人民法院配合，协调发挥家庭教育指导机构、家长学校、妇女儿童活动中心、妇女儿童之家等阵地作用，支持、配合人民法院做好家庭教育指导工作。

13. 责令未成年人的父母或者其他监护人接受家庭教育指导的，家庭教育指导令应当载明责令理由和接受家庭教育指导的时间、场所和频次。

开展家庭教育指导的频次，应当与未成年人的父母或者其他监护人不正确履行家庭教育责任以及未成年人不良行为或者犯罪行为的程度相适应。

14. 人民法院向未成年人的父母或者其他监护人送达家庭教育指导令时，应当耐心、细致地做好法律释明工作，告知家庭教育指导对保护未成年人健康成长的重要意义，督促其自觉接受、主动配合家庭教育指导。

15. 未成年人的父母或者其他监护人对家庭教育指导令不服的，可以自收到决定书之日起五日内向作出决定书的人民法院申请复议一次。复议期间，不停止家庭教育指导令的执行。

16. 人民法院、妇联开展家庭教育指导工作，应当依法保护未成年人及其父母或者其他监护人的隐私和个人信息。通过购买社会服务形式开展家庭教育指导的，应当要求相关机构组织及工作人员签订保密承诺书。

人民法院制发的家庭教育指导令，不在互联网公布。

17. 未成年人遭受性侵害、虐待、拐卖、暴力伤害的，人民法院、妇联在开展家庭教育指导过程中应当与有关部门、人民团体、社会组织互相配合，视情采取心理干预、法律援助、司法救助、社会救助、转学安置等保护措施。

对于未成年人存在严重不良行为或者实施犯罪行为的，在开展家庭教育指导过程中，应当对未成年人进行跟踪帮教。

五、保障措施

18. 鼓励各地人民法院、妇联结合本地实际，单独或会同有关部门建立家庭教育指导工作站，设置专门场所，配备专门人员，开展家庭教育指导工作。

鼓励各地人民法院、妇联探索组建专业化家庭教育指导队伍，加强业务指导及专业培训，聘请熟悉家庭教育规律、热爱未成年人保护事业和善于做思想教育工作的人员参与家庭教育指导。

19. 人民法院在办理涉未成年人案件过程中，发现有关单位未尽到未成年人教育、管理、救助、看护等保护职责的，应当及时向有关单位发出司法建议。

20. 人民法院应当结合涉未成年人案件的特点和规律，有针对性地开展家庭教育宣传和法治宣传教育。

全国家庭教育宣传周期间，各地人民法院应当结合本地实际，组织开展家庭教育宣传和法治宣传教育活动。

21. 人民法院、妇联应当与有关部门、人民团体、社会组织加强协作配合，推动建立家庭教育指导工作联动机制，及时研究解决家庭教育指导领域困难问题，不断提升家庭教育指导工作实效。

22. 开展家庭教育指导的工作情况，纳入人民法院绩效考核范围。

23. 人民法院开展家庭教育指导工作，不收取任何费用，所需费用纳入本单位年度经费预算。

六、附则

24. 本意见自 2023 年 6 月 1 日起施行。

附件：××××人民法院决定书（家庭教育指导令）（略）

未成年人学校保护规定

（2021年6月1日教育部令第50号公布　自2021年9月1日起施行）

第一章　总　　则

第一条　为了落实学校保护职责，保障未成年人合法权益，促进未成年人德智体美劳全面发展、健康成长，根据《中华人民共和国教育法》《中华人民共和国未成年人保护法》等法律法规，制定本规定。

第二条　普通中小学、中等职业学校（以下简称学校）对本校未成年人（以下统称学生）在校学习、生活期间合法权益的保护，适用本规定。

第三条　学校应当全面贯彻国家教育方针，落实立德树人根本任务，弘扬社会主义核心价值观，依法办学、依法治校，履行学生权益保护法定职责，健全保护制度，完善保护机制。

第四条　学校学生保护工作应当坚持最有利于未成年人的原则，注重保护和教育相结合，适应学生身心健康发展的规律和特点；关心爱护每个学生，尊重学生权利，听取学生意见。

第五条　教育行政部门应当落实工作职责，会同有关部门健全学校学生保护的支持措施、服务体系，加强对学校学生保护工作的支持、指导、监督和评价。

第二章　一般保护

第六条　学校应当平等对待每个学生，不得因学生及其父母或者其他监护人（以下统称家长）的民族、种族、性别、户籍、职业、宗教信仰、教育程度、家庭状况、身心健康情况等歧视学生或者对学生进行区别对待。

第七条 学校应当落实安全管理职责，保护学生在校期间人身安全。学校不得组织、安排学生从事抢险救灾、参与危险性工作，不得安排学生参加商业性活动及其他不宜学生参加的活动。

学生在校内或者本校组织的校外活动中发生人身伤害事故的，学校应当依据有关规定妥善处理，及时通知学生家长；情形严重的，应当按规定向有关部门报告。

第八条 学校不得设置侵犯学生人身自由的管理措施，不得对学生在课间及其他非教学时间的正当交流、游戏、出教室活动等言行自由设置不必要的约束。

第九条 学校应当尊重和保护学生的人格尊严，尊重学生名誉，保护和培育学生的荣誉感、责任感，表彰、奖励学生做到公开、公平、公正；在教育、管理中不得使用任何贬损、侮辱学生及其家长或者所属特定群体的言行、方式。

第十条 学校采集学生个人信息，应当告知学生及其家长，并对所获得的学生及其家庭信息负有管理、保密义务，不得毁弃以及非法删除、泄露、公开、买卖。

学校在奖励、资助、申请贫困救助等工作中，不得泄露学生个人及其家庭隐私；学生的考试成绩、名次等学业信息，学校应当便利学生本人和家长知晓，但不得公开，不得宣传升学情况；除因法定事由，不得查阅学生的信件、日记、电子邮件或者其他网络通讯内容。

第十一条 学校应当尊重和保护学生的受教育权利，保障学生平等使用教育教学设施设备、参加教育教学计划安排的各种活动，并在学业成绩和品行上获得公正评价。

对身心有障碍的学生，应当提供合理便利，实施融合教育，给予特别支持；对学习困难、行为异常的学生，应当以适当方式教育、帮助，必要时，可以通过安排教师或者专业人员课后辅导等方式给予帮助或者支持。

学校应当建立留守学生、困境学生档案，配合政府有关部门做好关爱帮扶工作，避免学生因家庭因素失学、辍学。

第十二条 义务教育学校不得开除或者变相开除学生，不得以长期停课、劝退等方式，剥夺学生在校接受并完成义务教育的权利；对转入专门学校的学生，应当保留学籍，原决定机关决定转回的学生，不得拒绝接收。

义务教育学校应当落实学籍管理制度，健全辍学或者休学、长期请假学生的报告备案制度，对辍学学生应当及时进行劝返，劝返无效的，应当报告有关主管部门。

第十三条 学校应当按规定科学合理安排学生在校作息时间，保证学生有休息、参加文娱活动和体育锻炼的机会和时间，不得统一要求学生在规定的上课时间前到校参加课程教学活动。

义务教育学校不得占用国家法定节假日、休息日及寒暑假，组织学生集体补课；不得以集体补课等形式侵占学生休息时间。

第十四条 学校不得采用毁坏财物的方式对学生进行教育管理，对学生携带进入校园的违法违规物品，按规定予以暂扣的，应当统一管理，并依照有关规定予以处理。

学校不得违反规定向学生收费，不得强制要求或者设置条件要求学生及家长捐款捐物、购买商品或者服务，或者要求家长提供物质帮助、需支付费用的服务等。

第十五条 学校以发布、汇编、出版等方式使用学生作品，对外宣传或者公开使用学生个体肖像的，应当取得学生及其家长许可，并依法保护学生的权利。

第十六条 学校应当尊重学生的参与权和表达权，指导、支持学生参与学校章程、校规校纪、班级公约的制定，处理与学生权益相关的事务时，应当以适当方式听取学生意见。

第十七条 学校对学生实施教育惩戒或者处分学生的，应当依据有关规定，听取学生的陈述、申辩，遵循审慎、公平、公正的原则作出决定。

除开除学籍处分以外，处分学生应当设置期限，对受到处分的学生应当跟踪观察、有针对性地实施教育，确有改正的，到期应当予以解除。解除处分后，学生获得表彰、奖励及其他权益，不再受原处分影响。

第三章　专项保护

第十八条　学校应当落实法律规定建立学生欺凌防控和预防性侵害、性骚扰等专项制度，建立对学生欺凌、性侵害、性骚扰行为的零容忍处理机制和受伤害学生的关爱、帮扶机制。

第十九条　学校应当成立由校内相关人员、法治副校长、法律顾问、有关专家、家长代表、学生代表等参与的学生欺凌治理组织，负责学生欺凌行为的预防和宣传教育、组织认定、实施矫治、提供援助等。

学校应当定期针对全体学生开展防治欺凌专项调查，对学校是否存在欺凌等情形进行评估。

第二十条　学校应当教育、引导学生建立平等、友善、互助的同学关系，组织教职工学习预防、处理学生欺凌的相关政策、措施和方法，对学生开展相应的专题教育，并且应当根据情况给予相关学生家长必要的家庭教育指导。

第二十一条　教职工发现学生实施下列行为的，应当及时制止：

（一）殴打、脚踢、掌掴、抓咬、推撞、拉扯等侵犯他人身体或者恐吓威胁他人；

（二）以辱骂、讥讽、嘲弄、挖苦、起侮辱性绰号等方式侵犯他人人格尊严；

（三）抢夺、强拿硬要或者故意毁坏他人财物；

（四）恶意排斥、孤立他人，影响他人参加学校活动或者社会交往；

（五）通过网络或者其他信息传播方式捏造事实诽谤他人、散布谣言或者错误信息诋毁他人、恶意传播他人隐私。

学生之间，在年龄、身体或者人数等方面占优势的一方蓄意或者恶意对另一方实施前款行为，或者以其他方式欺压、侮辱另一方，造成人身伤害、财产损失或者精神损害的，可以认定为构成欺凌。

第二十二条　教职工应当关注因身体条件、家庭背景或者学习成绩等可能处于弱势或者特殊地位的学生，发现学生存在被孤立、排挤等情形的，应当及时干预。

教职工发现学生有明显的情绪反常、身体损伤等情形，应当及时沟通了解情况，可能存在被欺凌情形的，应当及时向学校报告。

学校应当教育、支持学生主动、及时报告所发现的欺凌情形，保护自身和他人的合法权益。

第二十三条　学校接到关于学生欺凌报告的，应当立即开展调查，认为可能构成欺凌的，应当及时提交学生欺凌治理组织认定和处置，并通知相关学生的家长参与欺凌行为的认定和处理。认定构成欺凌的，应当对实施或者参与欺凌行为的学生作出教育惩戒或者纪律处分，并对其家长提出加强管教的要求，必要时，可以由法治副校长、辅导员对学生及其家长进行训导、教育。

对违反治安管理或者涉嫌犯罪等严重欺凌行为，学校不得隐瞒，应当及时向公安机关、教育行政部门报告，并配合相关部门依法处理。

不同学校学生之间发生的学生欺凌事件，应当在主管教育行政部门的指导下建立联合调查机制，进行认定和处理。

第二十四条　学校应当建立健全教职工与学生交往行为准则、学生宿舍安全管理规定、视频监控管理规定等制度，建立预防、报告、处置性侵害、性骚扰工作机制。

学校应当采取必要措施预防并制止教职工以及其他进入校园的

人员实施以下行为：

（一）与学生发生恋爱关系、性关系；

（二）抚摸、故意触碰学生身体特定部位等猥亵行为；

（三）对学生作出调戏、挑逗或者具有性暗示的言行；

（四）向学生展示传播包含色情、淫秽内容的信息、书刊、影片、音像、图片或者其他淫秽物品；

（五）持有包含淫秽、色情内容的视听、图文资料；

（六）其他构成性骚扰、性侵害的违法犯罪行为。

第四章　管理要求

第二十五条　学校应当制定规范教职工、学生行为的校规校纪。校规校纪应当内容合法、合理，制定程序完备，向学生及其家长公开，并按照要求报学校主管部门备案。

第二十六条　学校应当严格执行国家课程方案，按照要求开齐开足课程、选用教材和教学辅助资料。学校开发的校本课程或者引进的课程应当经过科学论证，并报主管教育行政部门备案。

学校不得与校外培训机构合作向学生提供有偿的课程或者课程辅导。

第二十七条　学校应当加强作业管理，指导和监督教师按照规定科学适度布置家庭作业，不得超出规定增加作业量，加重学生学习负担。

第二十八条　学校应当按照规定设置图书馆、班级图书角，配备适合学生认知特点、内容积极向上的课外读物，营造良好阅读环境，培养学生阅读习惯，提升阅读质量。

学校应当加强读物和校园文化环境管理，禁止含有淫秽、色情、暴力、邪教、迷信、赌博、恐怖主义、分裂主义、极端主义等危害未成年人身心健康内容的读物、图片、视听作品等，以及商业广告、有悖于社会主义核心价值观的文化现象进入校园。

第二十九条 学校应当建立健全安全风险防控体系，按照有关规定完善安全、卫生、食品等管理制度，提供符合标准的教育教学设施、设备等，制定自然灾害、突发事件、极端天气和意外伤害应急预案，配备相应设施并定期组织必要的演练。

学生在校期间学校应当对校园实行封闭管理，禁止无关人员进入校园。

第三十条 学校应当以适当方式教育、提醒学生及家长，避免学生使用兴奋剂或者镇静催眠药、镇痛剂等成瘾性药物；发现学生使用的，应当予以制止、向主管部门或者公安机关报告，并应当及时通知家长，但学生因治疗需要并经执业医师诊断同意使用的除外。

第三十一条 学校应当建立学生体质监测制度，发现学生出现营养不良、近视、肥胖、龋齿等倾向或者有导致体质下降的不良行为习惯，应当进行必要的管理、干预，并通知家长，督促、指导家长实施矫治。

学校应当完善管理制度，保障学生在课间、课后使用学校的体育运动场地、设施开展体育锻炼；在周末和节假日期间，按规定向学生和周边未成年人免费或者优惠开放。

第三十二条 学校应当建立学生心理健康教育管理制度，建立学生心理健康问题的早期发现和及时干预机制，按照规定配备专职或者兼职心理健康教育教师、建设心理辅导室，或者通过购买专业社工服务等多种方式为学生提供专业化、个性化的指导和服务。

有条件的学校，可以定期组织教职工进行心理健康状况测评，指导、帮助教职工以积极、乐观的心态对待学生。

第三十三条 学校可以禁止学生携带手机等智能终端产品进入学校或者在校园内使用；对经允许带入的，应当统一管理，除教学需要外，禁止带入课堂。

第三十四条 学校应当将科学、文明、安全、合理使用网络纳入课程内容，对学生进行网络安全、网络文明和防止沉迷网络的教育，预防和干预学生过度使用网络。

学校为学生提供的上网设施，应当安装未成年人上网保护软件或者采取其他安全保护技术措施，避免学生接触不适宜未成年人接触的信息；发现网络产品、服务、信息有危害学生身心健康内容的，或者学生利用网络实施违法活动的，应当立即采取措施并向有关主管部门报告。

第三十五条 任何人不得在校园内吸烟、饮酒。学校应当设置明显的禁止吸烟、饮酒的标识，并不得以烟草制品、酒精饮料的品牌冠名学校、教学楼、设施设备及各类教学、竞赛活动。

第三十六条 学校应当严格执行入职报告和准入查询制度，不得聘用有下列情形的人员：

（一）受到剥夺政治权利或者因故意犯罪受到有期徒刑以上刑事处罚的；

（二）因卖淫、嫖娼、吸毒、赌博等违法行为受到治安管理处罚的；

（三）因虐待、性骚扰、体罚或者侮辱学生等情形被开除或者解聘的；

（四）实施其他被纳入教育领域从业禁止范围的行为的。

学校在聘用教职工或引入志愿者、社工等校外人员时，应当要求相关人员提交承诺书；对在聘人员应当按照规定定期开展核查，发现存在前款规定情形的人员应当及时解聘。

第三十七条 学校发现拟聘人员或者在职教职工存在下列情形的，应当对有关人员是否符合相应岗位要求进行评估，必要时可以安排有专业资质的第三方机构进行评估，并将相关结论作为是否聘用或者调整工作岗位、解聘的依据：

（一）有精神病史的；

（二）有严重酗酒、滥用精神类药物史的；

（三）有其他可能危害未成年人身心健康或者可能造成不良影响的身心疾病的。

第三十八条 学校应当加强对教职工的管理，预防和制止教职工实施法律、法规、规章以及师德规范禁止的行为。学校及教职工不得实施下列行为：

（一）利用管理学生的职务便利或者招生考试、评奖评优、推荐评价等机会，以任何形式向学生及其家长索取、收受财物或者接受宴请、其他利益；

（二）以牟取利益为目的，向学生推销或者要求、指定学生购买特定辅导书、练习册等教辅材料或者其他商品、服务；

（三）组织、要求学生参加校外有偿补课，或者与校外机构、个人合作向学生提供其他有偿服务；

（四）诱导、组织或者要求学生及其家长登录特定经营性网站，参与视频直播、网络购物、网络投票、刷票等活动；

（五）非法提供、泄露学生信息或者利用所掌握的学生信息牟取利益；

（六）其他利用管理学生的职权牟取不正当利益的行为。

第三十九条 学校根据《校车安全管理条例》配备、使用校车的，应当依法建立健全校车安全管理制度，向学生讲解校车安全乘坐知识，培养学生校车安全事故应急处理技能。

第四十条 学校应当定期巡查校园及周边环境，发现存在法律禁止在学校周边设立的营业场所、销售网点的，应当及时采取应对措施，并报告主管教育部门或者其他有关主管部门。

学校及其教职工不得安排或者诱导、组织学生进入营业性娱乐场所、互联网上网服务营业场所、电子游戏场所、酒吧等不适宜未成年人活动的场所；发现学生进入上述场所的，应当及时予以制止、教育，并向上述场所的主管部门反映。

第五章 保护机制

第四十一条 校长是学生学校保护的第一责任人。学校应当指定一名校领导直接负责学生保护工作，并明确具体的工作机构，有条件的，可以设立学生保护专员开展学生保护工作。学校应当为从事学生保护工作的人员接受相关法律、理论和技能的培训提供条件和支持，对教职工开展未成年人保护专项培训。

有条件的学校可以整合欺凌防治、纪律处分等组织、工作机制，组建学生保护委员会，统筹负责学生权益保护及相关制度建设。

第四十二条 学校要树立以生命关怀为核心的教育理念，利用安全教育、心理健康教育、环境保护教育、健康教育、禁毒和预防艾滋病教育等专题教育，引导学生热爱生命、尊重生命；要有针对性地开展青春期教育、性教育，使学生了解生理健康知识，提高防范性侵害、性骚扰的自我保护意识和能力。

第四十三条 学校应当结合相关课程要求，根据学生的身心特点和成长需求开展以宪法教育为核心、以权利与义务教育为重点的法治教育，培养学生树立正确的权利观念，并开展有针对性的预防犯罪教育。

第四十四条 学校可以根据实际组成由学校相关负责人、教师、法治副校长（辅导员）、司法和心理等方面专业人员参加的专业辅导工作机制，对有不良行为的学生进行矫治和帮扶；对有严重不良行为的学生，学校应当配合有关部门进行管教，无力管教或者管教无效的，可以依法向教育行政部门提出申请送专门学校接受专门教育。

第四十五条 学校在作出与学生权益有关的决定前，应当告知学生及其家长，听取意见并酌情采纳。

学校应当发挥学生会、少代会、共青团等学生组织的作用，指导、支持学生参与权益保护，对于情节轻微的学生纠纷或者其他侵害学生权益的情形，可以安排学生代表参与调解。

第四十六条 学校应当建立与家长有效联系机制，利用家访、家长课堂、家长会等多种方式与学生家长建立日常沟通。

学校应当建立学生重大生理、心理疾病报告制度，向家长及时告知学生身体及心理健康状况；学校发现学生身体状况或者情绪反应明显异常、突发疾病或者受到伤害的，应当及时通知学生家长。

第四十七条 学校和教职工发现学生遭受或疑似遭受家庭暴力、虐待、遗弃、长期无人照料、失踪等不法侵害以及面临不法侵害危险的，应当依照规定及时向公安、民政、教育等有关部门报告。学校应当积极参与、配合有关部门做好侵害学生权利案件的调查处理工作。

第四十八条 教职员工发现学生权益受到侵害，属于本职工作范围的，应当及时处理；不属于本职工作范围或者不能处理的，应当及时报告班主任或学校负责人；必要时可以直接向主管教育行政部门或者公安机关报告。

第四十九条 学生因遭受遗弃、虐待向学校请求保护的，学校不得拒绝、推诿，需要采取救助措施的，应当先行救助。

学校应当关心爱护学生，为身体或者心理受到伤害的学生提供相应的心理健康辅导、帮扶教育。对因欺凌造成身体或者心理伤害，无法在原班级就读的学生，学生家长提出调整班级请求，学校经评估认为有必要的，应当予以支持。

第六章 支持与监督

第五十条 教育行政部门应当积极探索与人民检察院、人民法院、公安、司法、民政、应急管理等部门以及从事未成年人保护工作的相关群团组织的协同机制，加强对学校学生保护工作的指导与监督。

第五十一条 教育行政部门应当会同有关部门健全教职工从业禁止人员名单和查询机制，指导、监督学校健全准入和定期查询制度。

第五十二条 教育行政部门可以通过政府购买服务的方式，组织具有相应资质的社会组织、专业机构及其他社会力量，为学校提供法律咨询、心理辅导、行为矫正等专业服务，为预防和处理学生权益受侵害的案件提供支持。

教育行政部门、学校在与有关部门、机构、社会组织及个人合作进行学生保护专业服务与支持过程中，应当与相关人员签订保密协议，保护学生个人及家庭隐私。

第五十三条 教育行政部门应当指定专门机构或者人员承担学生保护的监督职责，有条件的，可以设立学生保护专兼职监察员负责学生保护工作，处理或者指导处理学生欺凌、性侵害、性骚扰以及其他侵害学生权益的事件，会同有关部门落实学校安全区域制度，健全依法处理涉校纠纷的工作机制。

负责学生保护职责的人员应当接受专门业务培训，具备学生保护的必要知识与能力。

第五十四条 教育行政部门应当通过建立投诉举报电话、邮箱或其他途径，受理对学校或者教职工违反本规定或者其他法律法规、侵害学生权利的投诉、举报；处理过程中发现有关人员行为涉嫌违法犯罪的，应当及时向公安机关报案或者移送司法机关。

第五十五条 县级教育行政部门应当会同民政部门，推动设立未成年人保护社会组织，协助受理涉及学生权益的投诉举报、开展侵害学生权益案件的调查和处理，指导、支持学校、教职工、家长开展学生保护工作。

第五十六条 地方教育行政部门应当建立学生保护工作评估制度，定期组织或者委托第三方对管辖区域内学校履行保护学生法定职责情况进行评估，评估结果作为学校管理水平评价、校长考评考核的依据。

各级教育督导机构应当将学校学生保护工作情况纳入政府履行教育职责评价和学校督导评估的内容。

第七章　责任与处理

第五十七条 学校未履行未成年人保护法规定的职责，违反本规定侵犯学生合法权利的，主管教育行政部门应当责令改正，并视情节和后果，依照有关规定和权限分别对学校的主要负责人、直接责任人或者其他责任人员进行诫勉谈话、通报批评、给予处分或者责令学校给予处分；同时，可以给予学校 1 至 3 年不得参与相应评奖评优，不得获评各类示范、标兵单位等荣誉的处理。

第五十八条 学校未履行对教职工的管理、监督责任，致使发生教职工严重侵害学生身心健康的违法犯罪行为，或者有包庇、隐瞒不报，威胁、阻拦报案，妨碍调查、对学生打击报复等行为的，主管教育部门应当对主要负责人和直接责任人给予处分或者责令学校给予处分；情节严重的，应当移送有关部门查处，构成违法犯罪的，依法追究相应法律责任。因监管不力、造成严重后果而承担领导责任的校长，5 年内不得再担任校长职务。

第五十九条 学校未按本规定建立学生权利保护机制，或者制定的校规违反法律法规和本规定，由主管教育部门责令限期改正、给予通报批评；情节严重、影响较大或者逾期不改正的，可以对学校主要负责人和直接负责人给予处分或者责令学校给予处分。

第六十条 教职工违反本规定的，由学校或者主管教育部门依照事业单位人员管理、中小学教师管理的规定予以处理。

教职工实施第二十四条第二款禁止行为的，应当依法予以开除或者解聘；有教师资格的，由主管教育行政部门撤销教师资格，纳入从业禁止人员名单；涉嫌犯罪的，移送有关部门依法追究责任。

教职工违反第三十八条规定牟取不当利益的，应当责令退还所收费用或者所获利益，给学生造成经济损失的，应当依法予以赔偿，并视情节给予处分，涉嫌违法犯罪的移送有关部门依法追究责任。

学校应当根据实际，建立健全校内其他工作人员聘用和管理制度，对其他人员违反本规定的，根据情节轻重予以校内纪律处分直至予以解聘，涉嫌违反治安管理或者犯罪的，移送有关部门依法追究责任。

第六十一条 教育行政部门未履行对学校的指导、监督职责，管辖区域内学校出现严重侵害学生权益情形的，由上级教育行政部门、教育督导机构责令改正、予以通报批评，情节严重的依法追究主要负责人或者直接责任人的责任。

第八章　附　　则

第六十二条　幼儿园、特殊教育学校应当根据未成年人身心特点，依据本规定有针对性地加强在园、在校未成年人合法权益的保护，并参照本规定、结合实际建立保护制度。

幼儿园、特殊教育学校及其教职工违反保护职责，侵害在园、在校未成年人合法权益的，应当适用本规定从重处理。

第六十三条　本规定自2021年9月1日起施行。

中小学教育惩戒规则（试行）

（2020年12月23日教育部令第49号公布　自2021年3月1日起施行）

第一条　为落实立德树人根本任务，保障和规范学校、教师依法履行教育教学和管理职责，保护学生合法权益，促进学生健康成长、全面发展，根据教育法、教师法、未成年人保护法、预防未成年人犯罪法等法律法规和国家有关规定，制定本规则。

第二条　普通中小学校、中等职业学校（以下称学校）及其教师在教育教学和管理过程中对学生实施教育惩戒，适用本规则。

本规则所称教育惩戒，是指学校、教师基于教育目的，对违规违纪学生进行管理、训导或者以规定方式予以矫治，促使学生引以为戒、认识和改正错误的教育行为。

第三条　学校、教师应当遵循教育规律，依法履行职责，通过积极管教和教育惩戒的实施，及时纠正学生错误言行，培养学生的规则意识、责任意识。

教育行政部门应当支持、指导、监督学校及其教师依法依规实施教育惩戒。

第四条 实施教育惩戒应当符合教育规律，注重育人效果；遵循法治原则，做到客观公正；选择适当措施，与学生过错程度相适应。

第五条 学校应当结合本校学生特点，依法制定、完善校规校纪，明确学生行为规范，健全实施教育惩戒的具体情形和规则。

学校制定校规校纪，应当广泛征求教职工、学生和学生父母或者其他监护人（以下称家长）的意见；有条件的，可以组织有学生、家长及有关方面代表参加的听证。校规校纪应当提交家长委员会、教职工代表大会讨论，经校长办公会议审议通过后施行，并报主管教育部门备案。

教师可以组织学生、家长以民主讨论形式共同制定班规或者班级公约，报学校备案后施行。

第六条 学校应当利用入学教育、班会以及其他适当方式，向学生和家长宣传讲解校规校纪。未经公布的校规校纪不得施行。

学校可以根据情况建立校规校纪执行委员会等组织机构，吸收教师、学生及家长、社会有关方面代表参加，负责确定可适用的教育惩戒措施，监督教育惩戒的实施，开展相关宣传教育等。

第七条 学生有下列情形之一，学校及其教师应当予以制止并进行批评教育，确有必要的，可以实施教育惩戒：

（一）故意不完成教学任务要求或者不服从教育、管理的；

（二）扰乱课堂秩序、学校教育教学秩序的；

（三）吸烟、饮酒，或者言行失范违反学生守则的；

（四）实施有害自己或者他人身心健康的危险行为的；

（五）打骂同学、老师，欺凌同学或者侵害他人合法权益的；

（六）其他违反校规校纪的行为。

学生实施属于预防未成年人犯罪法规定的不良行为或者严重不良行为的，学校、教师应当予以制止并实施教育惩戒，加强管教；构成违法犯罪的，依法移送公安机关处理。

第八条 教师在课堂教学、日常管理中，对违规违纪情节较为轻微的学生，可以当场实施以下教育惩戒：

（一）点名批评；

（二）责令赔礼道歉、做口头或者书面检讨；

（三）适当增加额外的教学或者班级公益服务任务；

（四）一节课堂教学时间内的教室内站立；

（五）课后教导；

（六）学校校规校纪或者班规、班级公约规定的其他适当措施。

教师对学生实施前款措施后，可以以适当方式告知学生家长。

第九条 学生违反校规校纪，情节较重或者经当场教育惩戒拒不改正的，学校可以实施以下教育惩戒，并应当及时告知家长：

（一）由学校德育工作负责人予以训导；

（二）承担校内公益服务任务；

（三）安排接受专门的校规校纪、行为规则教育；

（四）暂停或者限制学生参加游览、校外集体活动以及其他外出集体活动；

（五）学校校规校纪规定的其他适当措施。

第十条 小学高年级、初中和高中阶段的学生违规违纪情节严重或者影响恶劣的，学校可以实施以下教育惩戒，并应当事先告知家长：

（一）给予不超过一周的停课或者停学，要求家长在家进行教育、管教；

（二）由法治副校长或者法治辅导员予以训诫；

（三）安排专门的课程或者教育场所，由社会工作者或者其他专业人员进行心理辅导、行为干预。

对违规违纪情节严重，或者经多次教育惩戒仍不改正的学生，学校可以给予警告、严重警告、记过或者留校察看的纪律处分。对高中阶段学生，还可以给予开除学籍的纪律处分。

对有严重不良行为的学生，学校可以按照法定程序，配合家长、有关部门将其转入专门学校教育矫治。

第十一条 学生扰乱课堂或者教育教学秩序，影响他人或者可能对自己及他人造成伤害的，教师可以采取必要措施，将学生带离教室或者教学现场，并予以教育管理。

教师、学校发现学生携带、使用违规物品或者行为具有危险性的，应当采取必要措施予以制止；发现学生藏匿违法、危险物品的，应当责令学生交出并可以对可能藏匿物品的课桌、储物柜等进行检查。

教师、学校对学生的违规物品可以予以暂扣并妥善保管，在适当时候交还学生家长；属于违法、危险物品的，应当及时报告公安机关、应急管理部门等有关部门依法处理。

第十二条 教师在教育教学管理、实施教育惩戒过程中，不得有下列行为：

（一）以击打、刺扎等方式直接造成身体痛苦的体罚；

（二）超过正常限度的罚站、反复抄写，强制做不适的动作或者姿势，以及刻意孤立等间接伤害身体、心理的变相体罚；

（三）辱骂或者以歧视性、侮辱性的言行侵犯学生人格尊严；

（四）因个人或者少数人违规违纪行为而惩罚全体学生；

（五）因学业成绩而教育惩戒学生；

（六）因个人情绪、好恶实施或者选择性实施教育惩戒；

（七）指派学生对其他学生实施教育惩戒；

（八）其他侵害学生权利的。

第十三条 教师对学生实施教育惩戒后，应当注重与学生的沟通和帮扶，对改正错误的学生及时予以表扬、鼓励。

学校可以根据实际和需要，建立学生教育保护辅导工作机制，由学校分管负责人、德育工作机构负责人、教师以及法治副校长

(辅导员)、法律以及心理、社会工作等方面的专业人员组成辅导小组，对有需要的学生进行专门的心理辅导、行为矫治。

第十四条 学校拟对学生实施本规则第十条所列教育惩戒和纪律处分的，应当听取学生的陈述和申辩。学生或者家长申请听证的，学校应当组织听证。

学生受到教育惩戒或者纪律处分后，能够诚恳认错、积极改正的，可以提前解除教育惩戒或者纪律处分。

第十五条 学校应当支持、监督教师正当履行职务。教师因实施教育惩戒与学生及其家长发生纠纷，学校应当及时进行处理，教师无过错的，不得因教师实施教育惩戒而给予其处分或者其他不利处理。

教师违反本规则第十二条，情节轻微的，学校应当予以批评教育；情节严重的，应当暂停履行职责或者依法依规给予处分；给学生身心造成伤害，构成违法犯罪的，由公安机关依法处理。

第十六条 学校、教师应当重视家校协作，积极与家长沟通，使家长理解、支持和配合实施教育惩戒，形成合力。家长应当履行对子女的教育职责，尊重教师的教育权利，配合教师、学校对违规违纪学生进行管教。

家长对教师实施的教育惩戒有异议或者认为教师行为违反本规则第十二条规定的，可以向学校或者主管教育行政部门投诉、举报。学校、教育行政部门应当按照师德师风建设管理的有关要求，及时予以调查、处理。家长威胁、侮辱、伤害教师的，学校、教育行政部门应当依法保护教师人身安全、维护教师合法权益；情形严重的，应当及时向公安机关报告并配合公安机关、司法机关追究责任。

第十七条 学生及其家长对学校依据本规则第十条实施的教育惩戒或者给予的纪律处分不服的，可以在教育惩戒或者纪律处分作出后 15 个工作日内向学校提起申诉。

学校应当成立由学校相关负责人、教师、学生以及家长、法治副校长等校外有关方面代表组成的学生申诉委员会，受理申诉申请，组织复查。学校应当明确学生申诉委员会的人员构成、受理范围及处理程序等并向学生及家长公布。

学生申诉委员会应当对学生申诉的事实、理由等进行全面审查，作出维持、变更或者撤销原教育惩戒或者纪律处分的决定。

第十八条 学生或者家长对学生申诉处理决定不服的，可以向学校主管教育部门申请复核；对复核决定不服的，可以依法提起行政复议或者行政诉讼。

第十九条 学校应当有针对性地加强对教师的培训，促进教师更新教育理念、改进教育方式方法，提高教师正确履行职责的意识与能力。

每学期末，学校应当将学生受到本规则第十条所列教育惩戒和纪律处分的信息报主管教育行政部门备案。

第二十条 本规则自2021年3月1日起施行。

各地可以结合本地实际，制定本地方实施细则或者指导学校制定实施细则。

中小学幼儿园安全管理办法

（2006年6月30日教育部、公安部、司法部、建设部、交通部、文化部、卫生部、国家工商行政管理总局、国家质量监督检验检疫总局、新闻出版总署令第23号公布 自2006年9月1日起施行）

第一章 总 则

第一条 为加强中小学、幼儿园安全管理，保障学校及其学生和教职工的人身、财产安全，维护中小学、幼儿园正常的教育教学秩序，根据《中华人民共和国教育法》等法律法规，制定本办法。

第二条 普通中小学、中等职业学校、幼儿园（班）、特殊教育学校、工读学校（以下统称学校）的安全管理适用本办法。

第三条 学校安全管理遵循积极预防、依法管理、社会参与、各负其责的方针。

第四条 学校安全管理工作主要包括：

（一）构建学校安全工作保障体系，全面落实安全工作责任制和事故责任追究制，保障学校安全工作规范、有序进行；

（二）健全学校安全预警机制，制定突发事件应急预案，完善事故预防措施，及时排除安全隐患，不断提高学校安全工作管理水平；

（三）建立校园周边整治协调工作机制，维护校园及周边环境安全；

（四）加强安全宣传教育培训，提高师生安全意识和防护能力；

（五）事故发生后启动应急预案、对伤亡人员实施救治和责任追究等。

第五条 各级教育、公安、司法行政、建设、交通、文化、卫生、工商、质检、新闻出版等部门在本级人民政府的领导下，依法履行学校周边治理和学校安全的监督与管理职责。

学校应当按照本办法履行安全管理和安全教育职责。

社会团体、企业事业单位、其他社会组织和个人应当积极参与和支持学校安全工作，依法维护学校安全。

第二章 安全管理职责

第六条 地方各级人民政府及其教育、公安、司法行政、建设、交通、文化、卫生、工商、质检、新闻出版等部门应当按照职责分工，依法负责学校安全工作，履行学校安全管理职责。

第七条 教育行政部门对学校安全工作履行下列职责：

（一）全面掌握学校安全工作状况，制定学校安全工作考核目标，加强对学校安全工作的检查指导，督促学校建立健全并落实安全管理制度；

（二）建立安全工作责任制和事故责任追究制，及时消除安全隐患，指导学校妥善处理学生伤害事故；

（三）及时了解学校安全教育情况，组织学校有针对性地开展学生安全教育，不断提高教育实效；

（四）制定校园安全的应急预案，指导、监督下级教育行政部门和学校开展安全工作；

（五）协调政府其他相关职能部门共同做好学校安全管理工作，协助当地人民政府组织对学校安全事故的救援和调查处理。

教育督导机构应当组织学校安全工作的专项督导。

第八条 公安机关对学校安全工作履行下列职责：

（一）了解掌握学校及周边治安状况，指导学校做好校园保卫工作，及时依法查处扰乱校园秩序、侵害师生人身、财产安全的案件；

（二）指导和监督学校做好消防安全工作；

（三）协助学校处理校园突发事件。

第九条 卫生部门对学校安全工作履行下列职责：

（一）检查、指导学校卫生防疫和卫生保健工作，落实疾病预防控制措施；

（二）监督、检查学校食堂、学校饮用水和游泳池的卫生状况。

第十条 建设部门对学校安全工作履行下列职责：

（一）加强对学校建筑、燃气设施设备安全状况的监管，发现安全事故隐患的，应当依法责令立即排除；

（二）指导校舍安全检查鉴定工作；

（三）加强对学校工程建设各环节的监督管理，发现校舍、楼梯护栏及其他教学、生活设施违反工程建设强制性标准的，应责令纠正；

（四）依法督促学校定期检验、维修和更新学校相关设施设备。

第十一条 质量技术监督部门应当定期检查学校特种设备及相关设施的安全状况。

第十二条 公安、卫生、交通、建设等部门应当定期向教育行政部门和学校通报与学校安全管理相关的社会治安、疾病防治、交通等情况，提出具体预防要求。

第十三条 文化、新闻出版、工商等部门应当对校园周边的有关经营服务场所加强管理和监督，依法查处违法经营者，维护有利于青少年成长的良好环境。

司法行政、公安等部门应当按照有关规定履行学校安全教育职责。

第十四条 举办学校的地方人民政府、企业事业组织、社会团体和公民个人，应当对学校安全工作履行下列职责：

（一）保证学校符合基本办学标准，保证学校围墙、校舍、场地、教学设施、教学用具、生活设施和饮用水源等办学条件符合国家安全质量标准；

（二）配置紧急照明装置和消防设施与器材，保证学校教学楼、图书馆、实验室、师生宿舍等场所的照明、消防条件符合国家安全规定；

（三）定期对校舍安全进行检查，对需要维修的，及时予以维修；对确认的危房，及时予以改造。

举办学校的地方人民政府应当依法维护学校周边秩序，保障师生和学校的合法权益，为学校提供安全保障。

有条件的，学校举办者应当为学校购买责任保险。

第三章　校内安全管理制度

第十五条 学校应当遵守有关安全工作的法律、法规和规章，建立健全校内各项安全管理制度和安全应急机制，及时消除隐患，预防发生事故。

第十六条 学校应当建立校内安全工作领导机构，实行校长负责制；应当设立保卫机构，配备专职或者兼职安全保卫人员，明确其安全保卫职责。

第十七条 学校应当健全门卫制度，建立校外人员入校的登记或者验证制度，禁止无关人员和校外机动车入内，禁止将非教学用易燃易爆物品、有毒物品、动物和管制器具等危险物品带入校园。

学校门卫应当由专职保安或者其他能够切实履行职责的人员担任。

第十八条 学校应当建立校内安全定期检查制度和危房报告制度，按照国家有关规定安排对学校建筑物、构筑物、设备、设施进行安全检查、检验；发现存在安全隐患的，应当停止使用，及时维修或者更换；维修、更换前应当采取必要的防护措施或者设置警示标志。学校无力解决或者无法排除的重大安全隐患，应当及时书面报告主管部门和其他相关部门。

学校应当在校内高地、水池、楼梯等易发生危险的地方设置警示标志或者采取防护设施。

第十九条 学校应当落实消防安全制度和消防工作责任制，对于政府保障配备的消防设施和器材加强日常维护，保证其能够有效使用，并设置消防安全标志，保证疏散通道、安全出口和消防车通道畅通。

第二十条 学校应当建立用水、用电、用气等相关设施设备的安全管理制度，定期进行检查或者按照规定接受有关主管部门的定期检查，发现老化或者损毁的，及时进行维修或者更换。

第二十一条 学校应当严格执行《学校食堂与学生集体用餐卫生管理规定》、《餐饮业和学生集体用餐配送单位卫生规范》，严格遵守卫生操作规范。建立食堂物资定点采购和索证、登记制度与饭菜留验和记录制度，检查饮用水的卫生安全状况，保障师生饮食卫生安全。

第二十二条 学校应当建立实验室安全管理制度，并将安全管理制度和操作规程置于实验室显著位置。

学校应当严格建立危险化学品、放射物质的购买、保管、使用、登记、注销等制度，保证将危险化学品、放射物质存放在安全地点。

第二十三条 学校应当按照国家有关规定配备具有从业资格的专职医务（保健）人员或者兼职卫生保健教师，购置必需的急救器材和药品，保障对学生常见病的治疗，并负责学校传染病疫情及其他突发公共卫生事件的报告。有条件的学校，应当设立卫生（保健）室。

新生入学应当提交体检证明。托幼机构与小学在入托、入学时应当查验预防接种证。学校应当建立学生健康档案，组织学生定期体检。

第二十四条 学校应当建立学生安全信息通报制度，将学校规定的学生到校和放学时间、学生非正常缺席或者擅自离校情况、以及学生身体和心理的异常状况等关系学生安全的信息，及时告知其监护人。

对有特异体质、特定疾病或者其他生理、心理状况异常以及有吸毒行为的学生，学校应当做好安全信息记录，妥善保管学生的健康与安全信息资料，依法保护学生的个人隐私。

第二十五条 有寄宿生的学校应当建立住宿学生安全管理制度，配备专人负责住宿学生的生活管理和安全保卫工作。

学校应当对学生宿舍实行夜间巡查、值班制度，并针对女生宿舍安全工作的特点，加强对女生宿舍的安全管理。

学校应当采取有效措施，保证学生宿舍的消防安全。

第二十六条 学校购买或者租用机动车专门用于接送学生的，应当建立车辆管理制度，并及时到公安机关交通管理部门备案。接送学生的车辆必须检验合格，并定期维护和检测。

接送学生专用校车应当粘贴统一标识。标识样式由省级公安机关交通管理部门和教育行政部门制定。

学校不得租用拼装车、报废车和个人机动车接送学生。

接送学生的机动车驾驶员应当身体健康，具备相应准驾车型3年以上安全驾驶经历，最近3年内任一记分周期没有记满12分记录，无致人伤亡的交通责任事故。

第二十七条 学校应当建立安全工作档案，记录日常安全工作、安全责任落实、安全检查、安全隐患消除等情况。

安全档案作为实施安全工作目标考核、责任追究和事故处理的重要依据。

第四章 日常安全管理

第二十八条 学校在日常的教育教学活动中应当遵循教学规范，落实安全管理要求，合理预见、积极防范可能发生的风险。

学校组织学生参加的集体劳动、教学实习或者社会实践活动，应当符合学生的心理、生理特点和身体健康状况。

学校以及接受学生参加教育教学活动的单位必须采取有效措施，为学生活动提供安全保障。

第二十九条 学校组织学生参加大型集体活动，应当采取下列安全措施：

（一）成立临时的安全管理组织机构；

（二）有针对性地对学生进行安全教育；

（三）安排必要的管理人员，明确所负担的安全职责；

（四）制定安全应急预案，配备相应设施。

第三十条 学校应当按照《学校体育工作条例》和教学计划组织体育教学和体育活动，并根据教学要求采取必要的保护和帮助措施。

学校组织学生开展体育活动，应当避开主要街道和交通要道；开展大型体育活动以及其他大型学生活动，必须经过主要街道和交通要道的，应当事先与公安机关交通管理部门共同研究并落实安全措施。

第三十一条 小学、幼儿园应当建立低年级学生、幼儿上下学时接送的交接制度，不得将晚离学校的低年级学生、幼儿交与无关人员。

第三十二条 学生在教学楼进行教学活动和晚自习时，学校应当合理安排学生疏散时间和楼道上下顺序，同时安排人员巡查，防止发生拥挤踩踏伤害事故。

晚自习学生没有离校之前，学校应当有负责人和教师值班、巡查。

第三十三条 学校不得组织学生参加抢险等应当由专业人员或者成人从事的活动，不得组织学生参与制作烟花爆竹、有毒化学品等具有危险性的活动，不得组织学生参加商业性活动。

第三十四条 学校不得将场地出租给他人从事易燃、易爆、有毒、有害等危险品的生产、经营活动。

学校不得出租校园内场地停放校外机动车辆；不得利用学校用地建设对社会开放的停车场。

第三十五条 学校教职工应当符合相应任职资格和条件要求。学校不得聘用因故意犯罪而受到刑事处罚的人，或者有精神病史的人担任教职工。

学校教师应当遵守职业道德规范和工作纪律，不得侮辱、殴打、体罚或者变相体罚学生；发现学生行为具有危险性的，应当及时告诫、制止，并与学生监护人沟通。

第三十六条 学生在校学习和生活期间，应当遵守学校纪律和规章制度，服从学校的安全教育和管理，不得从事危及自身或者他人安全的活动。

第三十七条 监护人发现被监护人有特异体质、特定疾病或者异常心理状况的，应当及时告知学校。

学校对已知的有特异体质、特定疾病或者异常心理状况的学生，应当给予适当关注和照顾。生理、心理状况异常不宜在校学习的学生，应当休学，由监护人安排治疗、休养。

第五章 安全教育

第三十八条 学校应当按照国家课程标准和地方课程设置要求，将安全教育纳入教学内容，对学生开展安全教育，培养学生的安全意识，提高学生的自我防护能力。

第三十九条 学校应当在开学初、放假前，有针对性地对学生集中开展安全教育。新生入校后，学校应当帮助学生及时了解相关的学校安全制度和安全规定。

第四十条 学校应当针对不同课程实验课的特点与要求，对学生进行实验用品的防毒、防爆、防辐射、防污染等的安全防护教育。

学校应当对学生进行用水、用电的安全教育，对寄宿学生进行防火、防盗和人身防护等方面的安全教育。

第四十一条 学校应当对学生开展安全防范教育，使学生掌握基本的自我保护技能，应对不法侵害。

学校应当对学生开展交通安全教育，使学生掌握基本的交通规则和行为规范。

学校应当对学生开展消防安全教育，有条件的可以组织学生到当地消防站参观和体验，使学生掌握基本的消防安全知识，提高防火意识和逃生自救的能力。

学校应当根据当地实际情况，有针对性地对学生开展到江河湖海、水库等地方戏水、游泳的安全卫生教育。

第四十二条 学校可根据当地实际情况，组织师生开展多种形式的事故预防演练。

学校应当每学期至少开展一次针对洪水、地震、火灾等灾害事故的紧急疏散演练，使师生掌握避险、逃生、自救的方法。

第四十三条 教育行政部门按照有关规定，与人民法院、人民检察院和公安、司法行政等部门以及高等学校协商，选聘优秀的法律工作者担任学校的兼职法制副校长或者法制辅导员。

兼职法制副校长或者法制辅导员应当协助学校检查落实安全制度和安全事故处理、定期对师生进行法制教育等，其工作成果纳入派出单位的工作考核内容。

第四十四条 教育行政部门应当组织负责安全管理的主管人员、学校校长、幼儿园园长和学校负责安全保卫工作的人员，定期接受有关安全管理培训。

第四十五条 学校应当制定教职工安全教育培训计划，通过多种途径和方法，使教职工熟悉安全规章制度、掌握安全救护常识，学会指导学生预防事故、自救、逃生、紧急避险的方法和手段。

第四十六条 学生监护人应当与学校互相配合，在日常生活中加强对被监护人的各项安全教育。

学校鼓励和提倡监护人自愿为学生购买意外伤害保险。

第六章 校园周边安全管理

第四十七条 教育、公安、司法行政、建设、交通、文化、卫生、工商、质检、新闻出版等部门应当建立联席会议制度，定期研究部署学校安全管理工作，依法维护学校周边秩序；通过多种途径和方式，听取学校和社会各界关于学校安全管理工作的意见和建议。

第四十八条 建设、公安等部门应当加强对学校周边建设工程的执法检查，禁止任何单位或者个人违反有关法律、法规、规章、标准，在学校围墙或者建筑物边建设工程，在校园周边设立易燃易爆、剧毒、放射性、腐蚀性等危险物品的生产、经营、储存、使用场所或者设施以及其他可能影响学校安全的场所或者设施。

第四十九条 公安机关应当把学校周边地区作为重点治安巡逻区域，在治安情况复杂的学校周边地区增设治安岗亭和报警点，及时发现和消除各类安全隐患，处置扰乱学校秩序和侵害学生人身、财产安全的违法犯罪行为。

第五十条 公安、建设和交通部门应当依法在学校门前道路设置规范的交通警示标志，施划人行横线，根据需要设置交通信号灯、减速带、过街天桥等设施。

在地处交通复杂路段的学校上下学时间，公安机关应当根据需要部署警力或者交通协管人员维护道路交通秩序。

第五十一条 公安机关和交通部门应当依法加强对农村地区交通工具的监督管理，禁止没有资质的车船搭载学生。

第五十二条 文化部门依法禁止在中学、小学校园周围200米范围内设立互联网上网服务营业场所，并依法查处接纳未成年人进入的互联网上网服务营业场所。工商行政管理部门依法查处取缔擅自设立的互联网上网服务营业场所。

第五十三条 新闻出版、公安、工商行政管理等部门应当依法取缔学校周边兜售非法出版物的游商和无证照摊点，查处学校周边制售含有淫秽色情、凶杀暴力等内容的出版物的单位和个人。

第五十四条 卫生、工商行政管理部门应当对校园周边饮食单位的卫生状况进行监督，取缔非法经营的小卖部、饮食摊点。

第七章 安全事故处理

第五十五条 在发生地震、洪水、泥石流、台风等自然灾害和重大治安、公共卫生突发事件时，教育等部门应当立即启动应急预案，及时转移、疏散学生，或者采取其他必要防护措施，保障学校安全和师生人身财产安全。

第五十六条 校园内发生火灾、食物中毒、重大治安等突发安全事故以及自然灾害时，学校应当启动应急预案，及时组织教职工参与抢险、救助和防护，保障学生身体健康和人身、财产安全。

第五十七条 发生学生伤亡事故时，学校应当按照《学生伤害事故处理办法》规定的原则和程序等，及时实施救助，并进行妥善处理。

第五十八条 发生教职工和学生伤亡等安全事故的，学校应当及时报告主管教育行政部门和政府有关部门；属于重大事故的，教育行政部门应当按照有关规定及时逐级上报。

第五十九条 省级教育行政部门应当在每年1月31日前向国务院教育行政部门书面报告上一年度学校安全工作和学生伤亡事故情况。

第八章 奖励与责任

第六十条 教育、公安、司法行政、建设、交通、文化、卫生、工商、质检、新闻出版等部门，对在学校安全工作中成绩显著或者做出突出贡献的单位和个人，应当视情况联合或者分别给予表彰、奖励。

第六十一条 教育、公安、司法行政、建设、交通、文化、卫生、工商、质检、新闻出版等部门，不依法履行学校安全监督与管理职责的，由上级部门给予批评；对直接责任人员由上级部门和所在单位视情节轻重，给予批评教育或者行政处分；构成犯罪的，依法追究刑事责任。

第六十二条 学校不履行安全管理和安全教育职责，对重大安全隐患未及时采取措施的，有关主管部门应当责令其限期改正；拒不改正或者有下列情形之一的，教育行政部门应当对学校负责人和其他直接责任人员给予行政处分；构成犯罪的，依法追究刑事责任：

（一）发生重大安全事故、造成学生和教职工伤亡的；

（二）发生事故后未及时采取适当措施、造成严重后果的；

（三）瞒报、谎报或者缓报重大事故的；

（四）妨碍事故调查或者提供虚假情况的；

（五）拒绝或者不配合有关部门依法实施安全监督管理职责的。

《中华人民共和国民办教育促进法》及其实施条例另有规定的，依其规定执行。

第六十三条 校外单位或者人员违反治安管理规定、引发学校安全事故的，或者在学校安全事故处理过程中，扰乱学校正常教育教学秩序、违反治安管理规定的，由公安机关依法处理；构成犯罪的，依法追究其刑事责任；造成学校财产损失的，依法承担赔偿责任。

第六十四条 学生人身伤害事故的赔偿，依据有关法律法规、国家有关规定以及《学生伤害事故处理办法》处理。

第九章 附 则

第六十五条 中等职业学校学生实习劳动的安全管理办法另行

制定。

第六十六条 本办法自2006年9月1日起施行。

学生伤害事故处理办法

（2002年8月21日教育部令第12号公布 根据2010年12月13日《教育部关于修改和废止部分规章的决定》修订）

第一章 总 则

第一条 **【立法宗旨】** 为积极预防、妥善处理在校学生伤害事故，保护学生、学校的合法权益，根据《中华人民共和国教育法》、《中华人民共和国未成年人保护法》和其他相关法律、行政法规及有关规定，制定本办法。

第二条 **【适用范围】** 在学校实施的教育教学活动或者学校组织的校外活动中，以及在学校负有管理责任的校舍、场地、其他教育教学设施、生活设施内发生的，造成在校学生人身损害后果的事故的处理，适用本办法。

第三条 **【事故处理原则】** 学生伤害事故应当遵循依法、客观公正、合理适当的原则，及时、妥善地处理。

第四条 **【学校举办者和教育部门的安全管理职责】** 学校的举办者应当提供符合安全标准的校舍、场地、其他教育教学设施和生活设施。

教育行政部门应当加强学校安全工作，指导学校落实预防学生伤害事故的措施，指导、协助学校妥善处理学生伤害事故，维护学校正常的教育教学秩序。

第五条 **【安全措施的建立与完善】** 学校应当对在校学生进行必要的安全教育和自护自救教育；应当按照规定，建立健全安全制度，采取相应的管理措施，预防和消除教育教学环境中存在的安全隐患；当发生伤害事故时，应当及时采取措施救助受伤害学生。

学校对学生进行安全教育、管理和保护，应当针对学生年龄、认知能力和法律行为能力的不同，采用相应的内容和预防措施。

第六条　【学生自我保护义务】学生应当遵守学校的规章制度和纪律；在不同的受教育阶段，应当根据自身的年龄、认知能力和法律行为能力，避免和消除相应的危险。

第七条　【监护人责任】未成年学生的父母或者其他监护人（以下称为监护人）应当依法履行监护职责，配合学校对学生进行安全教育、管理和保护工作。

学校对未成年学生不承担监护职责，但法律有规定的或者学校依法接受委托承担相应监护职责的情形除外。

第二章　事故与责任

第八条　【归责原则】发生学生伤害事故，造成学生人身损害的，学校应当按照《中华人民共和国侵权责任法》及相关法律、法规的规定，承担相应的事故责任。

第九条　【学校承担事故责任的具体情形】因下列情形之一造成的学生伤害事故，学校应当依法承担相应的责任：

（一）学校的校舍、场地、其他公共设施，以及学校提供给学生使用的学具、教育教学和生活设施、设备不符合国家规定的标准，或者有明显不安全因素的；

（二）学校的安全保卫、消防、设施设备管理等安全管理制度有明显疏漏，或者管理混乱，存在重大安全隐患，而未及时采取措施的；

（三）学校向学生提供的药品、食品、饮用水等不符合国家或者行业的有关标准、要求的；

（四）学校组织学生参加教育教学活动或者校外活动，未对学生进行相应的安全教育，并未在可预见的范围内采取必要的安全措施的；

（五）学校知道教师或者其他工作人员患有不适宜担任教育教学工作的疾病，但未采取必要措施的；

（六）学校违反有关规定，组织或者安排未成年学生从事不宜未成年人参加的劳动、体育运动或者其他活动的；

（七）学生有特异体质或者特定疾病，不宜参加某种教育教学活动，学校知道或者应当知道，但未予以必要的注意的；

（八）学生在校期间突发疾病或者受到伤害，学校发现，但未根据实际情况及时采取相应措施，导致不良后果加重的；

（九）学校教师或者其他工作人员体罚或者变相体罚学生，或者在履行职责过程中违反工作要求、操作规程、职业道德或者其他有关规定的；

（十）学校教师或者其他工作人员在负有组织、管理未成年学生的职责期间，发现学生行为具有危险性，但未进行必要的管理、告诫或者制止的；

（十一）对未成年学生擅自离校等与学生人身安全直接相关的信息，学校发现或者知道，但未及时告知未成年学生的监护人，导致未成年学生因脱离监护人的保护而发生伤害的；

（十二）学校有未依法履行职责的其他情形的。

第十条　【学生或监护人承担责任的情形】学生或者未成年学生监护人由于过错，有下列情形之一，造成学生伤害事故，应当依法承担相应的责任：

（一）学生违反法律法规的规定，违反社会公共行为准则、学校的规章制度或者纪律，实施按其年龄和认知能力应当知道具有危险或者可能危及他人的行为的；

（二）学生行为具有危险性，学校、教师已经告诫、纠正，但学生不听劝阻、拒不改正的；

（三）学生或者其监护人知道学生有特异体质，或者患有特定疾病，但未告知学校的；

（四）未成年学生的身体状况、行为、情绪等有异常情况，监护人知道或者已被学校告知，但未履行相应监护职责的；

（五）学生或者未成年学生监护人有其他过错的。

第十一条　【学生因参加活动致害时的责任】学校安排学生参加活动，因提供场地、设备、交通工具、食品及其他消费与服务的经营者，或者学校以外的活动组织者的过错造成的学生伤害事故，有过错的当事人应当依法承担相应的责任。

第十二条　【学校免责抗辩事由】因下列情形之一造成的学生伤害事故，学校已履行了相应职责，行为并无不当的，无法律责任：

（一）地震、雷击、台风、洪水等不可抗的自然因素造成的；

（二）来自学校外部的突发性、偶发性侵害造成的；

（三）学生有特异体质、特定疾病或者异常心理状态，学校不知道或者难于知道的；

（四）学生自杀、自伤的；

（五）在对抗性或者具有风险性的体育竞赛活动中发生意外伤害的；

（六）其他意外因素造成的。

第十三条　【校外事故处理原则】下列情形下发生的造成学生人身损害后果的事故，学校行为并无不当的，不承担事故责任；事故责任应当按有关法律法规或者其他有关规定认定：

（一）在学生自行上学、放学、返校、离校途中发生的；

（二）在学生自行外出或者擅自离校期间发生的；

（三）在放学后、节假日或者假期等学校工作时间以外，学生自行滞留学校或者自行到校发生的；

（四）其他在学校管理职责范围外发生的。

第十四条　【个人致害行为的责任承担】因学校教师或者其他工作人员与其职务无关的个人行为，或者因学生、教师及其他个人故意实施的违法犯罪行为，造成学生人身损害的，由致害人依法承担相应的责任。

第三章 事故处理程序

第十五条 【及时救助和告知义务】发生学生伤害事故，学校应当及时救助受伤害学生，并应当及时告知未成年学生的监护人；有条件的，应当采取紧急救援等方式救助。

第十六条 【事故报告义务】发生学生伤害事故，情形严重的，学校应当及时向主管教育行政部门及有关部门报告；属于重大伤亡事故的，教育行政部门应当按照有关规定及时向同级人民政府和上一级教育行政部门报告。

第十七条 【教育主管部门对事故处理的指导与协助】学校的主管教育行政部门应学校要求或者认为必要，可以指导、协助学校进行事故的处理工作，尽快恢复学校正常的教育教学秩序。

第十八条 【受害人救济途径】发生学生伤害事故，学校与受伤害学生或者学生家长可以通过协商方式解决；双方自愿，可以书面请求主管教育行政部门进行调解。

成年学生或者未成年学生的监护人也可以依法直接提起诉讼。

第十九条 【调解时限】教育行政部门收到调解申请，认为必要的，可以指定专门人员进行调解，并应当在受理申请之日起60日内完成调解。

第二十条 【调解处理方式】经教育行政部门调解，双方就事故处理达成一致意见的，应当在调解人员的见证下签订调解协议，结束调解；在调解期限内，双方不能达成一致意见，或者调解过程中一方提起诉讼，人民法院已经受理的，应当终止调解。

调解结束或者终止，教育行政部门应当书面通知当事人。

第二十一条 【诉讼】对经调解达成的协议，一方当事人不履行或者反悔的，双方可以依法提起诉讼。

第二十二条 【事故处理报告】事故处理结束，学校应当将事故处理结果书面报告主管的教育行政部门；重大伤亡事故的处理结果，学校主管的教育行政部门应当向同级人民政府和上一级教育行政部门报告。

第四章　事故损害的赔偿

第二十三条　【赔偿责任主体】对发生学生伤害事故负有责任的组织或者个人，应当按照法律法规的有关规定，承担相应的损害赔偿责任。

第二十四条　【赔偿范围与标准】学生伤害事故赔偿的范围与标准，按照有关行政法规、地方性法规或者最高人民法院司法解释中的有关规定确定。

教育行政部门进行调解时，认为学校有责任的，可以依照有关法律法规及国家有关规定，提出相应的调解方案。

第二十五条　【伤残鉴定】对受伤害学生的伤残程度存在争议的，可以委托当地具有相应鉴定资格的医院或者有关机构，依据国家规定的人体伤残标准进行鉴定。

第二十六条　【学校的赔偿责任】学校对学生伤害事故负有责任的，根据责任大小，适当予以经济赔偿，但不承担解决户口、住房、就业等与救助受伤害学生、赔偿相应经济损失无直接关系的其他事项。

学校无责任的，如果有条件，可以根据实际情况，本着自愿和可能的原则，对受伤害学生给予适当的帮助。

第二十七条　【追偿权】因学校教师或者其他工作人员在履行职务中的故意或者重大过失造成的学生伤害事故，学校予以赔偿后，可以向有关责任人员追偿。

第二十八条　【监护人责任】未成年学生对学生伤害事故负有责任的，由其监护人依法承担相应的赔偿责任。

学生的行为侵害学校教师及其他工作人员以及其他组织、个人的合法权益，造成损失的，成年学生或者未成年学生的监护人应当依法予以赔偿。

第二十九条　【赔偿金筹措】 根据双方达成的协议、经调解形成的协议或者人民法院的生效判决，应当由学校负担的赔偿金，学校应当负责筹措；学校无力完全筹措的，由学校的主管部门或者举办者协助筹措。

第三十条　【伤害赔偿准备金】 县级以上人民政府教育行政部门或者学校举办者有条件的，可以通过设立学生伤害赔偿准备金等多种形式，依法筹措伤害赔偿金。

第三十一条　【保险机制】 学校有条件的，应当依据保险法的有关规定，参加学校责任保险。

教育行政部门可以根据实际情况，鼓励中小学参加学校责任保险。

提倡学生自愿参加意外伤害保险。在尊重学生意愿的前提下，学校可以为学生参加意外伤害保险创造便利条件，但不得从中收取任何费用。

第五章　事故责任者的处理

第三十二条　【学校责任者的法律制裁】 发生学生伤害事故，学校负有责任且情节严重的，教育行政部门应当根据有关规定，对学校的直接负责的主管人员和其他直接责任人员，分别给予相应的行政处分；有关责任人的行为触犯刑律的，应当移送司法机关依法追究刑事责任。

第三十三条　【安全隐患的整顿】 学校管理混乱，存在重大安全隐患的，主管的教育行政部门或者其他有关部门应当责令其限期整顿；对情节严重或者拒不改正的，应当依据法律法规的有关规定，给予相应的行政处罚。

第三十四条　【教育部门责任人的法律制裁】 教育行政部门未

履行相应职责，对学生伤害事故的发生负有责任的，由有关部门对直接负责的主管人员和其他直接责任人员分别给予相应的行政处分；有关责任人的行为触犯刑律的，应当移送司法机关依法追究刑事责任。

第三十五条　【责任学生的法律制裁】违反学校纪律，对造成学生伤害事故负有责任的学生，学校可以给予相应的处分；触犯刑律的，由司法机关依法追究刑事责任。

第三十六条　【对扰乱正常事故处理行为人的制裁】受伤害学生的监护人、亲属或者其他有关人员，在事故处理过程中无理取闹，扰乱学校正常教育教学秩序，或者侵犯学校、学校教师或者其他工作人员的合法权益的，学校应当报告公安机关依法处理；造成损失的，可以依法要求赔偿。

第六章　附　　则

第三十七条　【学校和学生的含义】本办法所称学校，是指国家或者社会力量举办的全日制的中小学（含特殊教育学校）、各类中等职业学校、高等学校。

本办法所称学生是指在上述学校中全日制就读的受教育者。

第三十八条　【幼儿园事故的处理】幼儿园发生的幼儿伤害事故，应当根据幼儿为完全无行为能力人的特点，参照本办法处理。

第三十九条　【其他教育机构事故的处理】其他教育机构发生的学生伤害事故，参照本办法处理。

在学校注册的其他受教育者在学校管理范围内发生的伤害事故，参照本办法处理。

第四十条　【施行时间】本办法自2002年9月1日起实施，原国家教委、教育部颁布的与学生人身安全事故处理有关的规定，与本办法不符的，以本办法为准。

在本办法实施之前已处理完毕的学生伤害事故不再重新处理。

最高人民法院、最高人民检察院、教育部关于落实从业禁止制度的意见

（2022 年 11 月 10 日　法发〔2022〕32 号）

为贯彻落实学校、幼儿园等教育机构、校外培训机构教职员工违法犯罪记录查询制度，严格执行犯罪人员从业禁止制度，净化校园环境，切实保护未成年人，根据《中华人民共和国刑法》（以下简称《刑法》）、《中华人民共和国未成年人保护法》（以下简称《未成年人保护法》）、《中华人民共和国教师法》（以下简称《教师法》）等法律规定，提出如下意见：

一、依照《刑法》第三十七条之一的规定，教职员工利用职业便利实施犯罪，或者实施违背职业要求的特定义务的犯罪被判处刑罚的，人民法院可以根据犯罪情况和预防再犯罪的需要，禁止其在一定期限内从事相关职业。其他法律、行政法规对其从事相关职业另有禁止或者限制性规定的，从其规定。

《未成年人保护法》、《教师法》属于前款规定的法律，《教师资格条例》属于前款规定的行政法规。

二、依照《未成年人保护法》第六十二条的规定，实施性侵害、虐待、拐卖、暴力伤害等违法犯罪的人员，禁止从事密切接触未成年人的工作。

依照《教师法》第十四条、《教师资格条例》第十八条规定，受到剥夺政治权利或者故意犯罪受到有期徒刑以上刑罚的，不能取得教师资格；已经取得教师资格的，丧失教师资格，且不能重新取得教师资格。

三、教职员工实施性侵害、虐待、拐卖、暴力伤害等犯罪的，人民法院应当依照《未成年人保护法》第六十二条的规定，判决禁

止其从事密切接触未成年人的工作。

教职员工实施前款规定以外的其他犯罪，人民法院可以根据犯罪情况和预防再犯罪的需要，依照《刑法》第三十七条之一第一款的规定，判决禁止其自刑罚执行完毕之日或者假释之日起从事相关职业，期限为三年至五年；或者依照《刑法》第三十八条第二款、第七十二条第二款的规定，对其适用禁止令。

四、对有必要禁止教职员工从事相关职业或者适用禁止令的，人民检察院在提起公诉时，应当提出相应建议。

五、教职员工犯罪的刑事案件，判决生效后，人民法院应当在三十日内将裁判文书送达被告人单位所在地的教育行政部门；必要时，教育行政部门应当将裁判文书转送有关主管部门。

因涉及未成年人隐私等原因，不宜送达裁判文书的，可以送达载明被告人的自然情况、罪名及刑期的相关证明材料。

六、教职员工犯罪，人民法院作出的判决生效后，所在单位、教育行政部门或者有关主管部门可以依照《未成年人保护法》、《教师法》、《教师资格条例》等法律法规给予相应处理、处分和处罚。

符合丧失教师资格或者撤销教师资格情形的，教育行政部门应当及时收缴其教师资格证书。

七、人民检察院应当对从业禁止和禁止令执行落实情况进行监督。

八、人民法院、人民检察院发现有关单位未履行犯罪记录查询制度、从业禁止制度的，应当向该单位提出建议。

九、本意见所称教职员工，是指在学校、幼儿园等教育机构工作的教师、教育教学辅助人员、行政人员、勤杂人员、安保人员，以及校外培训机构的相关工作人员。

学校、幼儿园等教育机构、校外培训机构的举办者、实际控制人犯罪，参照本意见执行。

十、本意见自 2022 年 11 月 15 日起施行。

关于建立教职员工准入查询性侵违法犯罪信息制度的意见

（2020年8月20日）

第一章　总　　则

第一条　为贯彻未成年人特殊、优先保护原则，加强对学校教职员工的管理，预防利用职业便利实施的性侵未成年人违法犯罪，根据《中华人民共和国刑法》《中华人民共和国刑事诉讼法》《中华人民共和国未成年人保护法》《中华人民共和国治安管理处罚法》《中华人民共和国教师法》《中华人民共和国劳动合同法》等法律，制定本意见。

第二条　最高人民检察院、教育部与公安部联合建立信息共享工作机制。教育部统筹、指导各级教育行政部门及教师资格认定机构实施教职员工准入查询制度。公安部协助教育部开展信息查询工作。最高人民检察院对相关工作情况开展法律监督。

第三条　本意见所称的学校，是指中小学校（含中等职业学校和特殊教育学校）、幼儿园。

第二章　内容与方式

第四条　本意见所称的性侵违法犯罪信息，是指符合下列条件的违法犯罪信息，公安部根据本条规定建立性侵违法犯罪人员信息库：

（一）因触犯刑法第二百三十六条、第二百三十七条规定的强奸，强制猥亵，猥亵儿童犯罪行为被人民法院依法作出有罪判决的人员信息；

（二）因触犯刑法第二百三十六条、第二百三十七条规定的强奸，强制猥亵，猥亵儿童犯罪行为被人民检察院根据刑事诉讼法第一百七十七条第二款之规定作出不起诉决定的人员信息；

（三）因触犯治安管理处罚法第四十四条规定的猥亵行为被行政处罚的人员信息。

符合刑事诉讼法第二百八十六条规定的未成年人犯罪记录封存条件的信息除外。

第五条 学校新招录教师、行政人员、勤杂人员、安保人员等在校园内工作的教职员工，在入职前应当进行性侵违法犯罪信息查询。

在认定教师资格前，教师资格认定机构应当对申请人员进行性侵违法犯罪信息查询。

第六条 教育行政部门应当做好在职教职员工性侵违法犯罪信息的筛查。

第三章 查询与异议

第七条 教育部建立统一的信息查询平台，与公安部部门间信息共享与服务平台对接，实现性侵违法犯罪人员信息核查，面向地方教育行政部门提供教职员工准入查询服务。

地方教育行政部门主管本行政区内的教职员工准入查询。

根据属地化管理原则，县级及以上教育行政部门根据拟聘人员和在职教职员工的授权，对其性侵违法犯罪信息进行查询。

对教师资格申请人员的查询，由受理申请的教师资格认定机构组织开展。

第八条 公安部根据教育部提供的最终查询用户身份信息和查

询业务类别，向教育部信息查询平台反馈被查询人是否有性侵违法犯罪信息。

第九条 查询结果只反映查询时性侵违法犯罪人员信息库里录入和存在的信息。

第十条 查询结果告知的内容包括：

（一）有无性侵违法犯罪信息；

（二）有性侵违法犯罪信息的，应当根据本意见第四条规定标注信息类型；

（三）其他需要告知的内容。

第十一条 被查询人对查询结果有异议的，可以向其授权的教育行政部门提出复查申请，由教育行政部门通过信息查询平台提交申请，由教育部统一提请公安部复查。

第四章 执行与责任

第十二条 学校拟聘用人员应当在入职前进行查询。对经查询发现有性侵违法犯罪信息的，教育行政部门或学校不得录用。在职教职员工经查询发现有性侵违法犯罪信息的，应当立即停止其工作，按照规定及时解除聘用合同。

教师资格申请人员取得教师资格前应当进行教师资格准入查询。对经查询发现有性侵违法犯罪信息的，应当不予认定。已经认定的按照法律法规和国家有关规定处理。

第十三条 地方教育行政部门未对教职员工性侵违法犯罪信息进行查询，或者经查询有相关违法犯罪信息，地方教育行政部门或学校仍予以录用的，由上级教育行政部门责令改正，并追究相关教育行政部门和学校相关人员责任。

教师资格认定机构未对申请教师资格人员性侵违法犯罪信息进行查询，或者未依法依规对经查询有相关违法犯罪信息的人员予以处理的，由上级教育行政部门予以纠正，并报主管部门依法依规追究相关人员责任。

第十四条 有关单位和个人应当严格按照本意见规定的程序和内容开展查询，并对查询获悉的有关性侵违法犯罪信息保密，不得散布或者用于其他用途。违反规定的，依法追究相应责任。

第五章 其他规定

第十五条 最高人民检察院、教育部、公安部应当建立沟通联系机制，及时总结工作情况，研究解决存在的问题，指导地方相关部门及学校开展具体工作，促进学校安全建设和保护未成年人健康成长。

第十六条 教师因对学生实施性骚扰等行为，被用人单位解除聘用关系或者开除，但其行为不属于本意见第四条规定情形的，具体处理办法由教育部另行规定。

第十七条 对高校教职员工以及面向未成年人的校外培训机构工作人员的性侵违法犯罪信息查询，参照本意见执行。

第十八条 各地正在开展的其他密切接触未成年人行业入职查询工作，可以按照原有方式继续实施。

互联网上网服务营业场所管理条例（节录）

（2002年9月29日中华人民共和国国务院令第363号公布　根据2011年1月8日《国务院关于废止和修改部分行政法规的决定》第一次修订　根据2016年2月6日《国务院关于修改部分行政法规的决定》第二次修订　根据2019年3月24日《国务院关于修改部分行政法规的决定》第三次修订　根据2022年3月29日《国务院关于修改和废止部分行政法规的决定》第四次修订）

……

第九条　中学、小学校园周围200米范围内和居民住宅楼（院）内不得设立互联网上网服务营业场所。

……

第二十一条　互联网上网服务营业场所经营单位不得接纳未成年人进入营业场所。

互联网上网服务营业场所经营单位应当在营业场所入口处的显著位置悬挂未成年人禁入标志。

……

第二十三条　互联网上网服务营业场所经营单位应当对上网消费者的身份证等有效证件进行核对、登记，并记录有关上网信息。登记内容和记录备份保存时间不得少于60日，并在文化行政部门、公安机关依法查询时予以提供。登记内容和记录备份在保存期内不得修改或者删除。

……

第三十一条　互联网上网服务营业场所经营单位违反本条例的规定，有下列行为之一的，由文化行政部门给予警告，可以并处

15000 元以下的罚款；情节严重的，责令停业整顿，直至吊销《网络文化经营许可证》：

（一）在规定的营业时间以外营业的；

（二）接纳未成年人进入营业场所的；

（三）经营非网络游戏的；

（四）擅自停止实施经营管理技术措施的；

（五）未悬挂《网络文化经营许可证》或者未成年人禁入标志的。

……

娱乐场所管理条例（节录）

（2006 年 1 月 29 日中华人民共和国国务院令第 458 号公布　根据 2016 年 2 月 6 日《国务院关于修改部分行政法规的决定》第一次修订　根据 2020 年 11 月 29 日《国务院关于修改和废止部分行政法规的决定》第二次修订）

……

第七条　娱乐场所不得设在下列地点：

（一）居民楼、博物馆、图书馆和被核定为文物保护单位的建筑物内；

（二）居民住宅区和学校、医院、机关周围；

（三）车站、机场等人群密集的场所；

（四）建筑物地下一层以下；

（五）与危险化学品仓库毗连的区域。

娱乐场所的边界噪声，应当符合国家规定的环境噪声标准。

……

第十九条　游艺娱乐场所不得设置具有赌博功能的电子游戏机

机型、机种、电路板等游戏设施设备，不得以现金或者有价证券作为奖品，不得回购奖品。

……

第二十三条 歌舞娱乐场所不得接纳未成年人。除国家法定节假日外，游艺娱乐场所设置的电子游戏机不得向未成年人提供。

第二十四条 娱乐场所不得招用未成年人；招用外国人的，应当按照国家有关规定为其办理外国人就业许可证。

……

第三十条 娱乐场所应当在营业场所的大厅、包厢、包间内的显著位置悬挂含有禁毒、禁赌、禁止卖淫嫖娼等内容的警示标志、未成年人禁入或者限入标志。标志应当注明公安部门、文化主管部门的举报电话。

……

第四十四条 娱乐场所违反本条例规定，有下列情形之一的，由县级公安部门责令改正，给予警告；情节严重的，责令停业整顿1个月至3个月：

（一）照明设施、包厢、包间的设置以及门窗的使用不符合本条例规定的；

（二）未按照本条例规定安装闭路电视监控设备或者中断使用的；

（三）未按照本条例规定留存监控录像资料或者删改监控录像资料的；

（四）未按照本条例规定配备安全检查设备或者未对进入营业场所的人员进行安全检查的；

（五）未按照本条例规定配备保安人员的。

……

第四十八条 违反本条例规定，有下列情形之一的，由县级人民政府文化主管部门没收违法所得和非法财物，并处违法所得

1倍以上3倍以下的罚款；没有违法所得或者违法所得不足1万元的，并处1万元以上3万元以下的罚款；情节严重的，责令停业整顿1个月至6个月：

（一）歌舞娱乐场所的歌曲点播系统与境外的曲库联接的；

（二）歌舞娱乐场所播放的曲目、屏幕画面或者游艺娱乐场所电子游戏机内的游戏项目含有本条例第十三条禁止内容的；

（三）歌舞娱乐场所接纳未成年人的；

（四）游艺娱乐场所设置的电子游戏机在国家法定节假日外向未成年人提供的；

（五）娱乐场所容纳的消费者超过核定人数的。

……

第五十一条 娱乐场所未按照本条例规定悬挂警示标志、未成年人禁入或者限入标志的，由县级人民政府文化主管部门、县级公安部门依据法定职权责令改正，给予警告。

第五十二条 娱乐场所招用未成年人的，由劳动保障行政部门责令改正，并按照每招用一名未成年人每月处5000元罚款的标准给予处罚。

……

禁止使用童工规定

（2002年10月1日国务院令第364号公布　自2002年12月1日起施行）

第一条 为保护未成年人的身心健康，促进义务教育制度的实施，维护未成年人的合法权益，根据宪法和劳动法、未成年人保护法，制定本规定。

第二条 国家机关、社会团体、企业事业单位、民办非企业单位或者个体工商户（以下统称用人单位）均不得招用不满16周岁的未成年人（招用不满16周岁的未成年人，以下统称使用童工）。

禁止任何单位或者个人为不满16周岁的未成年人介绍就业。

禁止不满16周岁的未成年人开业从事个体经营活动。

第三条 不满16周岁的未成年人的父母或者其他监护人应当保护其身心健康，保障其接受义务教育的权利，不得允许其被用人单位非法招用。

不满16周岁的未成年人的父母或者其他监护人允许其被用人单位非法招用的，所在地的乡（镇）人民政府、城市街道办事处以及村民委员会、居民委员会应当给予批评教育。

第四条 用人单位招用人员时，必须核查被招用人员的身份证；对不满16周岁的未成年人，一律不得录用。用人单位录用人员的录用登记、核查材料应当妥善保管。

第五条 县级以上各级人民政府劳动保障行政部门负责本规定执行情况的监督检查。

县级以上各级人民政府公安、工商行政管理、教育、卫生等行政部门在各自职责范围内对本规定的执行情况进行监督检查，并对劳动保障行政部门的监督检查给予配合。

工会、共青团、妇联等群众组织应当依法维护未成年人的合法权益。

任何单位或者个人发现使用童工的，均有权向县级以上人民政府劳动保障行政部门举报。

第六条 用人单位使用童工的，由劳动保障行政部门按照每使用一名童工每月处5000元罚款的标准给予处罚；在使用有毒物品的作业场所使用童工的，按照《使用有毒物品作业场所劳动保护条例》规定的罚款幅度，或者按照每使用一名童工每月处5000元罚款的标准，从重处罚。劳动保障行政部门并应当责令用人单位限期将童工送回原居住地交其父母或者其他监护人，所需交通和食宿费用全部由用人单位承担。

用人单位经劳动保障行政部门依照前款规定责令限期改正，逾期仍不将童工送交其父母或者其他监护人的，从责令限期改正之日起，由劳动保障行政部门按照每使用一名童工每月处1万元罚款的标准处罚，并由工商行政管理部门吊销其营业执照或者由民政部门撤销民办非企业单位登记；用人单位是国家机关、事业单位的，由有关单位依法对直接负责的主管人员和其他直接责任人员给予降级或者撤职的行政处分或者纪律处分。

第七条 单位或者个人为不满16周岁的未成年人介绍就业的，由劳动保障行政部门按照每介绍一人处5000元罚款的标准给予处罚；职业中介机构为不满16周岁的未成年人介绍就业的，并由劳动保障行政部门吊销其职业介绍许可证。

第八条 用人单位未按照本规定第四条的规定保存录用登记材料，或者伪造录用登记材料的，由劳动保障行政部门处1万元的罚款。

第九条 无营业执照、被依法吊销营业执照的单位以及未依法登记、备案的单位使用童工或者介绍童工就业的，依照本规定第六条、第七条、第八条规定的标准加一倍罚款，该非法单位由有关的行政主管部门予以取缔。

第十条 童工患病或者受伤的，用人单位应当负责送到医疗机构治疗，并负担治疗期间的全部医疗和生活费用。

童工伤残或者死亡的，用人单位由工商行政管理部门吊销营业执照或者由民政部门撤销民办非企业单位登记；用人单位是国家机关、事业单位的，由有关单位依法对直接负责的主管人员和其他直接责任人员给予降级或者撤职的行政处分或者纪律处分；用人单位还应当一次性地对伤残的童工、死亡童工的直系亲属给予赔偿，赔偿金额按照国家工伤保险的有关规定计算。

第十一条 拐骗童工，强迫童工劳动，使用童工从事高空、井下、放射性、高毒、易燃易爆以及国家规定的第四级体力劳动强度的劳动，使用不满14周岁的童工，或者造成童工死亡或者严重伤残的，依照刑法关于拐卖儿童罪、强迫劳动罪或者其他罪的规定，依法追究刑事责任。

第十二条 国家行政机关工作人员有下列行为之一的，依法给予记大过或者降级的行政处分；情节严重的，依法给予撤职或者开除的行政处分；构成犯罪的，依照刑法关于滥用职权罪、玩忽职守罪或者其他罪的规定，依法追究刑事责任：

（一）劳动保障等有关部门工作人员在禁止使用童工的监督检查工作中发现使用童工的情况，不予制止、纠正、查处的；

（二）公安机关的人民警察违反规定发放身份证或者在身份证上登录虚假出生年月的；

（三）工商行政管理部门工作人员发现申请人是不满16周岁的未成年人，仍然为其从事个体经营发放营业执照的。

第十三条 文艺、体育单位经未成年人的父母或者其他监护人同意，可以招用不满16周岁的专业文艺工作者、运动员。用人单位应当保障被招用的不满16周岁的未成年人的身心健康，保障其接受义务教育的权利。文艺、体育单位招用不满16周岁的专业文艺工作者、运动员的办法，由国务院劳动保障行政部门会同国务院文化、体育行政部门制定。

学校、其他教育机构以及职业培训机构按照国家有关规定组织不满16周岁的未成年人进行不影响其人身安全和身心健康的教育实践劳动、职业技能培训劳动，不属于使用童工。

第十四条 本规定自2002年12月1日起施行。1991年4月15日国务院发布的《禁止使用童工规定》同时废止。

未成年工特殊保护规定

（1994 年 12 月 9 日　劳部发〔1994〕498 号）

第一条　为维护未成年工的合法权益，保护其在生产劳动中的健康，根据《中华人民共和国劳动法》的有关规定，制定本规定。

第二条　未成年工是指年满 16 周岁，未满 18 周岁的劳动者。

未成年工的特殊保护是针对未成年工处于生长发育期的特点，以及接受义务教育的需要，采取的特殊劳动保护措施。

第三条　用人单位不得安排未成年工从事以下范围的劳动：

（一）《生产性粉尘作业危害程度分级》国家标准中第一级以上的接尘作业；

（二）《有毒作业分级》国家标准中第一级以上的有毒作业；

（三）《高处作业分级》国家标准中第二级以上的高处作业；

（四）《冷水作业分级》国家标准中第二级以上的冷水作业；

（五）《高温作业分级》国家标准中第三级以上的高温作业；

（六）《低温作业分级》国家标准中第三级以上的低温作业；

（七）《体力劳动强度分级》国家标准中第四级体力劳动强度的作业；

（八）矿山井下及矿山地面采石作业；

（九）森林业中的伐木、流放及守林作业；

（十）工作场所接触放射性物质的作业；

（十一）有易燃易爆、化学性烧伤和热烧伤等危险性大的作业；

（十二）地质勘探和资源勘探的野外作业；

（十三）潜水、涵洞、涵道作业和海拔 3000 米以上的高原作业（不包括世居高原者）；

（十四）连续负重每小时在 6 次以上并每次超过 20 公斤，间断负重每次超过25公斤的作业；

（十五）使用凿岩机、捣固机、气镐、气铲、铆钉机、电锤的作业；

（十六）工作中需要长时间保持低头、弯腰、上举、下蹲等强迫体位和动作频率每分钟大于50次的流水线作业；

（十七）锅炉司炉。

第四条 未成年工患有某种疾病或具有某些生理缺陷（非残疾型）时，用人单位不得安排其从事以下范围的劳动：

（一）《高处作业分级》国家标准中第一级以上的高处作业；

（二）《低温作业分级》国家标准中第二级以上的低温作业；

（三）《高温作业分级》国家标准中第二级以上的高温作业；

（四）《体力劳动强度分级》国家标准中第三级以上体力劳动强度的作业；

（五）接触铅、苯、汞、甲醛、二硫化碳等易引起过敏反应的作业。

第五条 患有某种疾病或具有某些生理缺陷（非残疾型）的未成年工，是指有以下一种或一种以上情况者：

（一）心血管系统

1. 先天性心脏病；

2. 克山病；

3. 收缩期或舒张期二级以上心脏杂音。

（二）呼吸系统

1. 中度以上气管炎或支气管哮喘；

2. 呼吸音明显减弱；

3. 各类结核病；

4. 体弱儿，呼吸道反复感染者。

（三）消化系统

1. 各类肝炎；

2. 肝、脾肿大；

3. 胃、十二指肠溃疡；

4. 各种消化道疝。

（四）泌尿系统

1. 急、慢性肾炎；

2. 泌尿系感染。

（五）内分泌系统

1. 甲状腺机能亢进；

2. 中度以上糖尿病。

（六）精神神经系统

1. 智力明显低下；

2. 精神忧郁或狂暴。

（七）肌肉、骨骼运动系统

1. 身高和体重低于同龄人标准；

2. 一个及一个以上肢体存在明显功能障碍；

3. 躯干 1/4 以上部位活动受限，包括僵直或不能旋转。

（八）其他

1. 结核性胸膜炎；

2. 各类重度关节炎；

3. 血吸虫病；

4. 严重贫血，其血色素每升低于 95 克（<9. 5g/dl）。

第六条 用人单位应按下列要求对未成年工定期进行健康检查：

（一）安排工作岗位之前；

（二）工作满 1 年；

（三）年满 18 周岁，距前一次的体检时间已超过半年。

第七条 未成年工的健康检查，应按本规定所附《未成年工健康检查表》列出的项目进行。

第八条 用人单位应根据未成年工的健康检查结果安排其从事适合的劳动，对不能胜任原劳动岗位的，应根据医务部门的证明，予以减轻劳动量或安排其他劳动。

第九条 对未成年工的使用和特殊保护实行登记制度。

（一）用人单位招收使用未成年工，除符合一般用工要求外，还须向所在地的县级以上劳动行政部门办理登记。劳动行政部门根据《未成年工健康检查表》、《未成年工登记表》，核发《未成年工登记证》。

（二）各级劳动行政部门须按本规定第三、四、五、七条的有关规定，审核体检情况和拟安排的劳动范围。

（三）未成年工须持《未成年工登记证》上岗。

（四）《未成年工登记证》由国务院劳动行政部门统一印制。

第十条 未成年工上岗前用人单位应对其进行有关的职业安全卫生教育、培训；未成年工体检和登记，由用人单位统一办理和承担费用。

第十一条 县级以上劳动行政部门对用人单位执行本规定的情况进行监督检查，对违犯本规定的行为依照有关法规进行处罚。

各级工会组织对本规定的执行情况进行监督。

第十二条 省、自治区、直辖市劳动行政部门可以根据本规定制定实施办法。

第十三条 本规定自1995年1月1日起施行。

未成年人节目管理规定

（2019年3月29日国家广播电视总局令第3号公布
根据2021年10月8日《国家广播电视总局关于第三批修改的部门规章的决定》修正）

第一章 总 则

第一条 为了规范未成年人节目，保护未成年人身心健康，保障未成年人合法权益，教育引导未成年人，培育和弘扬社会主义核心价值观，根据《中华人民共和国未成年人保护法》《广播电视管理条例》等法律、行政法规，制定本规定。

第二条 从事未成年人节目的制作、传播活动，适用本规定。

本规定所称未成年人节目，包括未成年人作为主要参与者或者以未成年人为主要接收对象的广播电视节目和网络视听节目。

第三条 从事未成年人节目制作、传播活动，应当以培养能够担当民族复兴大任的时代新人为着眼点，以培育和弘扬社会主义核心价值观为根本任务，弘扬中华优秀传统文化、革命文化和社会主义先进文化，坚持创新发展，增强原创能力，自觉保护未成年人合法权益，尊重未成年人发展和成长规律，促进未成年人健康成长。

第四条 未成年人节目管理工作应当坚持正确导向，注重保护尊重未成年人的隐私和人格尊严等合法权益，坚持教育保护并重，实行社会共治，防止未成年人节目出现商业化、成人化和过度娱乐化倾向。

第五条 国务院广播电视主管部门负责全国未成年人节目的监督管理工作。

县级以上地方人民政府广播电视主管部门负责本行政区域内未成年人节目的监督管理工作。

第六条 广播电视和网络视听行业组织应当结合行业特点，依法制定未成年人节目行业自律规范，加强职业道德教育，切实履行社会责任，促进业务交流，维护成员合法权益。

第七条 广播电视主管部门对在培育和弘扬社会主义核心价值观、强化正面教育、贴近现实生活、创新内容形式、产生良好社会效果等方面表现突出的未成年人节目，以及在未成年人节目制作、传播活动中做出突出贡献的组织、个人，按照有关规定予以表彰、奖励。

第二章　节 目 规 范

第八条　国家支持、鼓励含有下列内容的未成年人节目的制作、传播：

（一）培育和弘扬社会主义核心价值观；

（二）弘扬中华优秀传统文化、革命文化和社会主义先进文化；

（三）引导树立正确的世界观、人生观、价值观；

（四）发扬中华民族传统家庭美德，树立优良家风；

（五）符合未成年人身心发展规律和特点；

（六）保护未成年人合法权益和情感，体现人文关怀；

（七）反映未成年人健康生活和积极向上的精神面貌；

（八）普及自然和社会科学知识；

（九）其他符合国家支持、鼓励政策的内容。

第九条　未成年人节目不得含有下列内容：

（一）渲染暴力、血腥、恐怖，教唆犯罪或者传授犯罪方法；

（二）除健康、科学的性教育之外的涉性话题、画面；

（三）肯定、赞许未成年人早恋；

（四）诋毁、歪曲或者以不当方式表现中华优秀传统文化、革命文化、社会主义先进文化；

（五）歪曲民族历史或者民族历史人物，歪曲、丑化、亵渎、否定英雄烈士事迹和精神；

（六）宣扬、美化、崇拜曾经对我国发动侵略战争和实施殖民统治的国家、事件、人物；

（七）宣扬邪教、迷信或者消极颓废的思想观念；

（八）宣扬或者肯定不良的家庭观、婚恋观、利益观；

（九）过分强调或者过度表现财富、家庭背景、社会地位；

（十）介绍或者展示自杀、自残和其他易被未成年人模仿的危险行为及游戏项目等；

（十一）表现吸毒、滥用麻醉药品、精神药品和其他违禁药物；

（十二）表现吸烟、售烟和酗酒；

（十三）表现违反社会公共道德、扰乱社会秩序等不良举止行为；

（十四）渲染帮会、黑社会组织的各类仪式；

（十五）宣传、介绍不利于未成年人身心健康的网络游戏；

（十六）法律、行政法规禁止的其他内容。

以科普、教育、警示为目的，制作、传播的节目中确有必要出现上述内容的，应当根据节目内容采取明显图像或者声音等方式予以提示，在显著位置设置明确提醒，并对相应画面、声音进行技术处理，避免过分展示。

第十条 不得制作、传播利用未成年人或者未成年人角色进行商业宣传的非广告类节目。

制作、传播未成年人参与的歌唱类选拔节目、真人秀节目、访谈脱口秀节目应当符合国务院广播电视主管部门的要求。

第十一条 广播电视播出机构、网络视听节目服务机构、节目制作机构应当根据不同年龄段未成年人身心发展状况，制作、传播相应的未成年人节目，并采取明显图像或者声音等方式予以提示。

第十二条 邀请未成年人参与节目制作，应当事先经其法定监护人同意。不得以恐吓、诱骗或者收买等方式迫使、引诱未成年人参与节目制作。

制作未成年人节目应当保障参与制作的未成年人人身和财产安全，以及充足的学习和休息时间。

第十三条 未成年人节目制作过程中，不得泄露或者质问、引诱未成年人泄露个人及其近亲属的隐私信息，不得要求未成年人表达超过其判断能力的观点。

对确需报道的未成年人违法犯罪案件，不得披露犯罪案件中未成年人当事人的姓名、住所、照片、图像等个人信息，以及可能推断出未成年人当事人身份的资料。对于不可避免含有上述内容的画面和声音，应当采取技术处理，达到不可识别的标准。

第十四条 邀请未成年人参与节目制作，其服饰、表演应当符合未成年人年龄特征和时代特点，不得诱导未成年人谈论名利、情爱等话题。

未成年人节目不得宣扬童星效应或者包装、炒作明星子女。

第十五条 未成年人节目应当严格控制设置竞赛排名，不得设置过高物质奖励，不得诱导未成年人现场拉票或者询问未成年人失败退出的感受。

情感故事类、矛盾调解类等节目应当尊重和保护未成年人情感，不得就家庭矛盾纠纷采访未成年人，不得要求未成年人参与节目录制和现场调解，避免未成年人亲眼目睹家庭矛盾冲突和情感纠纷。

未成年人节目不得以任何方式对未成年人进行品行、道德方面的测试，放大不良现象和非理性情绪。

第十六条 未成年人节目的主持人应当依法取得职业资格，言行妆容不得引起未成年人心理不适，并在节目中切实履行引导把控职责。

未成年人节目设置嘉宾，应当按照国务院广播电视主管部门的规定，将道德品行作为首要标准，严格遴选、加强培训，不得选用因丑闻劣迹、违法犯罪等行为造成不良社会影响的人员，并提高基层群众作为节目嘉宾的比重。

第十七条 国产原创未成年人节目应当积极体现中华文化元素，使用外国的人名、地名、服装、形象、背景等应当符合剧情需要。

未成年人节目中的用语用字应当符合有关通用语言文字的法律规定。

第十八条 未成年人节目前后播出广告或者播出过程中插播广告，应当遵守下列规定：

（一）未成年人专门频率、频道、专区、链接、页面不得播出医疗、药品、保健食品、医疗器械、化妆品、酒类、美容广告、不利于未成年人身心健康的网络游戏广告，以及其他不适宜未成年人观看的广告，其他未成年人节目前后不得播出上述广告；

（二）针对不满十四周岁的未成年人的商品或者服务的广告，不得含有劝诱其要求家长购买广告商品或者服务、可能引发其模仿不安全行为的内容；

（三）不得利用不满十周岁的未成年人作为广告代言人；

（四）未成年人广播电视节目每小时播放广告不得超过 12 分钟；

（五）未成年人网络视听节目播出或者暂停播出过程中，不得插播、展示广告，内容切换过程中的广告时长不得超过 30 秒。

第三章 传播规范

第十九条 未成年人专门频率、频道应当通过自制、外购、节目交流等多种方式，提高制作、播出未成年人节目的能力，提升节目质量和频率、频道专业化水平，满足未成年人收听收看需求。

网络视听节目服务机构应当以显著方式在显著位置对所传播的未成年人节目建立专区，专门播放适宜未成年人收听收看的节目。

未成年人专门频率频道、网络专区不得播出未成年人不宜收听收看的节目。

第二十条 广播电视播出机构、网络视听节目服务机构对所播出的录播或者用户上传的未成年人节目，应当按照有关规定履行播前审查义务；对直播节目，应当采取直播延时、备用节目替换等必要的技术手段，确保所播出的未成年人节目中不得含有本规定第九条第一款禁止内容。

第二十一条 广播电视播出机构、网络视听节目服务机构应当建立未成年人保护专员制度，安排具有未成年人保护工作经验或者教育背景的人员专门负责未成年人节目、广告的播前审查，并对不适合未成年人收听收看的节目、广告提出调整播出时段或者暂缓播出的建议，暂缓播出的建议由有关节目审查部门组织专家论证后实施。

第二十二条 广播电视播出机构、网络视听节目服务机构在未成年人节目播出过程中，应当至少每隔 30 分钟在显著位置发送易于辨认的休息提示信息。

第二十三条 广播电视播出机构在法定节假日和学校寒暑假每日 8：00 至 23：00，以及法定节假日和学校寒暑假之外时间每日 15：00 至 22：00，播出的节目应当适宜所有人群收听收看。

未成年人专门频率频道全天播出未成年人节目的比例应当符合国务院广播电视主管部门的要求，在每日 17：00-22：00 之间应当播出国产动画片或者其他未成年人节目，不得播出影视剧以及引进节目，确需在这一时段播出优秀未成年人影视剧的，应当符合国务院广播电视主管部门的要求。

未成年人专门频率频道、网络专区每日播出或者可供点播的国产动画片和引进动画片的比例应当符合国务院广播电视主管部门的规定。

第二十四条 网络用户上传含有未成年人形象、信息的节目且未经未成年人法定监护人同意的，未成年人的法定监护人有权通知网络视听节目服务机构采取删除、屏蔽、断开链接等必要措施。网络视听节目服务机构接到通知并确认其身份后应当及时采取相关措施。

第二十五条 网络视听节目服务机构应当对网络用户上传的未成年人节目建立公众监督举报制度。在接到公众书面举报后经审查发现节目含有本规定第九条第一款禁止内容或者属于第十条第一款禁止节目类型的，网络视听节目服务机构应当及时采取删除、屏蔽、断开链接等必要措施。

第二十六条 广播电视播出机构、网络视听节目服务机构应当建立由未成年人保护专家、家长代表、教师代表等组成的未成年人节目评估委员会，定期对未成年人节目、广告进行播前、播中、播后评估。必要时，可以邀请未成年人参加评估。评估意见应当作为节目继续播出或者调整的重要依据，有关节目审查部门应当对是否采纳评估意见作出书面说明。

第二十七条 广播电视播出机构、网络视听节目服务机构应当建立未成年人节目社会评价制度，并以适当方式及时公布所评价节目的改进情况。

第二十八条 广播电视播出机构、网络视听节目服务机构应当就未成年人保护情况每年度向当地人民政府广播电视主管部门提交书面年度报告。

评估委员会工作情况、未成年人保护专员履职情况和社会评价情况应当作为年度报告的重要内容。

第四章 监督管理

第二十九条 广播电视主管部门应当建立健全未成年人节目监听监看制度，运用日常监听监看、专项检查、实地抽查等方式，加强对未成年人节目的监督管理。

第三十条 广播电视主管部门应当设立未成年人节目违法行为举报制度，公布举报电话、邮箱等联系方式。

任何单位或者个人有权举报违反本规定的未成年人节目。广播电视主管部门接到举报，应当记录并及时依法调查、处理；对不属于本部门职责范围的，应当及时移送有关部门。

第三十一条 全国性广播电视、网络视听行业组织应当依据本规定，制定未成年人节目内容审核具体行业标准，加强从业人员培训，并就培训情况向国务院广播电视主管部门提交书面年度报告。

第五章 法律责任

第三十二条 违反本规定，制作、传播含有本规定第九条第一款禁止内容的未成年人节目的，或者在以科普、教育、警示为目的制作的节目中，包含本规定第九条第一款禁止内容但未设置明确提醒、进行技术处理的，或者制作、传播本规定第十条禁止的未成年人节目类型的，依照《广播电视管理条例》第四十九条的规定予以处罚。

第三十三条 违反本规定，播放、播出广告的时间超过规定或者播出国产动画片和引进动画片的比例不符合国务院广播电视主管部门规定的，依照《广播电视管理条例》第五十条的规定予以处罚。

第三十四条 违反本规定第十一条至第十七条、第十九条至第二十二条、第二十三条第一款和第二款、第二十四条至第二十八条的规定，由县级以上人民政府广播电视主管部门责令限期改正，给予警告，可以并处三万元以下的罚款。

违反第十八条第一项至第三项的规定，由有关部门依法予以处罚。

第三十五条 广播电视节目制作经营机构、广播电视播出机构、网络视听节目服务机构违反本规定，其主管部门或者有权处理单位，应当依法对负有责任的主管人员或者直接责任人员给予处分、处理；造成严重社会影响的，广播电视主管部门可以向被处罚单位的主管部门或者有权处理单位通报情况，提出对负有责任的主管人员或者直接责任人员的处分、处理建议，并可函询后续处分、处理结果。

第三十六条 广播电视主管部门工作人员滥用职权、玩忽职守、徇私舞弊或者未依照本规定履行职责的，对负有责任的主管人员和直接责任人员依法给予处分。

第六章 附 则

第三十七条 本规定所称网络视听节目服务机构，是指互联网视听节目服务机构和专网及定向传播视听节目服务机构。

本规定所称学校寒暑假是指广播电视播出机构所在地、网络视听节目服务机构注册地教育行政部门规定的时间段。

第三十八条 未构成本规定所称未成年人节目，但节目中含有未成年人形象、信息等内容，有关内容规范和法律责任参照本规定执行。

第三十九条 本规定自2019年4月30日起施行。

中华人民共和国刑法*（节录）

（1979年7月1日第五届全国人民代表大会第二次会议通过　1997年3月14日第八届全国人民代表大会第五次会议修订　1997年3月14日中华人民共和国主席令第83号公布　自1997年10月1日起施行）

……

---

* 根据1998年12月29日第九届全国人民代表大会常务委员会第六次会议通过的《全国人民代表大会常务委员会关于惩治骗购外汇、逃汇和非法买卖外汇犯罪的决定》、1999年12月25日第九届全国人民代表大会常务委员会第十三次会议通过的《中华人民共和国刑法修正案》、2001年8月31日第九届全国人民代表大会常务委员会第二十三次会议通过的《中华人民共和国刑法修正案（二）》、2001年12月29日第九届全国人民代表大会常务委员会第二十五次会议通过的《中华人民共和国刑法修正案（三）》、2002年12月28日第九届全国人民代表大会常务委员会第三十一次会议通过的《中华人民共和国刑法修正案（四）》、2005年2月28日第十届全国人民代表大会常务委员会第十四次会议通过的《中华人民共和国刑法修正案（五）》、2006年6月29日第十届全国人民代表大会常务委员会第二十二次会议通过的《中华人民共和国刑法修正案（六）》、2009年2月28日第十一届全国人民代表大会常务委员会第七次会议通过的《中华人民共和国刑法修正案（七）》、2009年8月27日第十一届全国人民代表大会常务委员会第十次会议通过的《关于修改部分法律的决定》、2011年2月25日第十一届全国人民代表大会常务委员会第十九次会议通过的《中华人民共和国刑法修正案（八）》、2015年8月29日第十二届全国人民代表大会常务委员会第十六次会议通过的《中华人民共和国刑法修正案（九）》、2017年11月4日第十二届全国人民代表大会常务委员会第三十次会议通过的《中华人民共和国刑法修正案（十）》、2020年12月26日第十三届全国人民代表大会常务委员会第二十四次会议通过的《中华人民共和国刑法修正案（十一）》修正。

第十七条 已满十六周岁的人犯罪，应当负刑事责任。

已满十四周岁不满十六周岁的人，犯故意杀人、故意伤害致人重伤或者死亡、强奸、抢劫、贩卖毒品、放火、爆炸、投放危险物质罪的，应当负刑事责任。

已满十二周岁不满十四周岁的人，犯故意杀人、故意伤害罪，致人死亡或者以特别残忍手段致人重伤造成严重残疾，情节恶劣，经最高人民检察院核准追诉的，应当负刑事责任。

对依照前三款规定追究刑事责任的不满十八周岁的人，应当从轻或者减轻处罚。

因不满十六周岁不予刑事处罚的，责令其父母或者其他监护人加以管教；在必要的时候，依法进行专门矫治教育。

……

第一百三十八条 明知校舍或者教育教学设施有危险，而不采取措施或者不及时报告，致使发生重大伤亡事故的，对直接责任人员，处三年以下有期徒刑或者拘役；后果特别严重的，处三年以上七年以下有期徒刑。

……

第二百三十六条 以暴力、胁迫或者其他手段强奸妇女的，处三年以上十年以下有期徒刑。

奸淫不满十四周岁的幼女的，以强奸论，从重处罚。

强奸妇女、奸淫幼女，有下列情形之一的，处十年以上有期徒刑、无期徒刑或者死刑：

（一）强奸妇女、奸淫幼女情节恶劣的；

（二）强奸妇女、奸淫幼女多人的；

（三）在公共场所当众强奸妇女、奸淫幼女的；

（四）二人以上轮奸的；

（五）奸淫不满十周岁的幼女或者造成幼女伤害的；

（六）致使被害人重伤、死亡或者造成其他严重后果的。

第二百三十六条之一 对已满十四周岁不满十六周岁的未成年

女性负有监护、收养、看护、教育、医疗等特殊职责的人员，与该未成年女性发生性关系的，处三年以下有期徒刑；情节恶劣的，处三年以上十年以下有期徒刑。

有前款行为，同时又构成本法第二百三十六条规定之罪的，依照处罚较重的规定定罪处罚。

第二百三十七条 以暴力、胁迫或者其他方法强制猥亵他人或者侮辱妇女的，处五年以下有期徒刑或者拘役。

聚众或者在公共场所当众犯前款罪的，或者有其他恶劣情节的，处五年以上有期徒刑。

猥亵儿童的，处五年以下有期徒刑；有下列情形之一的，处五年以上有期徒刑：

（一）猥亵儿童多人或者多次的；

（二）聚众猥亵儿童的，或者在公共场所当众猥亵儿童，情节恶劣的；

（三）造成儿童伤害或者其他严重后果的；

（四）猥亵手段恶劣或者有其他恶劣情节的。

……

第二百四十一条 收买被拐卖的妇女、儿童的，处三年以下有期徒刑、拘役或者管制。

收买被拐卖的妇女，强行与其发生性关系的，依照本法第二百三十六条的规定定罪处罚。

收买被拐卖的妇女、儿童，非法剥夺、限制其人身自由或者有伤害、侮辱等犯罪行为的，依照本法的有关规定定罪处罚。

收买被拐卖的妇女、儿童，并有第二款、第三款规定的犯罪行为的，依照数罪并罚的规定处罚。

收买被拐卖的妇女、儿童又出卖的，依照本法第二百四十条的规定定罪处罚。

收买被拐卖的妇女、儿童，对被买儿童没有虐待行为，不阻碍对其进行解救的，可以从轻处罚；按照被买妇女的意愿，不阻碍其返回原居住地的，可以从轻或者减轻处罚。

第二百四十二条 以暴力、威胁方法阻碍国家机关工作人员解救被收买的妇女、儿童的，依照本法第二百七十七条的规定定罪处罚。

聚众阻碍国家机关工作人员解救被收买的妇女、儿童的首要分子，处五年以下有期徒刑或者拘役；其他参与者使用暴力、威胁方法的，依照前款的规定处罚。

……

第二百四十四条 以暴力、威胁或者限制人身自由的方法强迫他人劳动的，处三年以下有期徒刑或者拘役，并处罚金；情节严重的，处三年以上十年以下有期徒刑，并处罚金。

明知他人实施前款行为，为其招募、运送人员或者有其他协助强迫他人劳动行为的，依照前款的规定处罚。

单位犯前两款罪的，对单位判处罚金，并对其直接负责的主管人员和其他直接责任人员，依照第一款的规定处罚。

第二百四十四条之一 违反劳动管理法规，雇用未满十六周岁的未成年人从事超强度体力劳动的，或者从事高空、井下作业的，或者在爆炸性、易燃性、放射性、毒害性等危险环境下从事劳动，情节严重的，对直接责任人员，处三年以下有期徒刑或者拘役，并处罚金；情节特别严重的，处三年以上七年以下有期徒刑，并处罚金。

有前款行为，造成事故，又构成其他犯罪的，依照数罪并罚的规定处罚。

……

第二百六十一条 对于年老、年幼、患病或者其他没有独立生活能力的人，负有扶养义务而拒绝扶养，情节恶劣的，处五年以下有期徒刑、拘役或者管制。

第二百六十二条 拐骗不满十四周岁的未成年人，脱离家庭或者监护人的，处五年以下有期徒刑或者拘役。

第二百六十二条之一 以暴力、胁迫手段组织残疾人或者不满十四周岁的未成年人乞讨的，处三年以下有期徒刑或者拘役，并处罚金；情节严重的，处三年以上七年以下有期徒刑，并处罚金。

第二百六十二条之二 组织未成年人进行盗窃、诈骗、抢夺、敲诈勒索等违反治安管理活动的，处三年以下有期徒刑或者拘役，并处罚金；情节严重的，处三年以上七年以下有期徒刑，并处罚金。

……

最高人民法院、最高人民检察院、公安部、司法部关于办理性侵害未成年人刑事案件的意见

（2023年5月24日）

为深入贯彻习近平法治思想，依法惩治性侵害未成年人犯罪，规范办理性侵害未成年人刑事案件，加强未成年人司法保护，根据《中华人民共和国刑法》《中华人民共和国刑事诉讼法》《中华人民共和国未成年人保护法》等相关法律规定，结合司法实际，制定本意见。

一、总则

第一条 本意见所称性侵害未成年人犯罪，包括《中华人民共和国刑法》第二百三十六条、第二百三十六条之一、第二百三十七条、第三百五十八条、第三百五十九条规定的针对未成年人实施的强奸罪，负有照护职责人员性侵罪，强制猥亵、侮辱罪，猥亵儿童罪，组织卖淫罪，强迫卖淫罪，协助组织卖淫罪，引诱、容留、介绍卖淫罪，引诱幼女卖淫罪等。

第二条 办理性侵害未成年人刑事案件，应当坚持以下原则：

（一）依法从严惩处性侵害未成年人犯罪；

（二）坚持最有利于未成年人原则，充分考虑未成年人身心发育尚未成熟、易受伤害等特点，切实保障未成年人的合法权益；

（三）坚持双向保护原则，对于未成年人实施性侵害未成年人犯罪的，在依法保护未成年被害人的合法权益时，也要依法保护未成年犯罪嫌疑人、未成年被告人的合法权益。

第三条 人民法院、人民检察院、公安机关应当确定专门机构或者指定熟悉未成年人身心特点的专门人员，负责办理性侵害未成年人刑事案件。未成年被害人系女性的，应当有女性工作人员参与。

法律援助机构应当指派熟悉未成年人身心特点的律师为未成年人提供法律援助。

第四条 人民法院、人民检察院在办理性侵害未成年人刑事案件中发现社会治理漏洞的，依法提出司法建议、检察建议。

人民检察院依法对涉及性侵害未成年人的诉讼活动等进行监督，发现违法情形的，应当及时提出监督意见。发现未成年人合法权益受到侵犯，涉及公共利益的，应当依法提起公益诉讼。

二、案件办理

第五条 公安机关接到未成年人被性侵害的报案、控告、举报，应当及时受理，迅速审查。符合刑事立案条件的，应当立即立案侦查，重大、疑难、复杂案件立案审查期限原则上不超过七日。具有下列情形之一，公安机关应当在受理后直接立案侦查：

（一）精神发育明显迟滞的未成年人或者不满十四周岁的未成年人怀孕、妊娠终止或者分娩的；

（二）未成年人的生殖器官或者隐私部位遭受明显非正常损伤的；

（三）未成年人被组织、强迫、引诱、容留、介绍卖淫的；

（四）其他有证据证明性侵害未成年人犯罪发生的。

第六条 公安机关发现可能有未成年人被性侵害或者接报相关线索的，无论案件是否属于本单位管辖，都应当及时采取制止侵害行为、保护被害人、保护现场等紧急措施。必要时，应当通报有关部门对被害人予以临时安置、救助。

第七条 公安机关受理案件后，经过审查，认为有犯罪事实需要追究刑事责任，但因犯罪地、犯罪嫌疑人无法确定，管辖权不明的，受理案件的公安机关应当先立案侦查，经过侦查明确管辖后，及时将案件及证据材料移送有管辖权的公安机关。

第八条 人民检察院、公安机关办理性侵害未成年人刑事案件，应当坚持分工负责、互相配合、互相制约，加强侦查监督与协作配合，健全完善信息双向共享机制，形成合力。在侦查过程中，公安机关可以商请人民检察院就案件定性、证据收集、法律适用、未成年人保护要求等提出意见建议。

第九条 人民检察院认为公安机关应当立案侦查而不立案侦查的，或者被害人及其法定代理人、对未成年人负有特殊职责的人员据此向人民检察院提出异议，经审查其诉求合理的，人民检察院应当要求公安机关说明不立案的理由。人民检察院认为不立案理由不成立的，应当通知公安机关立案，公安机关接到通知后应当立案。

第十条 对性侵害未成年人的成年犯罪嫌疑人、被告人，应当依法从严把握适用非羁押强制措施，依法追诉，从严惩处。

第十一条 公安机关办理性侵害未成年人刑事案件，在提请批准逮捕、移送起诉时，案卷材料中应当包含证明案件来源与案发过程的有关材料和犯罪嫌疑人归案（抓获）情况的说明等。

第十二条 人民法院、人民检察院办理性侵害未成年人案件，应当及时告知未成年被害人及其法定代理人或者近亲属有权委托诉讼代理人，并告知其有权依法申请法律援助。

第十三条 人民法院、人民检察院、公安机关办理性侵害未成年人刑事案件，除有碍案件办理的情形外，应当将案件进展情况、案件处理结果及时告知未成年被害人及其法定代理人，并对有关情况予以说明。

第十四条 人民法院确定性侵害未成年人刑事案件开庭日期后，

应当将开庭的时间、地点通知未成年被害人及其法定代理人。

第十五条 人民法院开庭审理性侵害未成年人刑事案件，未成年被害人、证人一般不出庭作证。确有必要出庭的，应当根据案件情况采取不暴露外貌、真实声音等保护措施，或者采取视频等方式播放询问未成年人的录音录像，播放视频亦应当采取技术处理等保护措施。

被告人及其辩护人当庭发问的方式或者内容不当，可能对未成年被害人、证人造成身心伤害的，审判长应当及时制止。未成年被害人、证人在庭审中出现恐慌、紧张、激动、抗拒等影响庭审正常进行的情形的，审判长应当宣布休庭，并采取相应的情绪安抚疏导措施，评估未成年被害人、证人继续出庭作证的必要性。

第十六条 办理性侵害未成年人刑事案件，对于涉及未成年人的身份信息及可能推断出身份信息的资料和涉及性侵害的细节等内容，审判人员、检察人员、侦查人员、律师及参与诉讼、知晓案情的相关人员应当保密。

对外公开的诉讼文书，不得披露未成年人身份信息及可能推断出身份信息的其他资料，对性侵害的事实必须以适当方式叙述。

办案人员到未成年人及其亲属所在学校、单位、住所调查取证的，应当避免驾驶警车、穿着制服或者采取其他可能暴露未成年人身份、影响未成年人名誉、隐私的方式。

第十七条 知道或者应当知道对方是不满十四周岁的幼女，而实施奸淫等性侵害行为的，应当认定行为人“明知”对方是幼女。

对不满十二周岁的被害人实施奸淫等性侵害行为的，应当认定行为人“明知”对方是幼女。

对已满十二周岁不满十四周岁的被害人，从其身体发育状况、言谈举止、衣着特征、生活作息规律等观察可能是幼女，而实施奸淫等性侵害行为的，应当认定行为人“明知”对方是幼女。

第十八条 在校园、游泳馆、儿童游乐场、学生集体宿舍等公共场所对未成年人实施强奸、猥亵犯罪，只要有其他多人在场，不论在场人员是否实际看到，均可以依照刑法第二百三十六条第三款、第二百三十七条的规定，认定为在公共场所“当众”强奸、猥亵。

第十九条 外国人在中华人民共和国领域内实施强奸、猥亵未成年人等犯罪的，在依法判处刑罚时，可以附加适用驱逐出境。对于尚不构成犯罪但构成违反治安管理行为的，或者有性侵害未成年人犯罪记录不适宜在境内继续停留居留的，公安机关可以依法适用限期出境或者驱逐出境。

第二十条 对性侵害未成年人的成年犯罪分子严格把握减刑、假释、暂予监外执行的适用条件。纳入社区矫正的，应当严管严控。

三、证据收集与审查判断

第二十一条 公安机关办理性侵害未成年人刑事案件，应当依照法定程序，及时、全面收集固定证据。对与犯罪有关的场所、物品、人身等及时进行勘验、检查，提取与案件有关的痕迹、物证、生物样本；及时调取与案件有关的住宿、通行、银行交易记录等书证，现场监控录像等视听资料，手机短信、即时通讯记录、社交软件记录、手机支付记录、音视频、网盘资料等电子数据。视听资料、电子数据等证据因保管不善灭失的，应当向原始数据存储单位重新调取，或者提交专业机构进行技术性恢复、修复。

第二十二条 未成年被害人陈述、未成年证人证言中提到其他犯罪线索，属于公安机关管辖的，公安机关应当及时调查核实；属于其他机关管辖的，应当移送有管辖权的机关。

具有密切接触未成年人便利条件的人员涉嫌性侵害未成年人犯罪的，公安机关应当注意摸排犯罪嫌疑人可能接触到的其他未成年人，以便全面查清犯罪事实。

对于发生在犯罪嫌疑人住所周边或者相同、类似场所且犯罪手法雷同的性侵害案件，符合并案条件的，应当及时并案侦查，防止遗漏犯罪事实。

第二十三条 询问未成年被害人，应当选择“一站式”取证场所、未成年人住所或者其他让未成年人心理上感到安全的场所进行，并通知法定代理人到场。法定代理人不能到场或者不宜到场的，应当通知其他合适成年人到场，并将相关情况记录在案。

询问未成年被害人，应当采取和缓的方式，以未成年人能够理解和接受的语言进行。坚持一次询问原则，尽可能避免多次反复询问，造成次生伤害。确有必要再次询问的，应当针对确有疑问需要核实的内容进行。

询问女性未成年被害人应当由女性工作人员进行。

第二十四条 询问未成年被害人应当进行同步录音录像。录音录像应当全程不间断进行，不得选择性录制，不得剪接、删改。录音录像声音、图像应当清晰稳定，被询问人面部应当清楚可辨，能够真实反映未成年被害人回答询问的状态。录音录像应当随案移送。

第二十五条 询问未成年被害人应当问明与性侵害犯罪有关的事实及情节，包括被害人的年龄等身份信息、与犯罪嫌疑人、被告人交往情况、侵害方式、时间、地点、次数、后果等。

询问尽量让被害人自由陈述，不得诱导，并将提问和未成年被害人的回答记录清楚。记录应当保持未成年人的语言特点，不得随意加工或者归纳。

第二十六条 未成年被害人陈述和犯罪嫌疑人、被告人供述中具有特殊性、非亲历不可知的细节，包括身体特征、行为特征和环境特征等，办案机关应当及时通过人身检查、现场勘查等调查取证方法固定证据。

第二十七条 能够证实未成年被害人和犯罪嫌疑人、被告人相识交往、矛盾纠纷及其异常表现、特殊癖好等情况，对完善证据链条、查清全部案情具有证明作用的证据，应当全面收集。

第二十八条 能够证实未成年人被性侵害后心理状况或者行为表现的证据，应当全面收集。未成年被害人出现心理创伤、精神抑郁或者自杀、自残等伤害后果的，应当及时检查、鉴定。

第二十九条 认定性侵害未成年人犯罪，应当坚持事实清楚，证据确实、充分，排除合理怀疑的证明标准。对案件事实的认定要立足证据，结合经验常识，考虑性侵害案件的特殊性和未成年人的身心特点，准确理解和把握证明标准。

第三十条 对未成年被害人陈述，应当着重审查陈述形成的时间、背景，被害人年龄、认知、记忆和表达能力，生理和精神状态是否影响陈述的自愿性、完整性，陈述与其他证据之间能否相互印证，有无矛盾。

低龄未成年人对被侵害细节前后陈述存在不一致的，应当考虑其身心特点，综合判断其陈述的主要事实是否客观、真实。

未成年被害人陈述了与犯罪嫌疑人、被告人或者性侵害事实相关的非亲历不可知的细节，并且可以排除指证、诱证、诬告、陷害可能的，一般应当采信。

未成年被害人询问笔录记载的内容与询问同步录音录像记载的内容不一致的，应当结合同步录音录像记载准确客观认定。

对未成年证人证言的审查判断，依照本条前四款规定进行。

第三十一条 对十四周岁以上未成年被害人真实意志的判断，不以其明确表示反对或者同意为唯一证据，应当结合未成年被害人的年龄、身体状况、被侵害前后表现以及双方关系、案发环境、案发过程等进行综合判断。

四、未成年被害人保护与救助

第三十二条 人民法院、人民检察院、公安机关办理性侵害未成年人刑事案件，应当根据未成年被害人的实际需要及当地情况，协调有关部门为未成年被害人提供心理疏导、临时照料、医疗救治、转学安置、经济帮扶等救助保护措施。

第三十三条 犯罪嫌疑人到案后，办案人员应当第一时间了解其有无艾滋病，发现犯罪嫌疑人患有艾滋病的，在征得未成年被害人监护人同意后，应当及时配合或者会同有关部门对未成年被害人采取阻断治疗等保护措施。

第三十四条 人民法院、人民检察院、公安机关办理性侵害未成年人刑事案件，发现未成年人的父母或者其他监护人不依法履行监护职责或者侵犯未成年人合法权益的，应当予以训诫，并书面督促其依法履行监护职责。必要时，可以责令未成年人父母或者其他监护人接受家庭教育指导。

第三十五条 未成年人受到监护人性侵害，其他具有监护资格的人员、民政部门等有关单位和组织向人民法院提出申请，要求撤销监护人资格，另行指定监护人的，人民法院依法予以支持。

有关个人和组织未及时向人民法院申请撤销监护人资格的，人民检察院可以依法督促、支持其提起诉讼。

第三十六条 对未成年人因被性侵害而造成人身损害，不能及时获得有效赔偿，生活困难的，人民法院、人民检察院、公安机关可会同有关部门，优先考虑予以救助。

五、其他

第三十七条 人民法院、人民检察院、公安机关、司法行政机关应当积极推动侵害未成年人案件强制报告制度落实。未履行报告义务造成严重后果的，应当依照《中华人民共和国未成年人保护法》等法律法规追究责任。

第三十八条 人民法院、人民检察院、公安机关、司法行政机关应当推动密切接触未成年人相关行业依法建立完善准入查询性侵害违法犯罪信息制度，建立性侵害违法犯罪人员信息库，协助密切接触未成年人单位开展信息查询工作。

第三十九条 办案机关应当建立完善性侵害未成年人案件“一站式”办案救助机制，通过设立专门场所、配置专用设备、完善工作流程和引入专业社会力量等方式，尽可能一次性完成询问、人身检查、生物样本采集、侦查辨认等取证工作，同步开展救助保护工作。

六、附则

第四十条 本意见自2023年6月1日起施行。本意见施行后，《最高人民法院 最高人民检察院 公安部 司法部关于依法惩治性侵害未成年人犯罪的意见》（法发〔2013〕12号）同时废止。

最高人民法院、最高人民检察院
关于办理强奸、猥亵未成年人刑事案件
适用法律若干问题的解释

（2023年1月3日最高人民法院审判委员会第1878次会议、2023年3月2日最高人民检察院第十三届检察委员会第114次会议通过　2023年5月24日最高人民法院、最高人民检察院公告公布　自2023年6月1日起施行　法释〔2023〕3号）

为依法惩处强奸、猥亵未成年人犯罪，保护未成年人合法权益，根据《中华人民共和国刑法》等法律规定，现就办理此类刑事案件适用法律的若干问题解释如下：

第一条　奸淫幼女的，依照刑法第二百三十六条第二款的规定从重处罚。具有下列情形之一的，应当适用较重的从重处罚幅度：

（一）负有特殊职责的人员实施奸淫的；

（二）采用暴力、胁迫等手段实施奸淫的；

（三）侵入住宅或者学生集体宿舍实施奸淫的；

（四）对农村留守女童、严重残疾或者精神发育迟滞的被害人实施奸淫的；

（五）利用其他未成年人诱骗、介绍、胁迫被害人的；

（六）曾因强奸、猥亵犯罪被判处刑罚的。

强奸已满十四周岁的未成年女性，具有前款第一项、第三项至第六项规定的情形之一，或者致使被害人轻伤、患梅毒、淋病等严重性病的，依照刑法第二百三十六条第一款的规定定罪，从重处罚。

第二条　强奸已满十四周岁的未成年女性或者奸淫幼女，具有

下列情形之一的，应当认定为刑法第二百三十六条第三款第一项规定的“强奸妇女、奸淫幼女情节恶劣”：

（一）负有特殊职责的人员多次实施强奸、奸淫的；

（二）有严重摧残、凌辱行为的；

（三）非法拘禁或者利用毒品诱骗、控制被害人的；

（四）多次利用其他未成年人诱骗、介绍、胁迫被害人的；

（五）长期实施强奸、奸淫的；

（六）奸淫精神发育迟滞的被害人致使怀孕的；

（七）对强奸、奸淫过程或者被害人身体隐私部位制作视频、照片等影像资料，以此胁迫对被害人实施强奸、奸淫，或者致使影像资料向多人传播，暴露被害人身份的；

（八）其他情节恶劣的情形。

第三条 奸淫幼女，具有下列情形之一的，应当认定为刑法第二百三十六条第三款第五项规定的“造成幼女伤害”：

（一）致使幼女轻伤的；

（二）致使幼女患梅毒、淋病等严重性病的；

（三）对幼女身心健康造成其他伤害的情形。

第四条 强奸已满十四周岁的未成年女性或者奸淫幼女，致使其感染艾滋病病毒的，应当认定为刑法第二百三十六第三款第六项规定的“致使被害人重伤”。

第五条 对已满十四周岁不满十六周岁的未成年女性负有特殊职责的人员，与该未成年女性发生性关系，具有下列情形之一的，应当认定为刑法第二百三十六条之一规定的“情节恶劣”：

（一）长期发生性关系的；

（二）与多名被害人发生性关系的；

（三）致使被害人感染艾滋病病毒或者患梅毒、淋病等严重性病的；

（四）对发生性关系的过程或者被害人身体隐私部位制作视频、照片等影像资料，致使影像资料向多人传播，暴露被害人身份的；

（五）其他情节恶劣的情形。

第六条 对已满十四周岁的未成年女性负有特殊职责的人员，利用优势地位或者被害人孤立无援的境地，迫使被害人与其发生性关系的，依照刑法第二百三十六条的规定，以强奸罪定罪处罚。

第七条 猥亵儿童，具有下列情形之一的，应当认定为刑法第二百三十七条第三款第三项规定的“造成儿童伤害或者其他严重后果”：

（一）致使儿童轻伤以上的；

（二）致使儿童自残、自杀的；

（三）对儿童身心健康造成其他伤害或者严重后果的情形。

第八条 猥亵儿童，具有下列情形之一的，应当认定为刑法第二百三十七条第三款第四项规定的“猥亵手段恶劣或者有其他恶劣情节”：

（一）以生殖器侵入肛门、口腔或者以生殖器以外的身体部位、物品侵入被害人生殖器、肛门等方式实施猥亵的；

（二）有严重摧残、凌辱行为的；

（三）对猥亵过程或者被害人身体隐私部位制作视频、照片等影像资料，以此胁迫对被害人实施猥亵，或者致使影像资料向多人传播，暴露被害人身份的；

（四）采取其他恶劣手段实施猥亵或者有其他恶劣情节的情形。

第九条 胁迫、诱骗未成年人通过网络视频聊天或者发送视频、照片等方式，暴露身体隐私部位或者实施淫秽行为，符合刑法第二百三十七条规定的，以强制猥亵罪或者猥亵儿童罪定罪处罚。

胁迫、诱骗未成年人通过网络直播方式实施前款行为，同时符合刑法第二百三十七条、第三百六十五条的规定，构成强制猥亵罪、猥亵儿童罪、组织淫秽表演罪的，依照处罚较重的规定定罪处罚。

第十条 实施猥亵未成年人犯罪，造成被害人轻伤以上后果，同时符合刑法第二百三十四条或者第二百三十二条的规定，构成故意伤害罪、故意杀人罪的，依照处罚较重的规定定罪处罚。

第十一条 强奸、猥亵未成年人的成年被告人认罪认罚的，是否从宽处罚及从宽幅度应当从严把握。

第十二条 对强奸未成年人的成年被告人判处刑罚时，一般不适用缓刑。

对于判处刑罚同时宣告缓刑的，可以根据犯罪情况，同时宣告禁止令，禁止犯罪分子在缓刑考验期限内从事与未成年人有关的工作、活动，禁止其进入中小学校、幼儿园及其他未成年人集中的场所。确因本人就学、居住等原因，经执行机关批准的除外。

第十三条 对于利用职业便利实施强奸、猥亵未成年人等犯罪的，人民法院应当依法适用从业禁止。

第十四条 对未成年人实施强奸、猥亵等犯罪造成人身损害的，应当赔偿医疗费、护理费、交通费、营养费、住院伙食补助费等为治疗和康复支付的合理费用，以及因误工减少的收入。

根据鉴定意见、医疗诊断书等证明需要对未成年人进行精神心理治疗和康复，所需的相关费用，应当认定为前款规定的合理费用。

第十五条 本解释规定的“负有特殊职责的人员”，是指对未成年人负有监护、收养、看护、教育、医疗等职责的人员，包括与未成年人具有共同生活关系且事实上负有照顾、保护等职责的人员。

第十六条 本解释自2023年6月1日起施行。

最高人民法院关于审理未成年人刑事案件具体应用法律若干问题的解释

（2005年12月12日最高人民法院审判委员会第1373次会议通过　2006年1月11日最高人民法院公告公布　自2006年1月23日起施行　法释〔2006〕1号）

为正确审理未成年人刑事案件，贯彻“教育为主，惩罚为辅”

的原则，根据刑法等有关法律的规定，现就审理未成年人刑事案件具体应用法律的若干问题解释如下：

第一条 本解释所称未成年人刑事案件，是指被告人实施被指控的犯罪时已满十四周岁不满十八周岁的案件。

第二条 刑法第十七条规定的“周岁”，按照公历的年、月、日计算，从周岁生日的第二天起算。

第三条 审理未成年人刑事案件，应当查明被告人实施被指控的犯罪时的年龄。裁判文书中应当写明被告人出生的年、月、日。

第四条 对于没有充分证据证明被告人实施被指控的犯罪时已经达到法定刑事责任年龄且确实无法查明的，应当推定其没有达到相应法定刑事责任年龄。

相关证据足以证明被告人实施被指控的犯罪时已经达到法定刑事责任年龄，但是无法准确查明被告人具体出生日期的，应当认定其达到相应法定刑事责任年龄。

第五条 已满十四周岁不满十六周岁的人实施刑法第十七条第二款规定以外的行为，如果同时触犯了刑法第十七条第二款规定的，应当依照刑法第十七条第二款的规定确定罪名，定罪处罚。

第六条 已满十四周岁不满十六周岁的人偶尔与幼女发生性行为，情节轻微、未造成严重后果的，不认为是犯罪。

第七条 已满十四周岁不满十六周岁的人使用轻微暴力或者威胁，强行索要其他未成年人随身携带的生活、学习用品或者钱财数量不大，且未造成被害人轻微伤以上或者不敢正常到校学习、生活等危害后果的，不认为是犯罪。

已满十六周岁不满十八周岁的人具有前款规定情形的，一般也不认为是犯罪。

第八条 已满十六周岁不满十八周岁的人出于以大欺小、以强凌弱或者寻求精神刺激，随意殴打其他未成年人、多次对其他未成年人强拿硬要或者任意损毁公私财物，扰乱学校及其他公共场所秩序，情节严重的，以寻衅滋事罪定罪处罚。

第九条 已满十六周岁不满十八周岁的人实施盗窃行为未超过三次，盗窃数额虽已达到“数额较大”标准，但案发后能如实供述全部盗窃事实并积极退赃，且具有下列情形之一的，可以认定为“情节显著轻微危害不大”，不认为是犯罪：

（一）系又聋又哑的人或者盲人；

（二）在共同盗窃中起次要或者辅助作用，或者被胁迫；

（三）具有其他轻微情节的。

已满十六周岁不满十八周岁的人盗窃未遂或者中止的，可不认为是犯罪。

已满十六周岁不满十八周岁的人盗窃自己家庭或者近亲属财物，或者盗窃其他亲属财物但其他亲属要求不予追究的，可以不按犯罪处理。

第十条 已满十四周岁不满十六周岁的人盗窃、诈骗、抢夺他人财物，为窝藏赃物、抗拒抓捕或者毁灭罪证，当场使用暴力，故意伤害致人重伤或者死亡，或者故意杀人的，应当分别以故意伤害罪或者故意杀人罪定罪处罚。

已满十六周岁不满十八周岁的人犯盗窃、诈骗、抢夺罪，为窝藏赃物、抗拒抓捕或者毁灭罪证而当场使用暴力或者以暴力相威胁的，应当依照刑法第二百六十九条的规定定罪处罚；情节轻微的，可不以抢劫罪定罪处罚。

第十一条 对未成年罪犯适用刑罚，应当充分考虑是否有利于未成年罪犯的教育和矫正。

对未成年罪犯量刑应当依照刑法第六十一条的规定，并充分考虑未成年人实施犯罪行为的动机和目的、犯罪时的年龄、是否初次犯罪、犯罪后的悔罪表现、个人成长经历和一贯表现等因素。对符合管制、缓刑、单处罚金或者免予刑事处罚适用条件的未成年罪犯，应当依法适用管制、缓刑、单处罚金或者免予刑事处罚。

第十二条 行为人在达到法定刑事责任年龄前后均实施了犯罪行为，只能依法追究其达到法定刑事责任年龄后实施的犯罪行为的刑事责任。

行为人在年满十八周岁前后实施了不同种犯罪行为，对其年满十八周岁以前实施的犯罪应当依法从轻或者减轻处罚。行为人在年满十八周岁前后实施了同种犯罪行为，在量刑时应当考虑对年满十八周岁以前实施的犯罪，适当给予从轻或者减轻处罚。

第十三条 未成年人犯罪只有罪行极其严重的，才可以适用无期徒刑。对已满十四周岁不满十六周岁的人犯罪一般不判处无期徒刑。

第十四条 除刑法规定“应当”附加剥夺政治权利外，对未成年罪犯一般不判处附加剥夺政治权利。

如果对未成年罪犯判处附加剥夺政治权利的，应当依法从轻判处。

对实施被指控犯罪时未成年、审判时已成年的罪犯判处附加剥夺政治权利，适用前款的规定。

第十五条 对未成年罪犯实施刑法规定的“并处”没收财产或者罚金的犯罪，应当依法判处相应的财产刑；对未成年罪犯实施刑法规定的“可以并处”没收财产或者罚金的犯罪，一般不判处财产刑。

对未成年罪犯判处罚金刑时，应当依法从轻或者减轻判处，并根据犯罪情节，综合考虑其缴纳罚金的能力，确定罚金数额。但罚金的最低数额不得少于五百元人民币。

对被判处罚金刑的未成年罪犯，其监护人或者其他人自愿代为垫付罚金的，人民法院应当允许。

第十六条 对未成年罪犯符合刑法第七十二条第一款规定的，可以宣告缓刑。如果同时具有下列情形之一，对其适用缓刑确实不致再危害社会的，应当宣告缓刑：

（一）初次犯罪；

（二）积极退赃或赔偿被害人经济损失；

（三）具备监护、帮教条件。

第十七条 未成年罪犯根据其所犯罪行，可能被判处拘役、三年以下有期徒刑，如果悔罪表现好，并具有下列情形之一的，应当依照刑法第三十七条的规定免予刑事处罚：

（一）系又聋又哑的人或者盲人；

（二）防卫过当或者避险过当；

（三）犯罪预备、中止或者未遂；

（四）共同犯罪中从犯、胁从犯；

（五）犯罪后自首或者有立功表现；

（六）其他犯罪情节轻微不需要判处刑罚的。

第十八条　对未成年罪犯的减刑、假释，在掌握标准上可以比照成年罪犯依法适度放宽。

未成年罪犯能认罪服法，遵守监规，积极参加学习、劳动的，即可视为“确有悔改表现”予以减刑，其减刑的幅度可以适当放宽，间隔的时间可以相应缩短。符合刑法第八十一条第一款规定的，可以假释。

未成年罪犯在服刑期间已经成年的，对其减刑、假释可以适用上述规定。

第十九条　刑事附带民事案件的未成年被告人有个人财产的，应当由本人承担民事赔偿责任，不足部分由监护人予以赔偿，但单位担任监护人的除外。

被告人对被害人物质损失的赔偿情况，可以作为量刑情节予以考虑。

第二十条　本解释自2006年1月23日起施行。

《最高人民法院关于办理未成年人刑事案件适用法律的若干问题的解释》（法发〔1995〕9号）自本解释公布之日起不再执行。

关于依法严惩利用未成年人实施黑恶势力犯罪的意见

（2020年3月23日 高检发〔2020〕4号）

扫黑除恶专项斗争开展以来，各级人民法院、人民检察院、公安机关和司法行政机关坚决贯彻落实中央部署，严格依法办理涉黑涉恶案件，取得了显著成效。近期，不少地方在办理黑恶势力犯罪案件时，发现一些未成年人被胁迫、利诱参与、实施黑恶势力犯罪，严重损害了未成年人健康成长，严重危害社会和谐稳定。为保护未成年人合法权益，依法从严惩治胁迫、教唆、引诱、欺骗等利用未成年人实施黑恶势力犯罪的行为，根据有关法律规定，制定本意见。

一、突出打击重点，依法严惩利用未成年人实施黑恶势力犯罪的行为

（一）黑社会性质组织、恶势力犯罪集团、恶势力，实施下列行为之一的，应当认定为“利用未成年人实施黑恶势力犯罪”：

1. 胁迫、教唆未成年人参加黑社会性质组织、恶势力犯罪集团、恶势力，或者实施黑恶势力违法犯罪活动的；

2. 拉拢、引诱、欺骗未成年人参加黑社会性质组织、恶势力犯罪集团、恶势力，或者实施黑恶势力违法犯罪活动的；

3. 招募、吸收、介绍未成年人参加黑社会性质组织、恶势力犯罪集团、恶势力，或者实施黑恶势力违法犯罪活动的；

4. 雇佣未成年人实施黑恶势力违法犯罪活动的；

5. 其他利用未成年人实施黑恶势力犯罪的情形。

黑社会性质组织、恶势力犯罪集团、恶势力，根据刑法和《最高人民法院、最高人民检察院、公安部、司法部关于办理黑恶势力犯罪案件若干问题的指导意见》《最高人民法院、最高人民检察院、公安部、司法部关于办理恶势力刑事案件若干问题的意见》等法律、司法解释性质文件的规定认定。

（二）利用未成年人实施黑恶势力犯罪，具有下列情形之一的，应当从重处罚：

1. 组织、指挥未成年人实施故意杀人、故意伤害致人重伤或者死亡、强奸、绑架、抢劫等严重暴力犯罪的；

2. 向未成年人传授实施黑恶势力犯罪的方法、技能、经验的；

3. 利用未达到刑事责任年龄的未成年人实施黑恶势力犯罪的；

4. 为逃避法律追究，让未成年人自首、做虚假供述顶罪的；

5. 利用留守儿童、在校学生实施犯罪的；

6. 利用多人或者多次利用未成年人实施犯罪的；

7. 针对未成年人实施违法犯罪的；

8. 对未成年人负有监护、教育、照料等特殊职责的人员利用未成年人实施黑恶势力违法犯罪活动的；

9. 其他利用未成年人违法犯罪应当从重处罚的情形。

（三）黑社会性质组织、恶势力犯罪集团利用未成年人实施犯罪的，对犯罪集团首要分子，按照集团所犯的全部罪行，从重处罚。对犯罪集团的骨干成员，按照其组织、指挥的犯罪，从重处罚。

恶势力利用未成年人实施犯罪的，对起组织、策划、指挥作用的纠集者，恶势力共同犯罪中罪责严重的主犯，从重处罚。

黑社会性质组织、恶势力犯罪集团、恶势力成员直接利用未成年人实施黑恶势力犯罪的，从重处罚。

（四）有胁迫、教唆、引诱等利用未成年人参加黑社会性质组织、恶势力犯罪集团、恶势力，或者实施黑恶势力犯罪的行为，虽然未成年人并没有加入黑社会性质组织、恶势力犯罪集团、恶势力，或者没有实际参与实施黑恶势力违法犯罪活动，对黑社会性质组织、恶势力犯罪集团、恶势力的首要分子、骨干成员、纠集者、主犯和直接利用的成员，即便有自首、立功、坦白等从轻减轻情节的，一般也不予从轻或者减轻处罚。

（五）被黑社会性质组织、恶势力犯罪集团、恶势力利用，偶尔参与黑恶势力犯罪活动的未成年人，按其所实施的具体犯罪行为定性，一般不认定为黑恶势力犯罪组织成员。

二、严格依法办案，形成打击合力

（一）人民法院、人民检察院、公安机关和司法行政机关要加强协作配合，对利用未成年人实施黑恶势力犯罪的，在侦查、起诉、审判、执行各阶段，要全面体现依法从严惩处精神，及时查明利用未成年人的犯罪事实，避免纠缠细枝末节。要加强对下指导，对利用未成年人实施黑恶势力犯罪的重特大案件，可以单独或者联合挂牌督办。对于重大疑难复杂和社会影响较大的案件，办案部门应当及时层报上级人民法院、人民检察院、公安机关和司法行政机关。

（二）公安机关要注意发现涉黑涉恶案件中利用未成年人犯罪的线索，落实以审判为中心的刑事诉讼制度改革要求，强化程序意识和证据意识，依法收集、固定和运用证据，并可以就案件性质、收集证据和适用法律等听取人民检察院意见建议。从严掌握取保候审、监视居住的适用，对利用未成年人实施黑恶势力犯罪的首要分子、骨干成员、纠集者、主犯和直接利用的成员，应当依法提请人民检察院批准逮捕。

（三）人民检察院要加强对利用未成年人实施黑恶势力犯罪案件的立案监督，发现应当立案而不立案的，应当要求公安机关说明理由，认为理由不能成立的，应当依法通知公安机关立案。对于利用未成年人实施黑恶势力犯罪的案件，人民检察院可以对案件性质、收集证据和适用法律等提出意见建议。对于符合逮捕条件的依法坚决批准逮捕，符合起诉条件的依法坚决起诉。不批准逮捕要求公安机关补充侦查、审查起诉阶段退回补充侦查的，应当分别制作详细的补充侦查提纲，写明需要补充侦查的事项、理由、侦查方向、需要补充收集的证据及其证明作用等，送交公安机关开展相关侦查补证活动。

（四）办理利用未成年人实施黑恶势力犯罪案件要将依法严惩与认罪认罚从宽有机结合起来。对利用未成年人实施黑恶势力犯罪的，人民检察院要考虑其利用未成年人的情节，向人民法院提出从严处罚的量刑建议。对于虽然认罪，但利用未成年人实施黑恶势力犯罪，犯罪性质恶劣、犯罪手段残忍、严重损害未成年人身心健康，不足以从宽处罚的，在提出量刑建议时要依法从严从重。对被黑恶势力利用实施犯罪的未成年人，自愿如实认罪、真诚悔罪，愿意接受处罚的，应当依法提出从宽处理的量刑建议。

（五）人民法院要对利用未成年人实施黑恶势力犯罪案件及时审判，从严处罚。严格掌握缓刑、减刑、假释的适用，严格掌握暂予监外执行的适用条件。依法运用财产刑、资格刑，最大限度铲除黑恶势力“经济基础”。对于符合刑法第三十七条之一规定的，应当依法禁止其从事相关职业。

三、积极参与社会治理，实现标本兼治

（一）认真落实边打边治边建要求，积极参与社会治理。深挖黑恶势力犯罪分子利用未成年人实施犯罪的根源，剖析重点行业领域监管漏洞，及时预警预判，及时通报相关部门、提出加强监管和行政执法的建议，从源头遏制黑恶势力向未成年人群体侵蚀蔓延。对被黑恶势力利用尚未实施犯罪的未成年人，要配合有关部门及早发现、及时挽救。对实施黑恶势力犯罪但未达到刑事责任年龄的未成年人，要通过落实家庭监护、强化学校教育管理、送入专门学校矫治、开展社会化帮教等措施做好教育挽救和犯罪预防工作。

（二）加强各职能部门协调联动，有效预防未成年人被黑恶势力利用。建立与共青团、妇联、教育等部门的协作配合工作机制，开展针对未成年人监护人的家庭教育指导、针对教职工的法治教育培训，教育引导未成年人远离违法犯罪。推动建立未成年人涉黑涉恶预警机制，及时阻断未成年人与黑恶势力的联系，防止未成年人被黑恶势力诱导利用。推动网信部门开展专项治理，加强未成年人网络保护。加强与街道、社区等基层组织的联系，重视和发挥基层组织在预防未成年人涉黑涉恶犯罪中的重要作用，进一步推进社区矫正机构对未成年社区矫正对象采取有针对性的矫正措施。

（三）开展法治宣传教育，为严惩利用未成年人实施黑恶势力犯罪营造良好社会环境。充分发挥典型案例的宣示、警醒、引领、示范作用，通过以案释法，选择典型案件召开新闻发布会，向社会公布严惩利用未成年人实施黑恶势力犯罪的经验和做法，揭露利用未成年人实施黑恶势力犯罪的严重危害性。加强重点青少年群体的法治教育，在黑恶势力犯罪案件多发的地区、街道、社区等，强化未成年人对黑恶势力违法犯罪行为的认识，提高未成年人防范意识和法治观念，远离黑恶势力及其违法犯罪。

未成年人法律援助服务指引（试行）

（2020 年 9 月 16 日　司公通〔2020〕12 号）

第一章　总　　则

第一条　为有效保护未成年人合法权益，加强未成年人法律援助工作，规范未成年人法律援助案件的办理，依据《中华人民共和国民事诉讼法》《中华人民共和国刑事诉讼法》《中华人民共和国未成年人保护法》《法律援助条例》等法律、法规、规范性文件，制定本指引。

第二条　法律援助承办机构及法律援助承办人员办理未成年人法律援助案件，应当遵守《全国民事行政法律援助服务规范》《全国刑事法律援助服务规范》，参考本指引规定的工作原则和办案要求，提高未成年人法律援助案件的办案质量。

第三条　本指引适用于法律援助承办机构、法律援助承办人员办理性侵害未成年人法律援助案件、监护人侵害未成年人权益法律援助案件、学生伤害事故法律援助案件和其他侵害未成年人合法权益的法律援助案件。

其他接受委托办理涉及未成年人案件的律师，可以参照执行。

第四条 未成年人法律援助工作应当坚持最有利于未成年人的原则，遵循给予未成年人特殊、优先保护，尊重未成年人人格尊严，保护未成年人隐私权和个人信息，适应未成年人身心发展的规律和特点，听取未成年人的意见，保护与教育相结合等原则；兼顾未成年犯罪嫌疑人、被告人、被害人权益的双向保护，避免未成年人受到二次伤害，加强跨部门多专业合作，积极寻求相关政府部门、专业机构的支持。

第二章 基本要求

第五条 法律援助机构指派未成年人案件时，应当优先指派熟悉未成年人身心特点、熟悉未成年人法律业务的承办人员。未成年人为女性的性侵害案件，应当优先指派女性承办人员办理。重大社会影响或疑难复杂案件，法律援助机构可以指导、协助法律援助承办人员向办案机关寻求必要支持。有条件的地区，法律援助机构可以建立未成年人法律援助律师团队。

第六条 法律援助承办人员应当在收到指派通知书之日起 5 个工作日内会见受援未成年人及其法定代理人（监护人）或近亲属并进行以下工作：

（一）了解案件事实经过、司法程序处理背景、争议焦点和诉讼时效、受援未成年人及其法定代理人（监护人）诉求、案件相关证据材料及证据线索等基本情况；

（二）告知其法律援助承办人员的代理、辩护职责、受援未成年人及其法定代理人（监护人）在诉讼中的权利和义务、案件主要诉讼风险及法律后果；

（三）发现未成年人遭受暴力、虐待、遗弃、性侵害等侵害的，可以向公安机关进行报告，同时向法律援助机构报备，可以为其寻求救助庇护和专业帮助提供协助；

（四）制作谈话笔录，并由受援未成年人及其法定代理人（监护人）或近亲属共同签名确认。未成年人无阅读能力或尚不具备理解认知能力的，法律援助承办人员应当向其宣读笔录，由其法定代理人（监护人）或近亲属代签，并在笔录上载明。

（五）会见受援未成年人时，其法定代理人（监护人）或近亲属至少应有一人在场，会见在押未成年人犯罪嫌疑人、被告人除外；会见受援未成年人的法定代理人（监护人）时，如有必要，受援未成年人可以在场。

第七条 法律援助承办人员办理未成年人案件的工作要求：

（一）与未成年人沟通时不得使用批评性、指责性、侮辱性以及有损人格尊严等性质的语言；

（二）会见未成年人，优先选择未成年人住所或者其他让未成年人感到安全的场所；

（三）会见未成年当事人或未成年证人，应当通知其法定代理人（监护人）或者其他成年亲属等合适成年人到场；

（四）保护未成年人隐私权和个人信息，不得公开涉案未成年人和未成年被害人的姓名、影像、住所、就读学校以及其他可能推断、识别身份信息的其他资料信息；

（五）重大、复杂、疑难案件，应当提请律师事务所或法律援助机构集体讨论，提请律师事务所讨论的，应当将讨论结果报告法律援助机构。

第三章　办理性侵害未成年人案件

第八条 性侵害未成年人犯罪，包括刑法第二百三十六条、第二百三十七条、第三百五十八条、第三百五十九条规定的针对未成年人实施的强奸罪，猥亵他人罪，猥亵儿童罪，组织卖淫罪，强迫卖淫罪，引诱、容留、介绍卖淫罪，引诱幼女卖淫罪等案件。

第九条 法律援助承办人员办理性侵害未成年人案件的工作要求：

（一）法律援助承办人员需要询问未成年被害人的，应当采取和缓、科学的询问方式，以一次、全面询问为原则，尽可能避免反复询问。法律援助承办人员可以建议办案机关在办理案件时，推行全程录音录像制度，以保证被害人陈述的完整性、准确性和真实性；

（二）法律援助承办人员应当向未成年被害人及其法定代理人（监护人）释明刑事附带民事诉讼的受案范围，协助未成年被害人提起刑事附带民事诉讼。法律援助承办人员应当根据未成年被害人的诉讼请求，指引、协助未成年被害人准备证据材料；

（三）法律援助承办人员办理性侵害未成年人案件时，应当于庭审前向人民法院确认案件不公开审理。

第十条 法律援助承办人员发现公安机关在处理性侵害未成年人犯罪案件应当立案而不立案的，可以协助未成年被害人及其法定代理人（监护人）向人民检察院申请立案监督或协助向人民法院提起自诉。

第十一条 法律援助承办人员可以建议办案机关对未成年被害人的心理伤害程度进行社会评估，辅以心理辅导、司法救助等措施，修复和弥补未成年被害人身心伤害；发现未成年被害人存在心理、情绪异常的，应当告知其法定代理人（监护人）为其寻求专业心理咨询与疏导。

第十二条 对于低龄被害人、证人的陈述的证据效力，法律援助承办人员可以建议办案机关结合被害人、证人的心智发育程度、表达能力，以及所处年龄段未成年人普遍的表达能力和认知能力进行客观的判断，对待证事实与其年龄、智力状况或者精神健康状况相适应的未成年人陈述、证言，应当建议办案机关依法予以采信，不能轻易否认其证据效力。

第十三条 在未成年被害人、证人确有必要出庭的案件中，法律援助承办人员应当建议人民法院采取必要保护措施，不暴露被害人、证人的外貌、真实声音，有条件的可以采取视频等方式播放被害人的陈述、证人证言，避免未成年被害人、证人与被告人接触。

第十四条 庭审前，法律援助承办人员应当认真做好下列准备工作：

（一）在举证期限内向人民法院提交证据清单及证据，准备证据材料；

（二）向人民法院确认是否存在证人、鉴定人等出庭作证情况，拟定对证人、鉴定人的询问提纲；

（三）向人民法院确认刑事附带民事诉讼被告人是否有证据提交，拟定质证意见；

（四）拟定对证言笔录、鉴定人的鉴定意见、勘验笔录和其他作为证据的文书的质证意见；

（五）准备辩论意见；

（六）向被害人及其法定代理人（监护人）了解是否有和解或调解方案，并充分向被害人及其法定代理人（监护人）进行法律释明后，向人民法院递交方案；

（七）向被害人及其法定代理人（监护人）介绍庭审程序，使其了解庭审程序、庭审布局和有关注意事项。

第十五条 法律援助承办人员办理性侵害未成年人案件，应当了解和审查以下关键事实：

（一）了解和严格审查未成年被害人是否已满十二周岁、十四周岁的关键事实，正确判断犯罪嫌疑人、被告人是否“明知”或者“应当知道”未成年被害人为幼女的相关事实；

（二）了解和审查犯罪嫌疑人、被告人是否属于对未成年被害人负有“特殊职责的人员”；

（三）准确了解性侵害未成年人案发的地点、场所等关键事实，正确判断是否属于“在公共场所当众”性侵害未成年人。

第十六条 办理利用网络对儿童实施猥亵行为的案件时，法律援助承办人员应指导未成年被害人及其法定代理人（监护人）及时收集、固定能够证明行为人出于满足性刺激的目的，利用网络采取诱骗、强迫或者其他方法要求被害人拍摄、传送暴露身体的不雅照片、视频供其观看等相关事实方面的电子数据，并向办案机关报告。

第十七条 性侵害未成年人犯罪具有《关于依法惩治性侵害未成年人犯罪的意见》第 25 条规定的情形之一以及第 26 条第二款规定的情形的，法律援助承办人员应当向人民法院提出依法从重从严惩处的建议。

第十八条 对于犯罪嫌疑人、被告人利用职业便利、违背职业要求的特定义务性侵害未成年人的，法律援助承办人员可以建议人民法院在作出判决时对其宣告从业禁止令。

第十九条 发生在家庭内部的性侵害案件，为确保未成年被害人的安全，法律援助承办人员可以建议办案机关依法对未成年被害人进行紧急安置，避免再次受到侵害。

第二十条 对监护人性侵害未成年人的案件，法律援助承办人员可以建议人民检察院、人民法院向有关部门发出检察建议或司法建议，建议有关部门依法申请撤销监护人资格，为未成年被害人另行指定其他监护人。

第二十一条 发生在学校的性侵害未成年人的案件，在未成年被害人不能正常在原学校就读时，法律援助承办人员可以建议其法定代理人（监护人）向教育主管部门申请为其提供教育帮助或安排转学。

第二十二条 未成年人在学校、幼儿园、教育培训机构等场所遭受性侵害，在依法追究犯罪人员法律责任的同时，法律援助承办人员可以帮助未成年被害人及其法定代理人（监护人）要求上述单位依法承担民事赔偿责任。

第二十三条 从事住宿、餐饮、娱乐等的组织和人员如果没有尽到合理限度范围内的安全保障义务，与未成年被害人遭受性侵害具有因果关系时，法律援助承办人员可以建议未成年被害人及其法定代理人（监护人）向安全保障义务人提起民事诉讼，要求其承担与其过错相应的民事补充赔偿责任。

第二十四条 法律援助承办人员办理性侵害未成年人附带民事诉讼案件，应当配合未成年被害人及其法定代理人（监护人）积极与犯罪嫌疑人、被告人协商、调解民事赔偿，为未成年被害人争取最大限度的民事赔偿。

犯罪嫌疑人、被告人以经济赔偿换取未成年被害人翻供或者撤销案件的，法律援助承办人员应当予以制止，并充分释明法律后果，告知未成年被害人及其法定代理人（监护人）法律风险。未成年被害人及其法定代理人（监护人）接受犯罪嫌疑人、被告人前述条件，法律援助承办人员可以拒绝为其提供法律援助服务，并向法律援助机构报告；法律援助机构核实后应当终止本次法律援助服务。

未成年被害人及其法定代理人（监护人）要求严惩犯罪嫌疑人、被告人，放弃经济赔偿的，法律援助承办人员应当尊重其决定。

第二十五条 未成年被害人及其法定代理人（监护人）提出精神损害赔偿的，法律援助承办人员应当注意收集未成年被害人因遭受性侵害导致精神疾病或者心理伤害的证据，将其精神损害和心理创伤转化为接受治疗、辅导而产生的医疗费用，依法向犯罪嫌疑人、被告人提出赔偿请求。

第二十六条 对未成年被害人因性侵害犯罪造成人身损害，不能及时获得有效赔偿，生活困难的，法律援助承办人员可以帮助未成年被害人及其法定代理人（监护人）、近亲属，依法向办案机关提出司法救助申请。

第四章 办理监护人侵害未成年人权益案件

第二十七条 监护人侵害未成年人权益案件，是指父母或者其他监护人（以下简称监护人）性侵害、出卖、遗弃、虐待、暴力伤害未成年人，教唆、利用未成年人实施违法犯罪行为，胁迫、诱骗、利用未成年人乞讨，以及不履行监护职责严重危害未成年人身心健康等行为。

第二十八条 法律援助承办人员发现监护侵害行为可能构成虐待罪、遗弃罪的，应当告知未成年人及其他监护人、近亲属或村（居）民委员会等有关组织有权告诉或代为告诉。

未成年被害人没有能力告诉，或者因受到强制、威吓无法告诉的，法律援助承办人员应当告知其近亲属或村（居）委员会等有关组织代为告诉或向公安机关报案。

第二十九条 法律援助承办人员发现公安机关处理监护侵害案件应当立案而不立案的，可以协助当事人向人民检察院申请立案监督或协助向人民法院提起自诉。

第三十条 办案过程中，法律援助承办人员发现未成年人身体受到严重伤害、面临严重人身安全威胁或者处于无人照料等危险状态的，应当建议公安机关将其带离实施监护侵害行为的监护人，就近护送至其他监护人、亲属、村（居）民委员会或者未成年人救助保护机构。

第三十一条 监护侵害行为情节较轻，依法不给予治安管理处罚的，法律援助承办人员可以协助未成年人的其他监护人、近亲属要求公安机关对加害人给予批评教育或者出具告诫书。

第三十二条 公安机关将告诫书送交加害人、未成年受害人，以及通知村（居）民委员会后，法律援助承办人员应当建议村（居）民委员会、公安派出所对收到告诫书的加害人，未成年受害人进行查访、监督加害人不再实施家庭暴力。

第三十三条 未成年人遭受监护侵害行为或者面临监护侵害行为的现实危险，法律援助承办人员应当协助其他监护人、近亲属，向未成年人住所地、监护人住所地或者侵害行为地基层人民法院，申请人身安全保护令。

第三十四条 法律援助承办人员应当协助受侵害未成年人搜集

公安机关出警记录、告诫书、伤情鉴定意见等证据。

第三十五条 法律援助承办人员代理申请人身安全保护令时，可依法提出如下请求：

（一）禁止被申请人实施家庭暴力；

（二）禁止被申请人骚扰、跟踪、接触申请人及其相关近亲属；

（三）责令被申请人迁出申请人住所；

（四）保护申请人人身安全的其他措施。

第三十六条 人身安全保护令失效前，法律援助承办人员可以根据申请人要求，代理其向人民法院申请撤销、变更或者延长。

第三十七条 发现监护人具有民法典第三十六条、《关于依法处理监护人侵害未成年人权益行为若干问题的意见》第三十五条规定的情形之一的，法律援助承办人员可以建议其他具有监护资格的人、居（村）民委员会、学校、医疗机构、妇联、共青团、未成年人保护组织、民政部门等个人或组织，向未成年人住所地、监护人住所地或者侵害行为地基层人民法院申请撤销原监护人监护资格，依法另行指定监护人。

第三十八条 法律援助承办人员承办申请撤销监护人资格案件，可以协助申请人向人民检察院申请支持起诉。申请支持起诉的，应当向人民检察院提交申请支持起诉书，撤销监护人资格申请书、身份证明材料及案件所有证据材料复印件。

第三十九条 有关个人和组织向人民法院申请撤销监护人资格前，法律援助承办人员应当建议其听取有表达能力的未成年人的意见。

第四十条 法律援助承办人员承办申请撤销监护人资格案件，在接受委托后，应撰写撤销监护人资格申请书。申请书应当包括申请人及被申请人信息、申请事项、事实与理由等内容。

第四十一条 法律援助承办人员办理申请撤销监护人资格的案件，应当向人民法院提交相关证据，并协助社会服务机构递交调查评估报告。该报告应当包含未成年人基本情况，监护存在问题，监护人悔过情况，监护人接受教育、辅导情况，未成年人身心健康状况以及未成年人意愿等内容。

第四十二条 法律援助承办人员根据实际需要可以向人民法院申请聘请适当的社会人士对未成年人进行社会观护，引入心理疏导和测评机制，组织专业社会工作者、儿童心理问题专家等专业人员参与诉讼，为受侵害未成年人和被申请人提供心理辅导和测评服务。

第四十三条 法律援助承办人员应当建议人民法院根据最有利于未成年人的原则，在民法典第二十七条规定的人员和单位中指定监护人。没有依法具有监护资格的人的，建议人民法院依据民法典第三十二条规定指定民政部门担任监护人，也可以指定具备履行监护职责条件的被监护人住所地的村（居）民委员会担任监护人。

第四十四条 法律援助承办人员应当告知现任监护人有权向人民法院提起诉讼，要求被撤销监护人资格的父母继续负担被监护人的抚养费。

第四十五条 判决不撤销监护人资格的，法律援助承办人员根据《关于依法处理监护人侵害未成年人权益行为若干问题的意见》有关要求，可以协助有关个人和部门加强对未成年人的保护和对监护人的监督指导。

第四十六条 具有民法典第三十八条、《关于依法处理监护人侵害未成年人权益行为若干问题的意见》第四十条规定的情形之一的，法律援助承办人员可以向人民法院提出不得判决恢复其监护人资格的建议。

第五章 办理学生伤害事故案件

第四十七条 学生伤害事故案件，是指在学校、幼儿园或其他教育机构（以下简称教育机构）实施的教育教学活动或者组织的校外活动中，以及在教育机构负有管理责任的校舍、场地、其他教育教学设施、生活设施内发生的，造成在校学生人身损害后果的事故。

第四十八条 办理学生伤害事故案件，法律援助承办人员可以就以下事实进行审查：

（一）受侵害未成年人与学校、幼儿园或其他教育机构之间是否存在教育法律关系；

（二）是否存在人身损害结果和经济损失，教育机构、受侵害未成年人或者第三方是否存在过错，教育机构行为与受侵害未成年人损害结果之间是否存在因果关系；

（三）是否超过诉讼时效，是否存在诉讼时效中断、中止或延长的事由。

第四十九条 法律援助承办人员应当根据以下不同情形，告知未成年人及其法定代理人（监护人）相关的责任承担原则：

（一）不满八周岁的无民事行为能力人在教育机构学习、生活期间受到人身损害的，教育机构依据民法典第一千一百九十九条的规定承担过错推定责任；

（二）已满八周岁不满十八周岁的限制民事责任能力人在教育机构学习、生活期间受到人身损害的，教育机构依据民法典第一千二百条的规定承担过错责任；

（三）因教育机构、学生或者其他相关当事人的过错造成的学生伤害事故，相关当事人应当根据其行为过错程度的比例及其与损害结果之间的因果关系承担相应的责任。

第五十条 办理学生伤害事故案件，法律援助承办人员应当调查了解教育机构是否具备办学许可资格，教师或者其他工作人员是否具备职业资格，注意审查和收集能够证明教育机构存在《学生伤害事故处理办法》第九条规定的过错情形的证据。

第五十一条 办理《学生伤害事故处理办法》第十条规定的学生伤害事故案件，法律援助承办人员应当如实告知未成年人及其法定代理人（监护人）可能存在由其承担法律责任的诉讼风险。

第五十二条 办理《学生伤害事故处理办法》第十二条、第十三条规定的学生伤害事故案件，法律援助承办人员应当注意审查和收集教育机构是否已经履行相应职责或行为有无不当。教育机构已经履行相应职责或行为并无不当的，法律援助承办人员应当告知未成年人及其法定代理人（监护人），案件可能存在教育机构不承担责任的诉讼风险。

第五十三条 未成年人在教育机构学习、生活期间，受到教育机构以外的人员人身损害的，法律援助承办人员应当告知未成年人及其法定代理人（监护人）由侵权人承担侵权责任，教育机构未尽到管理职责的，承担相应的补充责任。

第五十四条 办理涉及教育机构侵权案件，法律援助承办人员可以采取以下措施：

（一）关注未成年人的受教育权，发现未成年人因诉讼受到教育机构及教职员工不公正对待的，及时向教育行政主管部门和法律援助机构报告；

（二）根据案情需要，可以和校方协商，或者向教育行政主管部门申请调解，并注意疏导家属情绪，积极参与调解，避免激化矛盾；

（三）可以调查核实教育机构和未成年人各自参保及保险理赔情况。

第五十五条 涉及校园重大安全事故、严重体罚、虐待、学生欺凌、性侵害等可能构成刑事犯罪的案件，法律援助承办人员可以向公安机关报告，或者协助未成年人及其法定代理人（监护人）向公安机关报告，并向法律援助机构报备。

第六章 附 则

第五十六条 本指引由司法部公共法律服务管理局与中华全国律师协会负责解释，自公布之日起试行。

关于建立侵害未成年人案件强制报告制度的意见（试行）

（2020年5月7日）

第一条 为切实加强对未成年人的全面综合司法保护，及时有效惩治侵害未成年人违法犯罪，根据《中华人民共和国刑事诉讼法》《中华人民共和国未成年人保护法》《中华人民共和国反家庭暴力法》《中华人民共和国执业医师法》及相关法律法规，结合未成年人保护工作实际，制定本意见。

第二条 侵害未成年人案件强制报告，是指国家机关、法律法规授权行使公权力的各类组织及法律规定的公职人员，密切接触未成年人行业的各类组织及其从业人员，在工作中发现未成年人遭受或者疑似遭受不法侵害以及面临不法侵害危险的，应当立即向公安机关报案或举报。

第三条 本意见所称密切接触未成年人行业的各类组织，是指依法对未成年人负有教育、看护、医疗、救助、监护等特殊职责，或者虽不负有特殊职责但具有密切接触未成年人条件的企事业单位、基层群众自治组织、社会组织。主要包括：居（村）民委员会；中小学校、幼儿园、校外培训机构、未成年人校外活动场所等教育机构及校车服务提供者；托儿所等托育服务机构；医院、妇幼保健院、急救中心、诊所等医疗机构；儿童福利机构、救助管理机构、未成年人救助保护机构、社会工作服务机构；旅店、宾馆等。

第四条 本意见所称在工作中发现未成年人遭受或者疑似遭受不法侵害以及面临不法侵害危险的情况包括：

（一）未成年人的生殖器官或隐私部位遭受或疑似遭受非正常损伤的；

（二）不满十四周岁的女性未成年人遭受或疑似遭受性侵害、怀孕、流产的；

（三）十四周岁以上女性未成年人遭受或疑似遭受性侵害所致怀孕、流产的；

（四）未成年人身体存在多处损伤、严重营养不良、意识不清，存在或疑似存在受到家庭暴力、欺凌、虐待、殴打或者被人麻醉等情形的；

（五）未成年人因自杀、自残、工伤、中毒、被人麻醉、殴打等非正常原因导致伤残、死亡情形的；

（六）未成年人被遗弃或长期处于无人照料状态的；

（七）发现未成年人来源不明、失踪或者被拐卖、收买的；

（八）发现未成年人被组织乞讨的；

（九）其他严重侵害未成年人身心健康的情形或未成年人正在面临不法侵害危险的。

第五条 根据本意见规定情形向公安机关报案或举报的，应按照主管行政机关要求报告备案。

第六条 具备先期核实条件的相关单位、机构、组织及人员，可以对未成年人疑似遭受不法侵害的情况进行初步核实，并在报案或举报时将相关材料一并提交公安机关。

第七条 医疗机构及其从业人员在收治遭受或疑似遭受人身、精神损害的未成年人时，应当保持高度警惕，按规定书写、记录和保存相关病历资料。

第八条 公安机关接到疑似侵害未成年人权益的报案或举报后，应当立即接受，问明案件初步情况，并制作笔录。根据案件的具体情况，涉嫌违反治安管理的，依法受案审查；涉嫌犯罪的，依法立案侦查。对不属于自己管辖的，及时移送有管辖权的公安机关。

第九条 公安机关侦查未成年人被侵害案件，应当依照法定程序，及时、全面收集固定证据。对于严重侵害未成年人的暴力犯罪案件、社会高度关注的重大、敏感案件，公安机关、人民检察院应当加强办案中的协商、沟通与配合。

公安机关、人民检察院依法向报案人员或者单位调取指控犯罪所需要的处理记录、监控资料、证人证言等证据时，相关单位及其工作人员应当积极予以协助配合，并按照有关规定全面提供。

第十条 公安机关应当在受案或者立案后三日内向报案单位反馈案件进展，并在移送审查起诉前告知报案单位。

第十一条 人民检察院应当切实加强对侵害未成年人案件的立案监督。认为公安机关应当立案而不立案的，应当要求公安机关说明不立案的理由。认为不立案理由不能成立的，应当通知公安机关立案，公安机关接到通知后应当立即立案。

第十二条 公安机关、人民检察院发现未成年人需要保护救助的，应当委托或者联合民政部门或共青团、妇联等群团组织，对未成年人及其家庭实施必要的经济救助、医疗救治、心理干预、调查评估等保护措施。未成年被害人生活特别困难的，司法机关应当及时启动司法救助。

公安机关、人民检察院发现未成年人父母或者其他监护人不依法履行监护职责，或者侵害未成年人合法权益的，应当予以训诫或者责令其接受家庭教育指导。经教育仍不改正，情节严重的，应当依法依规予以惩处。

公安机关、妇联、居民委员会、村民委员会、救助管理机构、未成年人救助保护机构发现未成年人遭受家庭暴力或面临家庭暴力的现实危险，可以依法向人民法院代为申请人身安全保护令。

第十三条 公安机关、人民检察院和司法行政机关及教育、民政、卫生健康等主管行政机关应当对报案人的信息予以保密。违法窃取、泄露报告事项、报告受理情况以及报告人信息的，依法依规予以严惩。

第十四条 相关单位、组织及其工作人员应当注意保护未成年人隐私，对于涉案未成年人身份、案情等信息资料予以严格保密，严禁通过互联网或者以其他方式进行传播。私自传播的，依法给予治安处罚或追究其刑事责任。

第十五条 依法保障相关单位及其工作人员履行强制报告责任，对根据规定报告侵害未成年人案件而引发的纠纷，报告人不予承担相应法律责任；对于干扰、阻碍报告的组织或个人，依法追究法律责任。

第十六条 负有报告义务的单位及其工作人员未履行报告职责，造成严重后果的，由其主管行政机关或者本单位依法对直接负责的主管人员或者其他直接责任人员给予相应处分；构成犯罪的，依法追究刑事责任。相关单位或者单位主管人员阻止工作人员报告的，予以从重处罚。

第十七条 对于行使公权力的公职人员长期不重视强制报告工作，不按规定落实强制报告制度要求的，根据其情节、后果等情况，监察委员会应当依法对相关单位和失职失责人员进行问责，对涉嫌职务违法犯罪的依法调查处理。

第十八条 人民检察院依法对本意见的执行情况进行法律监督。对于工作中发现相关单位对本意见执行、监管不力的，可以通过发出检察建议书等方式进行监督纠正。

第十九条 对于因及时报案使遭受侵害未成年人得到妥善保护、犯罪分子受到依法惩处的，公安机关、人民检察院、民政部门应及时向其主管部门反馈相关情况，单独或联合给予相关机构、人员奖励、表彰。

第二十条 强制报告责任单位的主管部门应当在本部门职能范围内指导、督促责任单位严格落实本意见，并通过年度报告、不定期巡查等方式，对本意见执行情况进行检查。注重加强指导和培训，切实提高相关单位和人员的未成年人保护意识和能力水平。

第二十一条 各级监察委员会、人民检察院、公安机关、司法行政机关、教育、民政、卫生健康部门和妇联、共青团组织应当加强沟通交流，定期通报工作情况，及时研究实践中出现的新情况、新问题。

各部门建立联席会议制度，明确强制报告工作联系人，畅通联系渠道，加强工作衔接和信息共享。人民检察院负责联席会议制度日常工作安排。

第二十二条 相关单位应加强对侵害未成年人案件强制报告的政策和法治宣传，强化全社会保护未成年人、与侵害未成年人违法犯罪行为作斗争的意识，争取理解与支持，营造良好社会氛围。

第二十三条 本意见自印发之日起试行。

最高人民法院公布八起侵害未成年人合法权益典型案例①

一、王先华强奸案

（一）基本案情

被告人王先华与刘永翠（被害人之母）同居，双方育有一女王某，刘永翠前夫之女梁某（2007 年出生）与其共同生活。2014 年 1 月 18 日，王某腿部烫伤出院后回到家中，刘永翠怕梁某晚上睡觉会蹬到王某烫伤处，便让梁某与被告人王先华在另间卧室同睡。当晚，被告人王先华将梁某强奸。

（二）裁判结果

陕西省镇巴县人民法院经审理认为，被告人王先华强行与未满十四周岁的幼女发生性关系，其行为构成强奸罪，应从重处罚，但其当庭自愿认罪，可酌定从轻判处。依照我国刑法相关规定，认定被告人王先华犯强奸罪，判处有期徒刑六年。宣判后，被告人未上诉，公诉机关也未提出抗诉，判决已经发生法律效力。

（三）典型意义

本案是一起性侵未成年继子女的案件。随着社会的发展，再婚家庭中性侵未成年继子女的案件日益成为性侵案件中突出的一类。特别是在偏远、落后的西部山区，生活习惯加之经济条件比较恶劣，再婚后的家长无暇顾及未成年人成长中应当具有的人身防范

① 来源：中国法院网，载 http：//www. court. gov. cn/zixun-xiangqing-15294. html

意识和常识，最终导致再婚的配偶得以甚至长期伤害未成年人，给未成年人造成一生难以愈合的伤痕。此案警示公众：应当加强对妇女儿童普及自我保护的防范意识和常识，共同防治此类恶性案件的发生。

二、曾冰故意伤害案

（一）基本案情

2012 年 5 月，被告人曾冰经人介绍认识了现任丈夫许某，随后即与许某以及许某与前妻生育的女儿小佳（案发时不满 3 岁）一起生活。为阻止许某与前妻联系，曾冰经常大发雷霆，怀孕后更是时常对非亲生的小佳严厉苛责，打骂不断。

2013 年 1 月 1 日下午 5 时，曾冰在家中叫小佳洗澡，小佳哭闹着不愿意。一怒之下，曾冰用手打、推小佳的脸和颈部，小佳跌倒在地上致头部受伤。刚开始，曾冰并未在意，但之后小佳开始神志不清，伴随有呕吐和昏迷症状。曾冰这才叫上亲戚一起将小佳送至医院抢救，但终因伤情太重，小佳于 1 月 7 日死亡。经法医鉴定，小佳死亡原因为重型颅脑损伤，左额顶部硬膜下血肿并脑疝形成、脑干功能衰竭。

小佳被打当晚 10 时许，公安机关在医院将曾冰抓获。由于曾冰当时怀有身孕，2013 年 1 月 2 日至 2014 年 6 月 30 日，公安机关和检察机关分别对其采取了取保候审措施。2014 年 7 月 1 日，曾冰被批准逮捕。同年 7 月 7 日，检察机关向一审法院提起公诉。

（二）裁判结果

广东省清远市清新区人民法院经开庭审理后，以故意伤害罪对被告人曾冰判处有期徒刑十四年零三个月。一审宣判后，曾冰认为量刑过重提起上诉，认为：1. 原判认定上诉人犯故意伤害罪属适用法律错误，其行为属于过失致人死亡，上诉人与被害人共同生活期间一直对其照顾有加。案发时上诉人只是出于教育的目的打了被害人几下，小孩摔倒死亡并非其所愿，且现实中家长教育致小孩死亡有许多案例都是以过失致人死亡定罪处罚。2. 被害人父亲曾对上诉人表达过谅解的意思。3. 原判未充分考虑其悔罪态度及父母年老、儿子年幼的情形。请求二审法院予以改判。

清远中院经二审审理查明事实后认为，虽然从上诉人曾冰在小佳昏迷后送医院抢救等情况看，其并不积极追求被害人死亡的后果，但是从其殴打方式和部位，以及被害人头部左枕骨粉碎性骨折，颅骨骨缝骨裂状且部分脑组织呈溶解状改变的伤害后果，可见上诉人在实施殴打时的力度，显示其主观上对危害后果的放任，应属间接故意，因此一审认定构成故意伤害罪正确。对于曾冰上诉提出其有积极赔偿的情节，经查属实，同时考虑到该案发生在家庭成员之间，且案发后上诉人积极将被害人送医救治，留在医院守候没有逃走，遂改判曾冰有期徒刑十二年。

（三）典型意义

每年孩子被父母或被家庭成员打死的报道几乎就没有中断过。孩子是父母的骨肉、家庭的希望，在孩子成长的路上，一些父母为什么忍心一次次地下狠手，做出伤害孩子的事情？因为很多人仍然认为家长打骂孩子是天经地义的事，“不打不成才”、“棍棒底下出孝子”是我国相当多的父母信奉的一条古训。

错误的管教观念是导致对孩子施暴的一个主要原因，另外，还有生活困难、工作压力大、未婚先育没有条件抚养、孩子身体智力有缺陷或残疾、重男轻女、父母有恶习、品行不良和精神心理异常等也导致这种伦理惨剧频发。

这类案件反映出，由于未成年人弱小，一些父母并没有把孩子当成独立个体看待，而是将其当成私有财产或物品，甚至当成出气筒、泄愤目标、报复工具。

在未成年人保护法等一系列法律法规中，已明确规定监护人“禁止对未成年人实施家庭暴力”，但在社会观念尚未完全将“父母打孩子”纳入法制视角的情况下，非到打孩子致伤、致残、致死情况下，父母很难受到法律的制裁；在干预机构和措施上，更远没有达到保护儿童不受家庭暴力伤害的程度。因此，有必要站在保护儿童的立场上，认识家庭暴力对儿童的伤害，要对未成年人给予特殊的关注和保护，对未成年人施暴的犯罪分子给予严惩；同时并提出相应的干预对策，遏制这种不良现象，保障孩子的生命尊严不受侵害。

三、刘燕故意伤害案

（一）基本案情

2014年5月3日13时许，被告人刘燕因怀疑其子被害人高某某（男，2008年10月13日出生）偷拿家中的钱，遂在广东省潮州市潮安区某镇的出租屋内对高某某进行责问，因高某某不承认偷拿家中财物而心生气愤。刘燕叫高某某把衣服脱光，先用皮带抽打高某某，见高某某还不承认偷拿家中的钱，刘燕更加气愤，又持塑料管持续殴打高某某的头部、背部、四肢等部位，致高某某全身多部位不同程度受伤，直至塑料管折断才停止。当天16时许，高某某因被殴打受伤而出现身体不适的症状，刘燕遂将高某某送至医院抢救，经医生抢救发现高某某已死亡。医生遂向公安机关报警，刘燕于当天在医院内被公安民警带回审查。经查，高某某的死因符合全身体表广泛钝性暴力损伤造成创伤性、失血性休克联合心脏挫裂伤死亡。

（二）裁判结果

广东省潮州市潮安区人民检察院以被告人刘燕犯故意伤害罪提起公诉。潮州市潮安区人民法院经审理认为，被告人刘燕因怀疑儿子偷拿家中钱财而心生气愤，持械故意伤害自己的未成年人儿子，致其死亡，其行为已构成故意伤害罪。公诉机关指控罪名成立。被告人刘燕归案后如实供述自己的犯罪事实，且已获得其家属的谅解，依法予以从轻处罚。辩护人提出被告人刘燕的行为构成过失致人死亡罪，上述辩护意见据理不足，不予采纳。辩护人关于被告人具有坦白情节且取得家属谅解，可以从轻处罚的辩护意见，予以采纳。根据被告人的犯罪事实、性质、情节以及对社会的危害程度，依照刑法有关规定，判决被告人刘燕犯故意伤害罪，判处有期徒刑十年。

宣判后，没有上诉、抗诉，判决已经发生法律效力。

（三）典型意义

本案是一起父母教育未成年人子女过程中，因教育方式不当而心生气愤，并实施无节制殴打行为，致子女死亡的案件，属于典型的涉及家庭暴力刑事案件。根据当前刑事政策，对于因恋爱、婚姻、家庭纠纷等民间矛盾激化引发的犯罪，一般酌情从宽处罚，涉及家庭暴力刑事案件也属于“因恋爱、婚姻、家庭纠纷”引发的犯罪。未成年人比起成年人来说，缺乏自我保护能力，极易成为家庭暴力的对象，遭受家庭暴力的伤害后果更加严重；司法对于针对未成年人成员实施暴力的被告人，根据案件的具体情况，可以依法从严惩处。

在本案审理过程中，被告人刘燕虽有如实供述自己的犯罪事实，但其辩称没有故意伤害自己的儿子，声称其不可能故意伤害亲生儿子，当时只是想教育儿子。庭审时，审判长及公诉人均依法对其进行教育，明理释法；法庭宣判时，审判长再次依法对其进行明理释法，告知认定其犯故意伤害罪及判处刑罚的法律依据，被告人刘燕也意识到自己的错误，表示会好好改造及反思。案件宣判后，被告人刘燕服判，没有提起上诉，被害人家属也表示服判。

根据调查了解，被害人高某某自小在安徽老家由爷爷、奶奶抚养，而被告人刘燕夫妇则带女儿在潮州市潮安区打工生活，案发前两三个月刚将被害人高某某带到潮州市潮安区上学。由于外出打工的父母与留守儿童处于长时间分离状况，双方重新一起生活时，无论是在情感上还是在生活习惯上均容易出现分歧；而且外省打工者这一特定群体受教育程度较低，忙于生计，缺乏如何教育子女成长的正确方法，这一现实情况可能也是导致本案发生的一大因素所在。本案的发生为社会敲响警钟，社会应给予留守儿童的生存、教育情况更多关注，留守儿童更是迫切需要父母及社会给予耐心、细心、温心的教育和包容。

四、霍霖祯强奸案

（一）基本案情

2006年7月至2011年4月间，被告人霍霖祯以虚假身份通过网络聊天、手机短信息聊天等方式，获取未成年在校女学生或者其他女网友的真实身份资料后，以公开经其引诱进行的有淫秽内容聊天的记录、利用被害人头像合成的裸体照片等方式相威胁，或者以帮助安排工作、教绘画为由，逼迫、诱骗被害人见面，先后在上海市，江苏省南京市，安徽省合肥市、滁州市、天长市、明光市、全椒县、肥西县、定远县、来安县等地的宾馆、旅店房间或者霍霖祯经营的儒林画院，共对25名被害人实施了强奸犯罪，强奸既遂16人，其中聋哑残疾人3人、幼女5人；强奸未遂3人；犯罪预备6人，其中幼女2人。

（二）裁判结果

安徽省滁州市中级人民法院经审理认为，被告人霍霖祯采用暴力、胁迫手段强奸妇女、奸淫幼女的行为已构成强奸罪。霍霖祯通过网上聊天等方式获取被害人真实身份资料，以公开聊天内容、合成的被害人裸体照片等方式胁迫被害人与其见面后，强奸妇女、奸淫幼女多人，并采用拍摄强奸过程等方式继续胁迫部分被害人，还采用其他方式实施强奸犯罪，且主要针对未成年在校学生实施犯罪，情节极其恶劣，后果严重，社会危害性极大，应依法惩处。虽然霍霖祯部分犯罪系未遂，部分犯罪处于预备阶段，亦不足以对其从轻处罚。依照刑法有关规定，认定被告人霍霖祯犯强奸罪，判处死刑，剥夺政治权利终身。宣判后，霍霖祯不服，提出上诉。安徽省高级人民法院于2013年6月13日作出裁定驳回上诉、维持原判。最高人民法院于2014年7月16日作出判决核准安徽省高级人民法院以强奸罪判处被告人霍霖祯死刑，剥夺政治权利终身的刑事裁定。滁州市中级人民法院依法对霍霖祯执行了死刑。

（三）典型意义

随着网络技术的迅速发展，各种利用网络实施犯罪的行为也随之而生。本案就是一起利用网络强奸多名妇女、奸淫多名幼女的恶性案件，社会危害性极大，应当引起我们足够的重视。

本案被告人霍霖祯利用网络虚拟的世界，以及未成年女学生、女青年往往涉世不深的弱点，引诱其陷入早已设下的圈套；又利用被害女学生、女青年害怕聊天记录、裸体照片被公开的心理，胁迫提出各种要求，令被害人言听计从，不敢反抗、不能反抗。本案中，霍霖祯对25名被害人实施强奸犯罪，仅有2名被害人报警，这也给公安机关及时、有效地打击此类犯罪带来了困难，客观上也使得更多的被害人遭受性侵害。

虽然霍霖祯被绳之以法，但其行为给25名被害人，特别是给多名未成年少女和幼女造成了无法弥补的心理和身体双重伤害，给她们的家庭也带来了无尽的痛苦。她们的遭遇令人同情，也发人深思。通过本案警示公众，特别是身心尚未成熟的未成年女学生：网络交友定谨慎，虚拟世界伪或真。屏幕背后淫贼狂，看似甜蜜实险恶。遇到胁迫莫要慌，家人朋友来帮忙。擦亮双眼来辨分，豺狼虎豹立遁形。

五、靳学勇故意杀人案

（一）基本案情

2013年5月，被告人靳学勇通过网上QQ聊天认识了被害人吴某某（女，殁年12岁），靳学勇在聊天中谎称自己叫“王钢”。同年6月23日，吴某某在QQ聊天中说自己不想上学了，到宁夏石嘴山市大武口区找工作，靳学勇便让其到大武口锦林小区来找自己。当日15时许，靳学勇自称是“王钢”的叔叔，在大武口锦林一区门口接上吴某某。二人在锦林二区6号楼前的树林里聊天时，靳学勇认为吴某某辱骂自己，便掐住吴某某的脖子并拧动，致其失去反抗能力。后又将吴某某抱至锦林二区6号楼2单元102号地下室，见其已没有呼吸，用文具小刀将吴某某尸体肢解后运至锦林小区附近的泄洪沟掩埋。2013年7月11日，公安民警将靳学勇抓获。经法医鉴定，吴某某系被扼颈致机械性窒息死亡，死后被分尸。

（二）裁判结果

宁夏回族自治区石嘴山市中级人民法院经审理认为，被告人靳学勇因琐事对被害人产生不满，采用扼颈的手段致被害人死亡，其行为已构成故意杀人罪。公诉机关指控被告人靳学勇犯故意杀人罪事实清楚，证据确实、充分，指控罪名成立。被告人靳学勇将被害人杀害后又将被害人尸体进行肢解掩埋，其犯罪手段极其残忍，犯罪情节极其恶劣，社会危害性极大，应依法予以严惩，且其有犯罪前科，应酌情从重处罚。被告人靳学勇的犯罪行为给附带民事诉讼原告人吴海亮、海英英造成物质损失，依法应予赔偿。二附带民事诉讼原告人的诉讼请求中，其中有证据证实的丧葬费为6270元，符合法律规定，予以支持；其他诉讼请求不符合法律规定，不予支持。因被告人靳学勇的亲属自愿赔偿被害人近亲属20000元，符合法律规定，应予以支持。依照刑法等有关规定，判决被告人靳学勇犯故意杀人罪，判处死刑，剥夺政治权利终身；被告人靳学勇赔偿附带民事诉讼原告人吴海亮、海英英物质损失20000元；驳回附带民事诉讼原告人吴海亮、海英英的其他诉讼请求；作案工具刀刃残片予以没收。宣判后，被告人靳学勇不服，提出上诉。

宁夏回族自治区高级人民法院经依法开庭审理，裁定驳回上诉，维持原判，并依法报最高人民法院核准。最高人民法院经复核，核准宁夏回族自治区高级人民法院维持第一审以故意杀人罪判处被告人靳学勇死刑，剥夺政治权利终身的刑事裁定。

（三）典型意义

本案是一起通过网络聊天诱骗未成年少女并将其杀害的案件。被害人吴某某一家从宁夏南部山区移民到宁夏银川市，因为父母忙于生计，又没有文化，平时与吴某某沟通较少。吴某某因年纪小，自控能力差，迷恋上了QQ聊天，并通过QQ聊天认识了自称是“王钢”叔叔的被告人靳学勇，在QQ聊天中倾诉自己不想上学，想找工作，被靳学勇诱骗到大武口区找工作，最终被被告人残忍杀害。

被告人犯罪性质恶劣，手段残忍，情节、后果严重。判处被告人靳学勇死刑，剥夺政治权利终身，量刑适当。

当今QQ聊天已成为大部分年轻人生活的一部分，它拉近了人与人之间的时空距离，丰富了人们的业余文化生活。但是，在给人们生产生活带来便利的同时，也给不法之徒实施犯罪带来了可乘之机。一些人专门在网上利用QQ寻找侵害对象实施不法行为，其中，既有利用网络进行诈骗犯罪的，也有利用网络进行暴力犯罪的。涉世未深的未成年人，尤其容易被犯罪分子通过QQ等通讯方式编造的谎言所欺骗、蒙蔽。本案被告人靳学勇通过QQ结识年仅12岁的吴某某，取得吴某某轻信后，即与吴某某相约见面，最后以给吴某某找工作为由，将吴某某诱骗至其居住的小区并将吴某某杀害。该案的发生提醒广大的青少年，不能轻信通过网络结识陌生人，不能在网络上透漏个人信息，更不能孤身和网友见面，以免造成人身危险。同时，也提醒未成年人的父母，要引导和教育未成年人子女正确利用网络，净化网络朋友圈，关注未成年人子女的社交圈，时刻注意防患于未然，确保未成年人的人身安全。

六、邵建非法拘禁、强奸案

（一）基本案件

被告人邵建通过网络聊天认识被害人张某某，2013年6月25日，被告人邵建约见张某某，并在吉林省榆三公路道南加油站附近，强行将被害人张某某（女，17岁）拽上一辆捷达出租车前往吉林省榆树市，在一家旅店内非法拘禁张某某至6月26日。2013年6月26日，邵建又将张某某带至黑龙江省哈尔滨市，在哈尔滨市南岗区汉广街与汉阳街交口处的北往旅店内，非法拘禁张某某至6月28日。2013年6月25日，邵建将张某某强行带至吉林省榆树市后，在一家旅店内多次强行与张某某发生性行为，6月26日邵建将张某某强行带至哈尔滨市后，在哈尔滨市南岗区汉广街与汉阳街交口处的北往旅店内，多次强行与张某某发生性关系。

（二）裁判结果

黑龙江省哈尔滨市南岗区人民法院经审理认为，被告人邵建非法拘禁他人并多次以暴力、胁迫手段强奸妇女，其行为已构成非法拘禁罪、强奸罪。公诉机关指控的罪名成立，应予以惩处。依照刑法有关规定，判决被告人邵建犯强奸罪，判处有期徒刑九年，剥夺政治权利一年；犯非法拘禁罪，判处有期徒刑二年；数罪并罚，决定执行有期徒刑十年，剥夺政治权利一年。宣判后，原审被告人邵建不服，以原审判决量刑过重为由，提出上诉。

经二审审理查明的事实、证据与一审相一致。原审判决认定上诉人（原审被告人）邵建犯强奸罪、非法拘禁罪的事实清楚，证据充分，定罪准确，诉讼程序合法。原审法院对邵建所犯强奸罪、非法拘禁罪的量刑规范，且在刑罚幅度之内，并无不当。上诉人邵建的上诉理由无法律依据，不予支持。在二审审理过程中，邵建申请撤回上诉。邵建申请撤回上诉，符合法律规定的撤诉条件，依据《最高人民法院关于适用〈中华人民共和国刑事诉讼法〉的解释》第三百零五条、第三百零八条之规定，裁定准许上诉人（原审被告人）邵建撤回上诉。

（三）典型意义

本案是一起利用网络聊天，欺骗被害人与其见面、胁迫并拘禁被害人，并在拘禁期间，对未成年被害人多次强奸的恶性案件。我国刑法第二百三十六条第三款第（一）项规定，强奸妇女、奸淫幼女情节恶劣的，处十年以上有期徒刑、无期徒刑或者死刑。但对“情节恶劣”的认定标准，刑法和司法解释无明文规定，在司法实践中，对长时间对同一妇女非法拘禁并多次实施强奸的，一般认定为“情节恶劣”。本案中虽未按十年以上掌握对被告人的处刑，但考虑本案中被告人长时间在对未成年被害人多次实施强奸行为的性质比较恶劣的具体情况，可以依法从严惩处，故在三年以上十年以下有期徒刑的法定幅度内，“从高”判处被告人邵建有期徒刑九年，量刑适当，充分体现了对未成年被害人等特殊群体的保护。

七、范刚等强迫劳动案

（一）基本案情

被告人范刚、李苑玮是夫妻关系，租用广州市越秀区王圣堂大街十一巷16号201房做手表加工及住宿场所。2013年4月至10月间，被告人范刚与李苑玮以招工为名，先后从中介处招来钟成（案发时16岁）、苏添园（案发时13岁）、周燊（案发时15岁）三名被害人，使用锁门禁止外出的方法强迫三名被害人在该处从事手表组装工作。其间，被告人范刚对被害人钟成、周燊有殴打行为，被告人李苑玮对三名被害人有语言威胁的行为，被告人罗春龙于2013年5月入职后协助被告人范刚看管三名被害人。2013年10月20日，经被害人报警，公安人员到场解救了三名被害人，并将被告人范刚、李苑玮、罗春龙抓获归案。经法医鉴定，被害人钟成和周燊的头部、颈部、臂部受伤，损伤程度属轻微伤。

（二）裁判结果

广东省广州市越秀区人民法院经审理认为，被告人范刚、李苑玮、罗春龙以暴力、胁迫和限制人身自由的方法强迫未成年人劳动，其行为均侵犯了他人的人身权利，共同构成强迫劳动罪，情节严重。被告人范刚在共同犯罪中起主要作用，应认定为主犯；被告人李苑玮、罗春龙在共同犯罪中起次要或辅助作用，应认定为从犯，依法应当从轻处罚。被告人范刚、李苑玮自愿认罪，能如实供述自己的罪行，依法可以从轻处罚。依照刑法有关规定，认定被告人范刚犯强迫劳动罪，判处有期徒刑三年，并处罚金10000元；被告人李苑玮犯强迫劳动罪，判处有期徒刑十个月，并处罚金5000元；被告人罗春龙犯强迫劳动罪，判处有期徒刑七个月，并处罚金1000元。宣判后，没有上诉、抗诉。判决已发生法律效力。

（三）典型意义

本案是一起典型的以限制人身自由的方法强迫未成年人劳动的案件。三名被害人在案发时均未成年，最大的16周岁、最小的年仅13周岁。未成年人由于其心智发育尚未成熟，自我保护的能力较弱。

被告人范刚等人专门招收未成年人进行强迫劳动，更突显了其行为的强迫性和违法性。在目前侵犯未成年人权益的案件频频发生的现状下，国家对未成年人的保护给予了高度重视。最高人民法院《〈刑法修正案（八）〉条文及配套司法解释理解与适用》规定，强迫劳动罪的“情节严重”包括强迫未成年人劳动的情形，不论人数多少。故本案符合“情节严重”的情形，对主犯应在3年以上量刑。本案的三名未成年被害人是因外出贪玩或外出打工而遇险，本案警示家长们一定要特别注意未成年子女在外的人身安全，最好不要让未成年子女独自外出打工。

八、刘琴等故意伤害案

（一）基本案情

被告人刘琴于2010年左右通过互联网结识倪某甲，二人产生婚外恋情，刘琴要求倪某甲离婚并与自己结婚，遭倪的拒绝，刘琴心生怨恨。2011年5月，刘琴在倪某甲经营的干洗店内与倪的妻子彭某某发生争吵，被倪某甲当场殴打，刘琴为此产生报复之念。2012年3月23日，刘琴在互联网QQ空间“漂流瓶”上发布“谁帮我毁掉一个女人的容貌”的信息，寻人报复彭某某。陈某某（同案被告人，已判刑）见此信息，回复刘琴表示愿意帮忙，刘琴遂与陈某某通过互联网联系商议报复之事，刘琴许诺事成之后给付陈某某1至2万元好处费。同年6月，陈某某从外省来到江西省鹰潭市与刘琴会面，二人再次商议认为报复成年人费用大，转而决定报复倪某甲之子倪某乙（被害人，时年8岁），并决定用硫酸搞瞎倪某乙的眼睛。之后，刘琴出钱，陈某某买来硫酸。刘琴多次带陈某某到江西省余江县倪某甲家和江西省南昌市倪某甲经营的干洗店进行踩点、指认，经跟踪获取了倪某甲租住处的具体位置。同年7月7日上午，刘琴在倪某甲经营的干洗店附近观察倪某甲夫妇的举动，陈某某则携带硫酸来到南昌市耶稣堂绳金塔104号304室倪某甲租住处外等候，伺机作案。当日12时许，陈某某通过刘琴发来的手机短信得知倪某甲夫妇在干洗店后，便进到倪某甲租住房，将所带的一玻璃瓶硫酸泼向倪某乙的面部及身上，致倪某乙全身大面积烧伤，构成重伤甲级，二级伤残。

（二）裁判结果

江西省南昌市中级人民法院经审理认为，被告人刘琴、陈某某用硫酸毁人容貌，致人重伤甲级，伤残二级，其行为均已构成故意伤害罪。刘琴提起犯意，雇凶报复无辜儿童，积极追求犯罪结果发生，二被告人共同预谋、策划犯罪，以特别残忍手段致人重伤造成严重残疾，对二被告人不宜区分主从犯。但在共同犯罪中刘琴的地位、作用和主观恶性更大，应依法严惩。依照刑法的有关规定，认定被告人刘琴犯故意伤害罪，判处死刑，剥夺政治权利终身。宣判后，刘琴提出上诉。江西省高级人民法院经依法开庭审理，认为上诉人刘琴雇佣陈某某采用泼硫酸的手段故意伤害他人，致被害人重伤，其二人行为均已构成故意伤害罪。刘琴因与他人的感情纠纷，雇凶伤害无辜儿童，二人的犯罪动机卑劣，作案手段特别残忍，情节特别恶劣，后果特别严重，均系主犯，应依法予以惩处。刘琴在本案中的地位、作用更大，主观恶性更深。作出驳回上诉，维持原判的刑事附带民事判决，并依法报请最高人民法院核准。最高人民法院经复核认为，被告人刘琴为报复泄愤，竟雇佣他人采用泼硫酸的方式故意伤害无辜儿童身体并致被害人重伤，其行为已构成故意伤害罪。在共同犯罪中，刘琴通过互联网发布雇人行凶信息、出资购买硫酸、踩点并指认被害人，系罪责最为严重的主犯。刘琴犯罪手段特别残忍，情节特别恶劣，后果及所犯罪行极其严重，应依法惩处，依法核准刘琴死刑。刘琴已被执行死刑。

（三）典型意义

本案是一起残害无辜儿童的故意伤害案，惨案的发生是由无辜儿童的父亲倪某甲与被告人刘琴的婚外恋而引发。被告人刘琴因丈夫长期在外打工，与其聚少离多，夫妻感情名存实亡，在家带小孩的刘琴闲来无聊时便爱上网与人聊天，于是结识了有家室和一双儿女的倪某甲，二人很快产生婚外恋。其间，刘琴因无工作和经济来源，生活十分困难，倪某甲便时常拿些钱款给刘琴，二人长期保持不正常的关系。刘琴在生下一对双胞胎男孩后，要求倪某甲离婚与其结婚，但遭到并不想与其生活的倪某甲拒绝，并在刘琴与彭某某发生争吵时，倪某甲当妻子的面殴打刘琴，刘琴便产生报复之念，她要报复彭某某，报复倪某甲的儿子，让倪某甲夫妇永远难受。于是，刘琴通过互联网雇到了凶手陈某某，用泼硫酸的方式烧伤时年 8 岁的倪某乙面容和身体，致其容貌被废，右眼摘除，面目全非，疼痛难忍，生不如死。

此案警示公众：一旦走进婚姻的殿堂，就要树立正确的婚姻观，对家人和家庭负责，并正确处理好夫妻关系和矛盾。婚外恋可谓“毒树之果”，它的恶果不仅伤及自己，还可能伤及家人。网络世界纷繁复杂，网络可谓“双刃之剑”，既有其利的一面，也有其弊的一面，要把握好自己，正确利用网络。

最高人民法院发布12起侵害未成年人权益被撤销监护人资格典型案例①

一、林某某被撤销监护人资格案

(一) 基本案情

福建省仙游县榜头镇梧店村村民林某某（女）多次使用菜刀割伤年仅9岁的亲生儿子小龙（化名）的后背、双臂，用火钳鞭打小龙的双腿，并经常让小龙挨饿。自2013年8月始，当地镇政府、村委会干部及派出所民警多次对林某某进行批评教育，但林某某拒不悔改。2014年1月，共青团莆田市委、市妇联等部门联合对林某某进行劝解教育，林某某书面保证不再殴打小龙，但其后林某某依然我行我素。同年5月29日凌晨，林某某再次用菜刀割伤小龙的后背、双臂。为此，仙游县公安局对林某某处以行政拘留十五日并处罚款人民币一千元。6月13日，申请人仙游县榜头镇梧店村民委员会以被申请人林某某长期对小龙的虐待行为已严重影响小龙的身心健康为由，向法院请求依法撤销林某某对小龙的监护人资格，指定梧店村民委员会作为小龙的监护人。在法院审理期间，法院征求小龙的意见，其表示不愿意随林某某共同生活。

(二) 裁判结果

福建省仙游县人民法院经审理认为，监护人应当履行监护职责，保护被监护人的身体健康、照顾被监护人的生活，对被监护人进行管理和教育，履行相应的监护职责。被申请人林某某作为小龙的监

① 来源：中国法院网，载 http：//www. court. gov. cn/zixun-xiangqing-21481. html

护人，未采取正确的方法对小龙进行教育引导，而是采取打骂等手段对小龙长期虐待，经有关单位教育后仍拒不悔改，再次用菜刀割伤小龙，其行为已经严重损害小龙的身心健康，故其不宜再担任小龙的监护人。依照民法及未成年人保护法的有关规定，撤销被申请人林某某对小龙的监护人资格；指定申请人仙游县榜头镇梧店村民委员会担任小龙的监护人。

（三）典型意义

撤销父母监护权是国家保护未成人合法权益的一项重要制度。父母作为未成年子女的法定监护人，若不履行监护职责，甚至对子女实施虐待、伤害或者其他侵害行为，再让其担任监护人将严重危害子女的身心健康。结合本案情况，仙游县人民法院受理后，根据法律的有关规定，在没有其他近亲属和朋友可以担任监护人的情况下，按照最有利于被监护人成长的原则，指定当地村民委员会担任小龙的监护人。本案宣判后，该院还主动与市、县两级团委、妇联沟通，研究解决小龙的救助、安置等问题。考虑到由村民委员会直接履行监护职责存在一些具体困难，后在团委、民政部门及社会各方共同努力之下，最终将小龙妥善安置在 SOS 儿童村，切实维护小龙合法权益。本案为 2015 年 1 月 1 日开始施行的最高人民法院、最高人民检察院、公安部、民政部《关于依法处理监护人侵害未成年人权益行为若干问题的意见》中有关有权申请撤销监护人资格的主体及撤销后的安置问题等规定的出台，提供了实践经验，并对类似情况发生时，如何具体保护未成年人权益，提供了示范样本。

二、邵某某、王某某被撤销监护人资格案

（一）基本案情

邵某某和王某某 2004 年生育一女，取名邵某。在邵某未满两周岁时，二人因家庭琐事发生矛盾，邵某某独自带女儿回到原籍江苏省徐州市铜山区大许镇生活。在之后的生活中，邵某某长期殴打、虐待女儿邵某，致其头部、脸部、四肢等多处严重创伤。2013 年又

因强奸、猥亵女儿邵某，于2014年10月10日被法院判处有期徒刑十一年，剥夺政治权利一年。王某某自2006年后从未看望过邵某，亦未支付抚养费用。邵某某被采取刑事强制措施后，王某某及家人仍对女儿邵某不闻不问致其流离失所、生活无着。邵某因饥饿离家，被好心人士张某某收留。邵某某的父母早年去世，无兄弟姐妹。王某某肢体三级残疾，其父母、弟、妹均明确表示不愿意抚养邵某。2015年1月铜山区民政局收到铜山区检察院的检察建议，于1月7日作为申请人向铜山区人民法院提起特别程序请求撤销邵某某和王某某的监护人资格。

（二）裁判结果

江苏省徐州市铜山区人民法院判决：1. 撤销被申请人邵某某对邵某的监护权。2. 撤销被申请人王某某对邵某的监护权。3. 指定徐州市铜山区民政局作为邵某的监护人。

（三）典型意义

通过对该案的审判，确定了当父母拒不履行监护责任或者侵害被监护人合法权益时，民政局作为社会保障机构，有权申请撤销父母的监护权，打破“虐童是家事”的陈旧观念，使受到家庭成员伤害的未成年人也能够得到司法救济。在未成年人其他近亲属无力监护、不愿监护和不宜监护，临时照料人监护能力又有限的情形下，判决民政局履行带有国家义务性质的监护责任，指定其作为未成年人的监护人，对探索确立国家监护制度作出大胆尝试。该案件审理中的创新做法：一、激活监护权撤销制度使之具有可诉性，明确了民政部门等单位在“有关单位”之列，使撤销监护权之诉具备了实际的可操作性；二、引入指定临时照料人制度，案件受理后，为未成年人指定临时照料人，既确保未成年人在案件审理过程中的生活稳定，也有利于作为受害人的未成年人表达意愿、参加庭审；三、引入社会观护制度，案件审理中，法院委托妇联、团委、青少年维权机构对受害未成年人进行观护，了解未成年人受到侵害的程度、现在的生活状态、亲属情况及另行指定监护人的人选等内容，给法院裁判提供参考；四、加强未成年人隐私保护，庭审中采用远程视频、背对镜头的方式让邵某出庭，寻求受害女童隐私保护和充分表达意愿的平衡。对裁判文书进行编号，向当事人送达裁判文书时送达《未成年人隐私保护告知书》，告知不得擅自复印、传播该文书。在审理终结后，对全部卷宗材料进行封存，最大限度保护受害人的隐私，确保其在另行指定监护人后能健康成长。

三、岳某某被撤销监护人资格案

（一）基本案情

申请人屈某某、张某某系屈某一之父母。屈某一与被申请人岳某某（女）婚后生育子女岳某一（姐）、岳某二（弟）。2007年，屈某一意外死亡，岳某某独自离家未归。多年来岳某一、岳某二与两申请人（祖父母）一起生活。被申请人岳某某现已再婚。申请人屈某某、张某某申请撤销岳某某对岳某一、岳某二的监护权，同时指定申请人屈某某、张某某为岳某一、岳某二的监护人，被申请人岳某某表示同意。

（二）裁判结果

陕西省兴平市人民法院经审理认为，监护人应当履行监护职责，保护被监护人的人身、财产及其他合法权益。被申请人岳某某在其丈夫去世后，未履行对其子女岳某一、岳某二的抚养、照顾、教育、管理义务。现被申请人岳某某对申请人屈某某、张某某的申请表示同意，且岳某一、岳某二一直与申请人屈某某、张某某（祖父母）共同生活，由申请人抚养至今，故对两申请人的主张予以支持。

（三）典型意义

父母作为未成年人的法定监护人，应当履行法定监护职责。本案中，被申请人作为未成年人的母亲，长期不履行对于子女的监护职责，而由未成年人的祖父母实际进行抚养、照顾等监护义务。将监护人变更为未成年人的祖父母，不但符合实际的监护情况，也符合包括被申请人在内的各方利害关系人的意愿，符合未成年人保护的立法意旨。实践中，祖父母抚养孙子女等留守儿童的现象日益普遍，在作为法定监护人的父母不履行或者不能履行监护职责的情况下，赋予祖父母监护人身份，有利于稳定家庭关系及社会秩序，促进未成年人权益保障，这也是本案的典型意义所在。

四、徐某被撤销监护人资格案

（一）基本案情

徐某某出生于2010年2月21日，出生后被遗弃在江苏省常州市武进区某寺庙门外，由该寺庙出家人释某抱回寺内。因徐某某需落户口，释某年纪较大，不符合收养要求。2011年12月29日，徐某某由寺庙出家人徐某收养，并办理了收养登记手续。徐某某先由徐某的妹妹、妹夫代养，后又送回该寺庙抚养，由徐某及寺内其他人员共同照顾。2014年9月25日，徐某某被送至常州市儿童福利院，寺庙支付了保育教育费、寄养儿童伙食费等费用共计19480元。徐某某被送至常州市儿童福利院后，徐某未探望过徐某某，亦未支付过徐某某的相关费用。徐某某患有脑裂畸形，至今未治愈。

（二）裁判结果

江苏省常州市天宁区人民法院认为，监护人不履行监护职责或者侵害被监护人的合法权益的，应当承担责任，人民法院可以根据有关人员或者有关单位的申请，撤销监护人的资格。徐某某生父母不详，且患有脑裂畸形疾病。2014年9月25日，徐某某由某寺庙送至常州市儿童福利院抚养至今，其间徐某长期不履行监护职责，庭审中亦明确表示其不具备抚养、监护徐某某的能力。申请人常州市儿童福利院愿意担任徐某某的监护人，并已自2014年9月25日起实际履行了监护职责。故申请人常州市儿童福利院申请撤销被申请人徐某的监护资格，由申请人担任徐某某的监护人，符合法律规定，应当予以支持。判决：一、撤销被申请人徐某对徐某某的监护人资格。二、指定常州市儿童福利院为徐某某的监护人。该判决为终审判决，现已生效。

（三）典型意义

本案是一起撤销因收养关系形成的监护权案件。不履行监护职责的消极不作为行为，导致未成年人身心健康受到侵害的行为，亦应认定为监护侵害行为。徐某与徐某某通过收养关系成为其监护人，但实际上徐某某一直由多人轮流抚养，徐某某患有脑裂畸形，因徐某怠于行使监护职责，无法进行手术医治，已严重影响了徐某某的健康成长，在徐某某被送至常州市儿童福利院后，徐某未探望过徐某某，亦未支付过相关费用，其不履行监护职责的行为构成对徐某某的侵害。徐某某年仅五岁，且患有脑裂畸形疾病，无法主动维护其自身权益，其是一名弃婴，无法查明其亲生父母及近亲属的情况。常州市儿童福利院作为民政部门设立的未成年人救助保护机构，对徐某某进行了抚养、照顾，实际承担了监护职责，由其作为申请人提出申请符合法律规定，体现了国家监护制度对于未成年人监护权益的补充和保障，指定其作为徐某某的监护人，也符合未成年人利益最大化的原则和本案的实际情况。

五、耿某某、马某被撤销监护人资格案

（一）基本案情

被申请人耿某某、马某系同居关系，双方于2007年4月生育儿子耿某一。马某有智力残疾，耿某某经常因为家庭琐事殴打耿某一，给耿某一造成了严重的身体和精神上的伤害。耿某某也经常殴打马某，致使马某离家出走，下落不明。公安机关在调查耿某一被殴打时，耿某某也离家出走，下落不明。耿某一的祖父、祖母均已去世，耿某一的外祖父、外祖母已经离婚，与其外祖母已无联系，其外祖父无正式工作，体弱多病无力作为监护人承担监护责任。由于父母均出走，耿某一独自一人在家，社区居委会、兴山区团委及鹤岗市团委为了保护未成年人的合法权益，将耿某一送至鹤岗市流浪乞讨人员救助站即鹤岗市未成年人社会保护中心。为了保护耿某一的人身安全，鹤岗市流浪乞讨人员救助站作为申请人，向鹤岗市兴山区人民法院起诉要求撤销耿某某、马某的监护权。

（二）裁判结果

黑龙江省鹤岗市兴山区人民法院经审理认为，耿某某经常殴打耿某一，给其造成了严重的身体及精神伤害，其已经不能继续承担监护责任。马某虽是耿某一的母亲，但是其作为限制民事行为能力人，无独立生活能力，也无力继续承担监护责任。耿某一的其他近亲属均无力作为耿某一的监护人。鹤岗市兴山区人民法院依照法律规定，对此案进行了缺席审理，判决撤销了被申请人耿某某、马某的监护人资格。指定鹤岗市民政局作为耿某一的监护人，由鹤岗市民政局所属的鹤岗市儿童福利院承担对耿某一的监护职责。

（三）典型意义

本案是一起撤销监护权的典型案例。虽然我国法律对撤销监护权作了规定，但是在现实生活中撤销监护权的案件却非常少。本案在审理中的最大亮点就是为了让未成年人的利益最大化，在依法指定民政局担任监护人的同时，由民政局所属的儿童福利院承担了监护职责。现阶段我国的儿童福利院受到了国家的高度重视，其居住、教育设施、人员配备较为完善，这样的生活、教育环境更有利于未成年人的健康成长，同时也解决了剥夺监护权后未成年人的生活和教育问题。

六、何某某被撤销监护人资格案

（一）基本案情

被申请人何某某系叶某某的前夫、被监护人何某一的父亲。何某某与叶某某无其他子女，双方离婚时协议何某一由叶某某抚养。何某一的外祖母已死亡。申请人叶某一系何某一的舅舅。2015 年 4 月 25 日 19 时许，被申请人何某某前往叶某某家，将叶某某父亲和叶某某捅死，将何某一捅伤。2015 年 9 月 26 日，何某一户籍地所在村委会出具证明，认为由申请人叶某一作为何某某的监护人有利于何某一成长。法院于 2014 年 10 月 24 日征询何某一的意见，其同意由申请人叶某一作为其监护人。

（二）裁判结果

浙江省乐清市人民法院经审理认为，监护人应履行对被监护人的监护职责，暴力伤害被监护人，严重损害被监护人身心健康的，法院可以判决撤销其监护人资格。本案中，被申请人何某某捅死何某一的外祖父和母亲，并捅伤何某一，严重损害了何某一的身心健康，申请人叶某一作为何某一的舅舅申请撤销何某某的监护资格，应予以支持，由申请人叶某一担任何某一的监护人更有利于何某一走出心理阴影、健康成长。依照法律相关规定，判决撤销被申请人何某某监护人资格，指定申请人叶某一作为何某一的监护人。该判决现已发生法律效力。

（三）典型意义

本案是一起父亲故意伤害子女而被撤销监护权的典型案例。父母作为子女的法定监护人，本应保护被监护人的身体健康，照顾被监护人的生活，被申请人何某某却将被监护人何某一捅成重伤（二级），令人扼腕。法院依照有关法律规定，撤销被申请人何某某某作为何某一监护人的资格，充分保障了未成年人的合法权益。审理过程中，对于指定何人为何某一的监护人，法院充分考虑了何某一本人的意愿和其户籍地所在村委会的意见，从有利于何某一走出心理阴影、健康成长的角度考虑，指定何某一的舅舅叶某一担任其监护人。

七、周某被撤销监护人资格案

（一）基本案情

申请人秦某某、周某某系夫妻关系，1978 年 6 月领养了周某。1999 年至 2000 年，秦某某、周某某因周某吸食毒品屡教不改并偷拿家中财物导致矛盾激化，双方于 2000 年 11 月 21 日经上海市长宁区人民法院主持调解，解除了秦某某、周某某与周某之间养父母与养女关系。2005 年 3 月 23 日，周某在外非婚生育一女，取名周某一。2005 年 6 月，周某找到秦某某、周某某希望能暂时代为照顾周某一。但当老两口接手孩子后，周某只是每年偶尔来看看孩子，也未支付过抚养费。自2013年2月起，周某未再看望过周某一，也未履行抚养义务，经秦某某、周某某多次电话联系，仍无法联系到周某。周某一现就读于上海市某小学四年级，成绩优良，但因被申请人周某未履行监护职责，未能办理户籍。

本案在审理期间法院委托上海市阳光社区青少年事务中心长宁工作站进行社会观护。社会观护员反映：周某一自幼由两申请人照顾，被申请人偶尔回家一次。现一年多没有回家或者联系周某一。平时申请人周某某负责接送周某一，课余经常带周某一去各种游乐场所和公园，申请人秦某某负责周某一的饮食起居和学习。周某一明确表示希望和两申请人生活在一起，不喜欢母亲周某。因为周某下落不明以及消极处理周某一的户籍问题，导致周某一目前处于没有户籍、没有医保、没有身份证的状况，亦增加了两申请人的经济负担。社会观护员建议从保障未成年人权益出发，由两申请人担任周某一监护人为宜。

（二）裁判结果

上海市长宁区人民法院经审理后认为，两申请人虽为年迈老人，且与未成年人周某一无法律关系、无抚养义务，但出于对未成年人的关爱之情，长期抚养周某一，并经所在居民委员会同意，向人民法院提出撤销周某的监护人资格。而在周某一的生父尚不明确情况下，生母周某作为唯一法定监护人不亲身切实履行抚养周某一的义务，不承担抚养费用，未能有效履行抚养未成年人的义务，不宜再担任周某一的监护人。鉴于两申请人长期抚养周某一，具有抚养能力，双方形成亲密抚养关系，且相关证据亦表明未成年人周某一在两申请人的照顾下成长状况良好，学习成绩优良，可以认为两申请人具备监护周某一的资格和条件。判决：一、撤销被申请人周某的监护人资格。二、变更申请人秦某某、周某某为周某一的监护人。

（三）典型意义

这个案件是上海首例监护人不尽抚养义务被撤销监护权的案件。这个案件给我们的启示是，并不是只有虐待未成年子女才会受到法律制裁，监护人长期不尽抚养义务，也会被剥夺监护权，由国家或者他人代为行使监护权。孩子不是父母的私有财产，他们是国家的未来，一旦发现未成年人权益受到侵害，公民有报告的义务，这样才会逐步减少未成年人权益受侵害的现象。

八、何某某被撤销监护人资格案

（一）基本案情

被申请人何某某（女）与案外人杨某某原系夫妻，双方协议离婚时约定婚生女儿杨某随被申请人何某某共同生活。2013 年上半年至 2014 年 7 月 13 日期间，被申请人何某某的情人张某某在明知杨某是未满十四周岁幼女的情况下，先后多次让何某某将杨某带到遂昌县某宾馆房间内，由何某某做杨某的思想工作后，与杨某发生性关系。2015 年 7 月 3 日，遂昌法院以强奸罪分别判处张某某有期徒刑十年六个月，何某某有期徒刑十年。案发后，杨某随其父亲杨某某共同生活。

（二）裁判结果

浙江省遂昌县人民法院经审理认为，监护人应当履行监护职责，保护被监护人的人身、财产及其他合法权益。本案中，被申请人何某某罔顾伦理道德、漠视法律，帮助他人性侵被监护人，严重损害了被监护人的身心健康。为维护被监护人合法权益，依照法律有关规定，判决撤销被申请人何某某作为杨某的监护人资格。该判决已发生法律效力。

（三）典型意义

无论是从伦理道德还是从法律角度而言，为人父母者都应尽心尽力地对未成年子女进行管理和教育，妥善照顾未成年子女的生活，保护其身心健康和人身安全。本案被申请人何某某作为杨某的亲生母亲，却帮助他人性侵杨某，有悖伦理道德，触犯刑法规定，严重损害了被监护人杨某的身心健康。在遂昌县人民检察院告知杨某的父亲杨某某可申请撤销何某某监护人资格后，杨某某并未提起诉讼，遂昌县民政局在检察机关的建议下，向法院起诉撤销何某某的监护人资格，充分体现了司法机关、行政机关为制止监护侵害行为、维护未成年人合法权益所作的共同努力。

九、王某被撤销监护人资格案

（一）基本案情

申请人余某某、陈某某系被监护人余某一的祖父、祖母，案外人余某与被申请人王某系余某一的父母。2002 年 5 月，余某因车祸亡故，余某某、陈某某、王某及余某一获赔死亡补偿费等费用，其中赔偿给王某、余某一的费用合计 193897. 19 元。自 2003 年开始，被申请人王某未与余某一共同生活，余某一的生活起居由两申请人照顾，教育、医疗等费用均由两申请人支付。2008 年 1 月 25 日，被申请人王某再婚，2015 年 3 月 11 日离婚。庭审中，被申请人王某自认领取了余某生前单位发放给余某一的生活费等款项。

（二）裁判结果

浙江省义乌市人民法院经审理认为，父母作为未成年人的监护人，应当履行监护职责，保护被监护人的人身、财产及其他合法权益，监护人不履行监护职责或侵害被监护人的合法权益的，应当承担责任。本案被申请人王某自认，从 2003 年开始余某一与两申请人共同生活，余某一的教育、医疗等费用均由两申请人支付，且其领取了属于余某一的生活费等款项挪作他用，可以认定被申请人王某作为余某一的监护人未尽监护职责，侵害了被监护人余某一的合法权益。申请人余某某、陈某某长期抚育照料余某一，具有监护能力，从有利于余某一学习、生活的角度出发，依照法律有关规定，判决撤销被申请人王某对余某一的监护资格，指定申请人余某某、陈某某为余某一的监护人。该判决已发生法律效力。

（三）典型意义

本案是一起监护人怠于履行监护职责，侵害被监护人合法权益的典型案件。被申请人王某长期未与被监护人余某一共同生活，未对其尽到抚养、教育职责，且将属于余某一的生活费等款项挪作他用，侵犯了被监护人的财产权利。法院在审理过程中，走访了被监护人余某一所在的社区、学校及其父亲生前单位，了解被监护人的生活状况，还征询了被监护人余某一的意见，其表示已经多年未见过被申请人，愿意跟其爷爷、奶奶共同生活。法院根据本案事实，从有利于余某一的生活、学习角度考虑，判决撤销王某作为余某一的监护人资格。

十、卢某某被撤销监护人资格案

（一）基本案情

卢某某系卢某一的父亲，卢某某明知卢某一未满14周岁且精神发育迟滞，仍与其发生性关系并导致卢某一怀孕。2015年12月14日，四川省泸州市纳溪区人民法院以强奸罪判处卢某某有期徒刑五年六个月。现卢某某在监狱服刑。该刑事案进入审理阶段后，法院认为应当依法撤销卢某某的监护权，遂向泸州市纳溪区民政局发出司法建议，建议泸州市纳溪区民政局申请撤销卢某某的监护权资格。泸州市纳溪区民政局接受法院司法建议，向法院申请撤销被申请人卢某某监护权。由于卢某一的母亲饶某某患有重度精神发育迟滞，卢某一的祖父母、外祖父母均已去世。现在唯有能力照顾卢某一的姑姑已经60多岁。

（二）裁判结果

四川省泸州市纳溪区人民法院经审理认为，被申请人卢某某作为卢某一的监护人，对被监护人卢某一实施性侵，严重损害了卢某一的身心健康，已经不适合再担任卢某一的监护人，故对申请人泸州市纳溪区民政局的申请，依法予以支持。由于卢某一的母亲患重度精神发育迟滞，无独立生活能力，不能尽到监护责任，其祖父母、外祖父母均已去世，其姐姐系未成年人，无监护能力。另外，综合卢某一的其他亲属的经济条件及身体状况等因素，亦不适合担任卢某一的监护人，依照《中华人民共和国民法通则》及最高人民法院、最高人民检察院、公安部、民政部《关于依法处理监护人侵害未成年人权益行为若干问题的意见》相关规定，依法判决撤销被申请人卢某某对卢某一的监护人资格，指定泸州市纳溪区民政局担任卢某一的监护人。宣判后，本案没有上诉，判决已发生法律效力。

（三）典型意义

近年来，监护人侵害未成年人权益的事件时有发生，对未成年人身心健康造成严重伤害，引起社会各界广泛关注。为维护未成年人合法权益，最高人民法院、最高人民检察院、公安部、民政部出台《意见》，对处理监护人的侵害行为作出明确规定，进一步加强了未成年人司法保护和行政保护。其中，明确规定有性侵害未成年人等七种情形的，法院可以判决撤销监护人资格，并赋予民政部门等申请撤销监护人资格及依法院指定担任监护人的权利。本案是由民政部门申请撤销未成年人亲生父母监护权的典型案例，法院依法撤销亲生父亲监护人资格，指定民政部门担任监护人，并积极协调对其进行安置、救助，最大限度保障了未成年人的合法权益，赢得了较高的社会评价，并为处理该类型的案件提供了可供参考的司法样本。

十一、卿某某被撤销监护人资格案

（一）基本案情

被申请人卿某某与桂某某于 1997 年同居生活，1999 年 8 月 11 日女儿卿某出生。2005 年桂某某因病去世后，卿某某与钟某某再婚，又于 2012 年离婚。此后卿某某便独自带着卿某租房居住。在此期间，卿某某多次强奸卿某。人民法院于 2014 年 12 月 5 日，判处卿某某有期徒刑十三年零六个月，现卿某某在监狱服刑。自卿某某被公安机关羁押之后，卿某一直独自居住在廉租房内，由民政局进行救助。

（二）裁判结果

湖北省利川市人民法院经审理认为：被申请人卿某某对女儿卿某实施了性侵害，严重侵害被监护人的权益，依照最高人民法院、最高人民检察院、公安部、民政部《关于依法处理监护人侵害未成年人权益行为若干问题的意见》第35条第（一）项的规定，对被申请人卿某某的监护权应依法予以撤销。

同时法院认为，申请人利川市民政局作为履行社会保障职责的国家机关，在收到利川市人民检察院的书面建议后，及时将卿某视为孤儿进行救助，并向法院提出申请，要求撤销被申请人卿某某对卿某的监护权，自愿承担对卿某的监护职责。这不仅能够为卿某今后的生活提供经济保障，还能够协调相关部门解决卿某的教育、医疗、心理疏导等一系列问题。从对未成年人“特殊”“优先”保护原则和未成年人最大利益原则出发，由申请人利川市民政局取得卿某的监护权，更有利于保护卿某的生存、受教育、医疗保障等权利，更有利于卿某的身心健康。依照民法、未成年人保护法等有关规定，判决：一、撤销被申请人卿某某对卿某的监护权。二、指定利川市民政局作为卿某的监护人。该判决已发生法律效力。

（三）典型意义

本案是一起监护人对亲生女儿实施性侵害后被申请撤销监护权的案件，其典型意义在于法院把涉案未成年人的帮扶救助作为审理案件的延伸，保护了未成年人的健康成长，取得了较好的社会效果。这类案件中，被监护人因受侵害，其生理、心理及亲情关系均遭到破坏，往往对未来生活充满绝望，其重建信心及恢复社会关系难度大。本案被害人遭侵害后，曾两度轻生。宣判后，法院始终把树立被害人对新生活的信心，挽救其前途命运作为工作重点，办案法官主动介入到对被害人的帮扶、救助工作中。自2014年起，法院每年额外申请5000元司法救助款，不仅解决被害人经济上的困难，更从心理上不断疏导、生活上关心关怀、学习上教育鼓励，逐渐使被害人走出心理阴影，重新回归学校。现今卿某学习刻苦，成绩优异，并被当选为校学生会的干部。

十二、吴某某被撤销监护人资格案

（一）基本案情

吴某某（女）系广西籍来琼流浪人员，流浪于海南省琼海市，在海南省没有固定住所，没有生活经济来源。2015年4月25日，吴某某独身一人在琼海市妇幼保健院生育一名女婴吴某。4月26日早上，吴某某带着孩子私自出院，流浪在海南省琼海市嘉积镇街道。琼海市公安局嘉积派出所、嘉积镇综合办及琼海救助站相关人员找到吴某某，并将吴某某和孩子送往琼海市人民医院，吴某被收入琼海市医院新生儿科，但吴某某拒绝住院，当天便自行离开医院，不知所踪。2015年5月5日，吴某出院，交由琼海市救助站送往嘉积镇院代为抚养至今，抚育费用由琼海市救助站支付。琼海市救助站代为抚养期间，向吴某某的父亲及母亲发出抚养信函，吴某某父母亲于2015年7月8日声明：因年事已高，且家庭经济困难，无能力抚养，故自愿放弃对外孙女（吴某）的抚养权。2015年7月22日，琼海市救助站报请琼海市嘉积镇派出所依法传唤吴某某到派出所商讨女婴抚养事宜，吴某某当场发表自愿放弃孩子抚养权和监护权的声明。2015年8月25日，琼海市救助站于2015年11月2日起诉至法院。

（二）裁判结果

海南省琼海市人民法院经审理认为，吴某某系流浪人员，没有生活来源，经济困难，虽为孩子的母亲，但未尽照顾孩子的责任，甚至将孩子丢弃于医院，私自离开。孩子出院以后，均由琼海市救助站抚养。吴某某的父母亲也表示因经济困难，无法抚养孩子而放弃抚养权。孩子的父亲也不知何人。为有利于孩子的健康和成长，依照《中华人民共和国民法通则》第十六条之规定，撤销被申请人吴某某对吴某的监护人资格，指定申请人琼海市流浪乞讨人员救助管理站为吴某的监护人。

（三）典型意义

从本案情况来看，吴某某作为吴某的母亲，是吴某第一监护人，但吴某某长期在外流浪，没有固定住所，没有生活来源，事实上无法承担起监护孩子职责。吴某某在孩子出生后，没有承担起抚养孩子义务，孩子一直交由琼海市救助站抚养，在琼海市嘉积镇派出所调解和法院审理期间，明确声明自愿放弃孩子抚养权和监护权。基于保护女婴生命和健康成长需要，琼海市救助站依法提起了撤销监护权诉讼，琼海市人民法院根据最高人民法院、最高人民检察院、公安部、民政部《关于依法处理监护人侵害未成年人权益行为若干问题的意见》35 条规定的规定，撤销吴某某的监护人资格，指定申请人琼海市流浪乞讨人员救助管理站为吴某的监护人。判决彰显了国家保护未成年人理念，也为民政部门、人民法院依法履行未成年人国家监护职责提供了范本。

最高人民检察院发布10起检察机关加强未成年人司法保护典型案例[①]

典型案例1

对涉罪未成年人心理危机开展紧急干预

一、基本案情

2015年5月，江苏省淮安市检察机关在审查起诉小朱（17岁）涉嫌盗窃一案过程中，获知因有关人员在社会调查工作中不慎泄露案情，邻居们议论纷纷并对小朱另眼相看，导致小朱不堪重负喝农药企图自杀，在抢救中仍然试图再次自杀。面对紧急情况，检察机关选派专人配合专业心理师迅速介入干预，通过长时间疏导，成功促使小朱放弃轻生念头。接着，检察机关又帮助小朱转移住址，每天电话联系，定期上门走访，最终打消了小朱的思想顾虑，配合完成诉讼程序。鉴于小朱犯罪情节轻微，检察机关依法对其作出了不起诉决定。为了避免小朱受到二次伤害，检察机关在办案过程中谢绝媒体采访，密切关注网络舆情，并就案情泄露问题向公安、司法行政部门发出检察建议，推动两机关开展整改活动，全面保护涉案未成年人的权益。

二、典型意义

保护涉案未成年人隐私是办理未成年人犯罪案件中非常重要的

① 来源：中国检察院网，载http：//www.spp.gov.cn/tt/201605/t20160528_118999.shtml

一个方面。本案中，检察机关针对未成年犯罪嫌疑人涉案信息被泄露的情况，迅速采取有效心理干预手段，打消未成年人的轻生念头；同时，及时建议、督促司法行政、公安部门增强保护意识，在办案工作中自觉贯彻落实未成年人特殊司法理念和规范要求。正是通过检察机关的努力，使得一个背负心理包袱的未成年人得到了帮助和教育，重拾生活的信心，得以回归社会。

典型案例 2

强化侦查监督，纠正错案抓获“真凶”

一、基本案情

幼女小丽的父母控告小王（15 岁）以谈对象为名，与小丽发生性关系并致其怀孕。小丽向公安机关陈述曾与小王发生过性关系，小王到案后也承认与小丽发生性关系，公安机关遂对小王以涉嫌强奸罪向检察机关提请批准逮捕。河北省张家口市检察机关受理案件后经过认真审查，发现公安机关并未对被害人腹中胎儿做 DNA 鉴定，同时认为涉案双方年龄尚幼，对自己行为认知能力有限，对事实的叙述不够准确、全面，此外还了解到小丽有其他男性“朋友”，难以认定小王强奸犯罪，在依法对小王作出不批准逮捕决定的同时，积极引导公安机关进一步调查取证。公安机关经过进一步侦查，查明被害人腹中胎儿与小丽的成年网友马某有生物学遗传关系，最终抓获了强奸幼女小丽的“真凶”马某。而小王与小丽系未成年人之间自愿发生性关系，没有造成后果，小王的行为依法不构成犯罪。

在办理本案的过程中，检察机关启用未成年人检察工作室，实现公、检、法“一站式”询问，减少对小丽的二次伤害，并对小丽、小王进行了心理疏导，跟踪帮教，对双方父母进行亲职指导，针对案件中暴露出的宾馆管理混乱的问题，向有关主管部门提出检察建议。

二、典型意义

本案中，检察机关一是严格依法办案，确保正确审查证据、准确适用法律、开展诉讼监督，避免了错案的发生，并引导侦查机关抓获了“真凶”，有效地维护了涉案未成年人的权益，打击了侵害未成年人犯罪。二是注重双向保护，对涉案未成年人进行心理疏导和帮教，增强未成年人的自我保护能力和防范受害意识。三是结合办案积极参与净化社会环境工作，实现办理一案、治理一片的效果。

典型案例 3

提前介入性侵未成年人犯罪案件引导取证

一、基本案情

贺某在无合法手续、不具备办学资质的情况下，在江苏省徐州市某县成立一所封闭式管理、以军事化训练为特殊教育内容的学校，通过媒体、网络向广大家长承诺教育纠正问题少年的不良行为，面向全国进行虚假宣传和招生。2013 年 2 月以来，贺某利用其校长的特殊身份及被害人孤立无援的境地，在学校内采取暴力、威胁手段，先后四次将该校 15 岁女生陈某强奸，并多次在女生集体宿舍等公众场合，强行猥亵陈某及未成年女学生常某、郝某等人。案发后，徐州市检察机关及时提前介入侦查。在发现作案现场遭到破坏，客观证据灭失后，检察机关迅速引导公安机关进行相应侦查取证，查获了贺某指使他人帮助毁灭证据的事实。最终，贺某被判处有期徒刑十年零六个月，剥夺政治权利二年。办案中，检察机关还协助有关部门妥善安置受害学生，切实做好心理安抚工作，同时建议有关主管部门迅速对该校予以取缔，并立即整顿私人办学教育乱象。教育主管部门接到检察建议后，及时开展了全市清理整顿行动。

二、典型意义

性侵未成年人犯罪案件的证据有其特殊性，存在客观证据少，取证难、认定犯罪难等客观情况。本案中，检察机关及时提前介入侦查引导侦查取证，确保依法追究侵害未成年人犯罪。检察机关在办理案件中，还加强对未成年人的司法关爱，积极推动社会治安综合治理，全面保护了未成年人的合法权益，努力为未成年人健康成长营造良好社会环境。

典型案例 4

保护救助暴力伤害事件中的未成年被害人

一、基本案情

2014 年 5 月 10 日中午，被告人陈某因吸食毒品产生幻觉，持刀窜至湖北省麻城市某小学，对学生进行砍杀，造成 8 名学生受伤。考虑到此案对学生、老师产生较大心理阴影，麻城市检察机关迅速应对，提前介入，引导侦查机关采取适合未成年人的方式取证，避免加剧学生的心理恐惧反应。同时着力开展对师生的安抚活动：一是牵头组织心理专家对受侵害师生进行心理疏导，对学校进行安全隐患排查，使学校于当天恢复正常教学秩序。二是及时向学校及学生家长告知各项诉讼权利，反馈案件办理情况，了解受害学生康复情况，与学校共同研究制定校园安全稳控方案。三是以该案为契机，从完善校园安全管理制度，加强自救自护能力培训以及强化家长、老师的监护意识等方面向市教育局发出检察建议。为及时打击此类严重侵害未成年人身心健康和合法权益的犯罪，麻城市检察机关在

20天内迅速审结此案并向法院提起公诉。最终，被告人陈某犯以危险方法危害公共安全罪被判处有期徒刑八年。

二、典型意义

针对未成年人群体特别是学校师生的暴力伤害事件往往会对当地社会尤其是未成年人的心理产生巨大影响，事后的应急处理十分重要。本案中，检察机关一方面认真履行公诉引导侦查的职责，依法从严从快办理案件，加大指控犯罪力度，另一方面加强对未成年被害人的特殊保护，开展心理疏导等工作，让师生感受到社会对他们的关心帮助，感受到学校安全教育的重要意义，对恢复正常的生活和学习大有裨益。同时，结合办案延伸检察职能，积极参与社会治安综合治理，强化校园治安防控体系建设，杜绝类似重大恶性案件的再度发生。

典型案例5

落实宽严相济刑事政策和双向保护原则

一、基本案情

上海市检察机关在办理贾某等10人组织卖淫案时，针对成年人与未成年人共同犯罪、未成年被害人多达10人的情况，严格依法办案，认真落实特殊刑事政策。一是严厉打击侵害未成年人的成年犯罪行为人。通过及时、准确的司法鉴定，有效识破1名成年主犯伪装精神病人的伎俩；针对2名女性成年主犯分别因处于哺乳期和患病而被取保候审，但拒不认罪且互相串供的情形，及时建议法院对2人决定逮捕，并提出从严惩处的量刑建议，最终2人分别被判处有期徒刑十四年和七年。二是对未成年被害人予以特殊、优先司法保护。及时通知当地法律援助中心，指派熟悉未成年人身心特点的律师提供法律咨询、代理附带民事诉讼；为避免二次伤害，谢绝媒体采访，并指派具有国家二级心理咨询师资格的检察官介入，采用沙盘疗法等心理疏导手段，缓解未成年被害人的恐惧、焦虑、自卑情绪；针对其中3名未成年被害人因家庭经济困难而无力根治性病，且无法及时获得民事赔偿的情况，通过简化救助流程、提高救助标准、一次性办理等方法着力落实司法救助，帮助解决就医难题，并为其今后生活提供一定的经济保障。三是对涉罪未成年人区别对待，宽严相济。对协助组织卖淫情节较轻的1名在校中学生，及时变更强制措施，联合学校老师和社工开展帮教，建议适用缓刑并获得采纳；对当庭翻供，提出办案人员未给其阅看笔录辩解的未成年被告人，提请当时在场的合适成年人出庭作证，有效驳斥其虚假辩解；对积极实施犯罪、情节严重的未成年主犯，提出依法适当严惩的量刑建议，最终3名未成年主犯分别被判处有期徒刑八年到九年零六个月。

二、典型意义

本案案情复杂、特殊，检察机关有针对性地采取一系列措施，正确处理严格依法办案和体现特殊刑事政策的关系，对未成年被害人"最高限度保护"，对侵害未成年人的成年犯罪行为人"最低限度容忍"，对涉罪未成年人"宽严相济"，较好地实现了对未成年被害人利益、涉罪未成年人利益和社会公共利益的均衡保护。

典型案例6

依法抗诉，严厉惩治侵害未成年人犯罪

一、基本案情

被告人张某在担任山东省菏泽市某小学老师期间，利用给学生讲题、办补习班之机，在教室等场所猥亵4名未满14周岁的女学生。一审期间，部分被害人陈述、证人证言发生变化，2014年11

月，法院以张某犯猥亵儿童罪，判处有期徒刑一年。检察机关认为，对猥亵其中2名儿童的犯罪事实未予认定，属于认定事实错误。上述事实未认定与被害人供述、证人证言发生变化的原因系受到外界干扰有关（随即将张某亲属陈某、朱某妨害作证的线索移交公安机关立案侦查）；未认定张某“在公共场所当众”猥亵儿童，属适用法律错误，遂依法提出抗诉。二审法院审理后认为，张某的亲属陈某、朱某等人为了使被告人张某逃避法律制裁，采取唆使、收买等手段，非法指使相关被害人、证人作伪证，对被害人、证人受他人干扰所作的虚假陈述、证言应予以排除，相关犯罪事实应予认定，张某在教室猥亵儿童，属于“在公共场所当众”猥亵儿童，全部采纳抗诉意见，以猥亵儿童罪改判张某有期徒刑十二年。张某亲属陈某、朱某因妨害作证罪，另案分别被判处有期徒刑九个月。

二、典型意义

本案中，检察机关依法履行法律监督职责，切实加强对侵害未成年人利益案件的审查，对错误判决坚决提出抗诉，维护了法律权威，取得了良好法律效果和社会效果。

典型案例7

支持起诉撤销监护侵害人的监护资格

一、基本案情

张某早年与妻子离异，带两个女儿生活。2013年9月至2014年11月，其多次强奸大女儿某甲（13岁）、二女儿某乙（12岁），直至二女儿到派出所报案而案发。浙江省宁波市检察机关以张某涉嫌强奸罪向法院提起公诉，法院于2015年3月10日以强奸罪判处被告人有期徒刑十三年，并处剥夺政治权利二年。检察机关在办案中一方面加强对犯罪嫌疑人张某的惩治，提前介入，固定证据，快捕快诉；另一方面加强对被害方的权利保护，根据最高人民法院、最高人民检察院、公安部、民政部下发的《关于依法处理监护人侵害未成年人权益行为若干问题的意见》，告知被害方有权依法申请撤销被告人张某的监护人资格。在被害方亲属提出申请后，宁波市检察机关依法向法院发出了支持起诉书。2015年4月20日，法院依法撤销张某监护权，并指定两被害人的母亲作为监护人。在办案过程中，检察机关针对两被害人心理受到创伤，生活贫困的现状，邀请心理专家介入进行心理疏导，并为两名被害人申请司法救助3万元。

二、典型意义

近年来，监护人实施的性侵害案件时有发生，被监护人大多只能忍气吞声，身心遭受严重摧残。本案中，宁波市检察机关不仅加大对犯罪嫌疑人的惩治力度，更是从被害方权益出发，依法支持撤销被告人监护权，选择适格监护人，同时对两被害人提供心理关护和司法救助，尽力帮助未成年被害人恢复身心健康，体现了司法温情。

典型案例8

依法妥善处理未成年人抚养权纠纷的申诉

一、基本案情

小宝现年14岁，4岁时父母离婚，跟随母亲生活。12岁时，母亲以生意失败、身体不好为由向法院起诉要求变更抚养权。法院根据孩子意愿并结合双方的经济状况判决将小宝的抚养权变更给了父亲。但父亲却以自己和孩子长期没有共同生活，缺乏感情基础，且已再婚育子，不适合抚养小宝为由提出上诉，被二审法院驳回。随后，小宝父亲申诉至北京市人民检察院第二分院，要求该院支持其请求。该院受理案件后，在民事案件中首次引入“社会调查”机制，聘请专业司法社工介入案件开展社会调查工作，了解真实情况和双方意愿。司法社工通过对各方当事人的多次家访，得知小宝父亲经济状况良好，完全具备抚养未成年子女的条件，但孩子却被父亲安排和雇佣的工人住在一起，条件极其恶劣，没有任何成年监护人陪伴。同时，司法社工还走访了当事人的亲属、邻居、曾经办理双方离婚诉讼案件的法官、处理过家庭纠纷的民警、孩子所在学校的老师、领导等，为审查办理案件提供了全面、客观的信息。最后，在审查案件的基础上，该院结合社会调查结果作出了不支持申请的决定。同时，通过约谈，让申诉人理解息诉，并加强案件追踪回访，进行教育指导，进一步促使改善亲子关系。

二、典型意义

本案首次在涉及未成年人的民事申诉案件中引入“社会调查”机制，借助司法社工的调查优势和中立地位，通过多种途径全面、客观了解案件情况，为按照“儿童利益最大化原则”依法妥善处理涉未成年人民事案件发挥了重要作用。

典型案例 9

侵害未成年人犯罪案件中挖出玩忽职守犯罪

一、基本案情

2011 年至 2015 年 5 月期间，贵州省毕节市某县韦某在不具备教师资格和办学资质的情况下违规开办学前班，并在教室内多次对张某、龙某等 7 名儿童进行猥亵。检察机关接到案件后，快捕快诉，韦某被判处有期徒刑十年。未成年人检察部门在办案过程中发现县教育局分管领导王某及政策法规股负责人吴某未依职权对非法办学点进行清理整治，使部分非法办学点持续存在，导致办学点内的儿童被侵害的严重后果，涉嫌玩忽职守犯罪，遂将上述职务犯罪线索移送本院反渎部门。反渎部门依法对两人立案侦查，后经法院审理，以玩忽职守罪对被告人王某、吴某作出有罪判决。

二、典型意义

该案中，未成年人检察部门在办案过程中发现职务犯罪线索，及时移送职务犯罪侦查部门立案查办，体现了检察机关内部在未成年人司法保护方面的联动和配合，形成了对未成年人权益的强有力保护。同时，也为那些为官一任却不作为者敲响了警钟，告诫他们要尽心尽责，自觉做好相关工作。

典型案例 10

救助陷入困境的犯罪嫌疑人未成年子女

一、基本案情

犯罪嫌疑人栗某、李某夫妇因涉嫌非法制造爆炸物罪被移送检察机关。河南省平顶山市检察机关在办理此案中发现，犯罪嫌疑人被刑事拘留后，家中正在上学的四个孩子无人照管，生活陷入困境；同时，依照刑法规定，二人均可能被判处有期徒刑，孩子将处于完全失管状态，生活无依，不但可能辍学，而且可能因为缺乏管教或者仇恨社会而滋生犯罪。基于此种情况，检察机关根据孩子母亲李某的犯罪情节和认罪悔罪态度，对其采取非羁押措施，并依法提出适用缓刑的量刑建议。最终，栗某被判处有期徒刑十一年，李某被判处有期徒刑三年，缓刑四年。在办案过程中，检察机关始终联合相关部门对四个孩子从物质、教育、心理疏导等方面开展综合救助，并持续跟踪帮扶，取得良好效果。

二、典型意义

本案中，检察机关关注在押服刑人员子女等特殊困境未成年人群体，不仅自身力所能及地给予困境未成年人关心与呵护，还通过与政府、民政、教育等部门多方联动，推动各部门重点关注困境儿童，形成救助和保护的长效机制，共同营造关爱保护未成年人的社会环境。

未成年人司法保护典型案例①

一、于某某抢劫案

——贯彻教育为主、惩罚为辅原则，最大限度教育、感化、挽救未成年被告人

被告人于某某系某中学学生，先后持刀在大学校园内抢劫被害人杜某某、王某某、胡某某、徐某某等，劫得手机3部（共计价值人民币753.96元）及现金人民币487.5元。到案后，于某某如实供述了抢劫罪行，赃款、赃物均已发还被害人。

人民法院经审理认为，被告人于某某持刀劫取他人财物，其行为已构成抢劫罪，应予惩处。综合考虑本案的事实、情节，于某某系未成年人，认罪、悔罪态度较好，已积极赔偿被害人经济损失，得到被害人谅解；于某某在校期间表现良好，一直担任班级学生干部，连续三年被评为区、校级三好学生；此次犯罪与家庭关系紧张、与父母存在沟通障碍有一定关系等。于某某的主观恶性及社会危害性相对较小，人民法院决定依法从轻处罚，以抢劫罪判处被告人于某某有期徒刑三年，缓刑三年，并处罚金人民币六千元。

在本案审理过程中，承办法官对被告人于某某的一贯表现等背景情况进行了详细调查，积极帮助于某某与父母之间重新建立沟通渠道。通过工作，法官与于某某建立了良好的信任关系，于的性格与思想发生了很大转变。于某某在取保候审期间，返回学校参加高

① 来源中国法院网，载 http：//www.court.gov.cn/zixun－xiangqing－288721.html

考，以全班第一名的成绩考入大学。案件审结后，法官定期对于某某的学习生活情况进行跟踪帮教，帮助其疏导人生困惑，增强人生自信，并与于某某的父母保持互动，督促、指导他们增强亲子沟通，缓和家庭关系。大学期间，于某某成绩优异，获得国家级奖学金，缓刑考验期满后顺利出国留学，现已完成学业回国工作。

本案是一起教育感化挽救失足未成年人、帮助其重回人生正轨的典型案例。未成年人走上违法犯罪道路，既有其自身心智发育尚不健全、尚不具备完全辨认、控制能力的原因，往往也有家庭环境等方面的原因。正是因此，我国刑法明确规定，对未成年人犯罪应当从轻或者减轻处罚；刑事诉讼法明确规定，对犯罪的未成年人实行教育、感化、挽救的方针，坚持教育为主、惩罚为辅的原则。对未成年人犯罪，应当具体分析、区别对待，在准确定罪、恰当量刑的同时，要高度重视做好对未成年被告人的教育挽救、跟踪帮扶工作；要通过认真负责、耐心细致的工作，促使犯罪的未成年人悔过自新，不再重蹈覆辙，成为遵纪守法的公民和社会的有用之材。

二、王某甲故意杀人案

——家长公然持械闯入课堂杀害未成年小学生，应当依法严惩

被告人王某甲的女儿何某某与年仅9岁的被害人刘某某系某小学三年级的同桌同学。2019年5月9日，王某甲得知女儿被刘某某“欺负”后在班级群发消息质问，刘某某之父刘某联系王某甲未果，又联系其妻何某进行沟通、道歉，班主任汪某某从何某处得知王某甲脾气暴躁，应何某要求转告刘某夫妇先不要和王某甲见面，并答应给刘某某调换座位。10日早上，王某甲送何某某上学时在校门口未看到刘某某家长，在得知多方都在积极解决此事时仍不满意，执意将女儿送回家中，并购买刀具，冲进教室，持刀连续捅刺刘某某

的要害部位，又将刘某某拎出教室摔在走廊上，致刘某某大量失血死亡。后公安人员将在学校等待的王某甲抓获归案。

人民法院经审理认为，被告人王某甲女儿与同学发生摩擦矛盾后，学校老师及对方家长已经在积极沟通、协调解决，但被告人不能理性、平和处理，竟购买刀具闯入学校课堂公然行凶，砍杀毫无反抗能力的弱小幼童，致被害人当场死亡，犯罪手段特别残忍，社会影响极其恶劣，社会危害极大，虽有自首情节，但不足以从轻处罚。人民法院依法对被告人王某甲以故意杀人罪判处并核准执行死刑。

本案系因家长不能正确处理未成年子女在校期间与同学间的摩擦矛盾，而持凶器闯入校园课堂，公然杀害弱小幼童的恶性案件。人民法院对严重侵害未成年人犯罪案件始终坚持零容忍态度，坚决依法从严从重惩处，对犯罪性质、情节极其恶劣，后果极其严重的，坚决判处死刑，绝不姑息。

三、王某乙强奸案

——教唆、利用多名未成年人协助强奸众多未成年在校女学生的，应当依法严惩

2016年4月至2017年7月期间，被告人王某乙专门以年龄幼小的在校女学生为侵害对象，本人或教唆同案被告人雷甲、陈乙、崔丙、宋丁（均已判刑）等未成年在校学生，以介绍男女朋友为幌子，或者采取暴力、胁迫、酒精麻醉、金钱引诱等手段，将多名未成年在校女学生带至酒店、KTV、王某乙驾驶的轿车上或野外荒地等处实施强奸。截至案发，王某乙共对15名未成年在校女学生（其中8人系幼女）实施强奸犯罪17次，其中12次既遂、3次未遂、2次中止，多名被害人因遭受强奸而被迫辍学或转学。

人民法院经审理认为，被告人王某乙犯罪动机卑劣，为满足畸

形心理，在一年三个月内，专门以年龄幼小的在校女学生为侵害对象，教唆未成年人予以协助，连续对15名未成年被害人实施强奸，其中8名被害人系幼女，造成多名被害人被迫辍学或转学，犯罪情节恶劣，社会危害极大，罪行极其严重。人民法院依法对王某乙以强奸罪判处并核准执行死刑。

强奸未成年人犯罪严重损害未成年人身心健康，给未成年人的人生蒙上阴影，使未成年人父母及家庭背负沉重精神负担，并严重践踏社会伦理道德底线，社会影响恶劣。人民法院对强奸未成年人特别是奸淫幼女犯罪历来坚持依法从严惩治的立场，对强奸未成年人特别是幼女人数、次数特别多，手段、情节特别恶劣，或者造成的后果特别严重，主观恶性极深，罪行极其严重的，坚决依法从严从重判处，直至判处死刑。本案中，被告人王某乙教唆、利用其他未成年人协助对未成年在校女学生实施强奸，强奸人数、次数特别多，犯罪动机卑劣，主观恶性极深，罪行极其严重，人民法院依法对其判处死刑。

四、邹某某猥亵儿童案

——采取恶劣手段长期猥亵男童的，应当依法严惩

被告人邹某某与被害人黄某甲、黄某乙的母亲徐某为同乡，2015年双方结识后常有往来。2017年暑假期间，邹某某将黄某甲（男，时年5岁）带至其居住的房屋，播放淫秽视频给黄某甲观看，并对黄某甲的生殖器实施猥亵。后邹某某趁受徐某所托照看黄某甲、黄某乙（男，时年7岁）的机会，对两名被害人生殖器实施猥亵，并播放淫秽视频给二人一同观看。此后至2019年，邹某某多次采取上述类似方式分别或者同时对黄某甲、黄某乙实施猥亵。2019年2月1日，被害人母亲发现被害人表现异常后报警，邹某某被抓获归案。公安机关从邹某某使用的手机中查获多张黄某甲、黄某乙裸体

照片和多名身份不明男童生殖器照片以及大量淫秽视频。

人民法院经审理认为，邹某某利用与被害人家庭熟悉的机会或受委托照看儿童的机会，长期对两名不满10周岁的幼童实施猥亵，其行为已构成猥亵儿童罪，且手段恶劣，并导致两名被害人受到严重心理创伤，属于猥亵儿童“情节恶劣”，应予从严惩。人民法院依法对邹某某以猥亵儿童罪判处有期徒刑十年。

近年来，女童遭受奸淫、猥亵的案件受到社会广泛关注，但现实生活中，男童也可能受到不法性侵害，也会给男童造成严重心理创伤。本案中，被告人利用被害人家长的信任和疏于防范，长期猥亵两名年幼男童，性质、情节恶劣，后果严重。值得注意的是，本案及审理均发生在《刑法修正案十一》颁布施行前，人民法院在案件审理过程中，根据被告人实施猥亵的手段、性质、情节及造成的后果，依法适用刑法第二百三十七条原第二款、第三款规定的猥亵“有其他恶劣情节”，对被告人在五年以上有期徒刑幅度内从重判处，于法有据，罪刑相当，而且与《刑法修正案十一》明确列举猥亵“情节恶劣”的情形，依法加大惩治力度的立法精神也完全契合，实现了法律效果与社会效果的统一。

五、某妇联诉胡某、姜某某抚养纠纷案

——父母应当履行对未成年子女的抚养义务

胡某某（2003年3月6日出生）系胡某与姜某某非婚生女儿，后因胡某与姜某某解除恋爱关系，遂由胡某父母负责照顾、抚养、教育。2016年11月8日，经西南医科大学附属医院诊断，胡某某患有抑郁症、分离转换性障碍。胡某、姜某某长期未履行对胡某某的抚养义务，胡某父母年老多病，无力继续照顾胡某某，多次要求户籍所在地的村社、政府解决困难。该地妇联了解情况后，向法院提起诉讼，请求胡某、姜某某全面履行对胡某某的抚养义务。

法院经审理认为，本案的适格原告胡某某系限制民事行为能力人，本应由其父母作为法定代理人代为提起诉讼，但胡某某的父母均是本案被告，不能作为其法定代理人参加诉讼。综合考虑二被告的婚姻状况、经济条件和胡某某本人的生活习惯、意愿，判决胡某某由胡某直接抚养，随胡某居住生活；姜某某从2017年6月起每月15日前支付抚养费500元；胡某某的教育费、医疗费实际产生后凭正式票据由胡某、姜某某各承担50%，直至胡某某独立生活时止。

本案是一起典型的父母怠于履行抚养义务的案例。审判实践中存在大量与本案类似的留守儿童抚养问题，这些未成年人的父母虽未直接侵害未成年人合法权益，但怠于履行监护义务，把未成年子女留给年迈的老人照顾，子女缺乏充分的经济和安全保障，缺乏父母关爱和教育，导致部分未成年人轻则心理失衡，重则误入歧途，甚至走向犯罪的深渊。本案中，法院参照最高人民法院、最高人民检察院、公安部、民政部联合发布的《关于依法处理监护人侵害未成年人合法权益的意见》的有关精神，积极探索由妇联组织、未成年人保护组织等机构直接作为原告代未成年人提起诉讼的模式，为督促未成年人父母履行抚养义务，解决父母不履行监护职责的现实问题提供了有益参考。

六、某民政局诉刘某监护权纠纷案

——遗弃未成年子女可依法撤销监护权

2018年7月22日，刘某在医院生育一名女婴后，于同月24日将该女婴遗弃在医院女更衣室内。女婴被发现后由民政局下属的某儿童福利院代为抚养。公安局经调查发现，刘某还曾在2015年1月29日，将其所生的一名男婴遗弃在居民楼内。民政局向法院提起诉讼，以刘某犯遗弃罪，已不适合履行监护职责，申请撤销刘某的监护权，民政局愿意承担该女婴的监护责任，指定其下属的某儿童福利院抚养女婴。

法院经审理认为，刘某将出生三天的未成年子女遗弃，拒绝抚养，严重侵害被监护人的合法权益，符合撤销监护人资格的情形。被监护人自被生母刘某遗弃以来，某儿童福利院代为抚养至今，综合考虑被监护人生父不明、刘某父母年龄和经济状况、村民委员会的具体情况，由民政部门取得被监护人的监护权，更有利于保护被监护人的生存、医疗、教育等合法权益。综上，法院判决撤销刘某的监护权，指定民政局作为该名女婴的监护人。其后，刘某被法院以遗弃罪判处刑罚。

本案的典型意义在于：父母是未成年子女的法定监护人，有保护被监护人的身体健康，照顾被监护人的生活，管理和教育被监护人的法定职责。监护权既是一种权利，更是法定义务。父母不依法履行监护职责，严重侵害被监护人合法权益的，有关个人或组织可以根据依法申请撤销其监护人资格，并依法指定监护人。在重新指定监护人时，如果没有依法具有监护资格的人，一般由民政部门担任监护人，也可以由具备履行监护职责条件的被监护人住所地的居民委员会、村民委员会担任。国家机关和社会组织兜底监护是家庭监护的重要补充，是保护未成年人合法权益的坚强后盾。未成年人的健康成长不仅需要司法及时发挥防线作用，更需要全社会协同发力，建立起全方位的权益保障体系，为国家的希望和未来保驾护航。

七、刘某诉某科技公司合同纠纷案（节录）

——未成年人大额网络直播打赏应当依法返还

刘某生于2002年，初中辍学。2018年10月23日至2019年1月5日，刘某使用父母用于生意资金流转的银行卡，多次向某科技公司账户转账用于打赏直播平台主播，打赏金额高达近160万元。刘某父母得知后，希望某科技公司能退还全部打赏金额，遭到该公司拒绝。后刘某诉至法院要求某科技公司返还上述款项。

法院在审理该案中，多次组织双方当事人调解，经过耐心细致的辩法析理，最终当事双方达成庭外和解，刘某申请撤回起诉，某科技公司自愿返还近160万元打赏款项并已经履行完毕。

本案是一起典型的未成年人参与直播打赏案例。司法实践中涉及到的网络打赏、网络游戏纠纷，多数是限制行为能力人，也就是8周岁以上的未成年人。这些人在进行网络游戏或者打赏时，有的几千、几万，这显然与其年龄和智力水平不相适应，在未得到法定代理人追认的情况下，其行为依法应当是无效的……

最高人民检察院发布5起侵害未成年人案件强制报告典型案例

（2020年5月29日）

一、严肃处理瞒报行为　确保强制报告制度落到实处

（一）基本案情

2018年3月17日上午，某中学保安陆某某在保安室以亲嘴等方式对苏某某（女，14岁）进行猥亵。3月19日下午，又以看其饲养的小动物为诱饵，将苏某某从学校保安室带至其住宿的工棚内，以压身、摸胸等方式进行强制猥亵。3月20日上午，苏某某将被性侵一事反映给学校老师。后苏某某姐姐、陆某某和老师三方在学校内签订协议，约定由陆某某所在劳务公司代为赔偿人民币3万元，被害人家属就此了结此事，不再追究陆某某责任。3月21日，苏某某得知此协议后表示不满，要求追究陆某某法律责任，遂拨打电话报警，本案由此案发。

2019年1月31日，浙江省杭州市萧山区检察院以强制猥亵罪对被告人陆某某提起公诉，并从严提出量刑建议。陆某某被法院判处有期徒刑二年三个月，并被学校开除。

（二）发现处置

1. 查明案发事实，及时救助被害人。案发后，检察机关及时与公安机关沟通配合，提出取证意见，针对涉案教师明知学生被学校保安性侵而隐瞒不报的问题，建议公安机关及时调取三方签署的赔偿协议等书证，固定涉案老师、被害人家属等言词证据，为后续处理追责奠定基础。针对被害人出现创伤后心理应激反应等情况，委托专业心理咨询师进行心理辅导，帮助苏某某及时恢复正常学习、生活。

2. 制发检察建议，强化校园安全管理。本案中，苏某某在校园内两次遭受性侵，学校均未能及时发现；在得知其被性侵后，学校老师也未能按照杭州市萧山区有关强制报告制度的要求严格履行报告义务，导致其未能及时得到保护救助，身心健康遭受严重创伤。据此，萧山区检察院向区教育局制发检察建议，要求督促涉案学校依法依规查处有关人员，切实查找校园安全管理漏洞，认真分析整改；建议联合区公安分局建立全区教职员工入职查询机制，明确把学校工勤人员一并纳入入职查询人员范围；要求严格落实侵害未成年人案件强制报告制度，强化教师群体的报告责任和对被害学生的救助义务，明确不报、瞒报、漏报等处罚规定，切实加大在校未成年人权益保护。

3. 督促联动整改，推进强制报告落实。检察建议发出后，杭州萧山区检察院密切跟进，督促涉案学校落实整改，对隐瞒不报的涉事教师严肃批评教育，并暂停对其评先评优、提职晋级，同时要求全校教职员工尤其是班主任，严格落实报告责任；督促区教育局组织专班深入排查全区校园安全管理问题，制定责任清单、按期整改落实，并推动区教育局、区公安分局完善警校联动机制，健全完善教职员工入职查询制度；督促区教育局与全区学校、老师层层签订安全责任书，确保责任到岗到人；联合推广应用“检察监督线索举报——杭州”支付宝小程序，进一步畅通案件线索举报渠道。

（三）典型意义

强制报告制度作用的发挥，关键在于落实。本案中，杭州萧山区检察院针对涉案学校教师违反强制报告义务的情形，及时以检察建议督促教育主管部门和学校严肃整改，对涉案教师进行严肃问责，确保了制度执行刚性。同时，主动对标最高检“一号检察建议”，以个案办理为突破口，以强制报告落地为主抓手，积极会同公安、教育等职能部门，全面排查校园安全防范相关问题，助推完善校园安全防控机制建设，为未成年人健康成长构筑起“防火墙”。

二、医务人员履行报告职责　有力揭露侵害未成年人犯罪

（一）基本案情

自2019年11月起，犯罪嫌疑人李某某因其女儿钟某某（女，10岁）贪玩，常以打骂罚跪手段体罚钟某某。2020年2月6日上午，李某某安排钟某某在家写作业。13时许，外出回家的李某某与杨某某（与李某某系同居关系）发现钟某某在偷玩手机，二人便用抽打、罚跪、浇冷水等方式体罚钟某某，直至钟某某出现身体不支状况。后李某某、杨某某发现钟某某已出现无法下咽且有牙关紧咬的情况，李某某意识到事态严重而拨打120急救电话，后医生接诊时发现钟某某伤情疑似人为所致，李某某对其致伤原因有意隐瞒，遂履行强制报告职责果断报警，本案由此案发。

2020年2月8日，民警接到报警后及时赶到现场将犯罪嫌疑人李某某、杨某某控制。次日，河南省新乡市公安局铁西分局以涉嫌故意伤害罪对李某某、杨某某刑事拘留。2020年3月16日，新乡市卫滨区人民检察院对二人作出批准逮捕决定。2020年5月13日，公安机关将该案移送至卫滨区人民检察院审查起诉，现该案正在办理中。

（二）发现处置

1. 强制报告为及时破案创造前提条件。2020年2月8日14时24分，赶到现场的医生发现钟某某已无生命体征。在接诊问询过程中，李某某谎称孩子贪玩没有吃饭而摔倒不起，但医生警觉地发觉孩子时值寒冬未穿外衣，体表伤情似是人为所致，遂严格按照河南省新乡市《侵害未成年人案件强制报告若干规定（试行）》要求，履行强制报告职责果断报警。民警赶到现场将李某某、杨某某控制，后检察机关提前介入。正是接诊医生积极履行强制报告职责，及时揭露犯罪，在一定程度上解决了此类案件的发现难问题。

2. 强制报告为有力控罪奠定证据基础。该案在审查逮捕中，犯罪嫌疑人杨某某辩称案发时不在现场没有参与犯罪，检察机关运用公安机关调取的监控视频和现场勘验报告等证据，有力揭穿了犯罪

嫌疑人的谎言。同时，检察机关根据报案医生翔实的证言内容，厘清了两名犯罪嫌疑人在案发后的种种表现，客观驳斥了嫌疑人坚称具备自首情节的辩解。接到报告次日，公安机关以涉嫌故意伤害罪对李某某、杨某某刑事拘留。正是因为本案报案及时，为公安机关第一时间进行现场勘验、调取相关监控视频等侦查活动创造了条件，有助于检察机关及时介入侦查，为全面客观收集证据提出意见建议。

3. 强制报告为密织保护网发挥关键作用。2019 年 9 月，河南省检察机关会同相关职能部门制定了包括强制报告制度在内的系列规范性文件。本案接诊医生能够积极履行强制报告职责，恰是相关职能部门落实强制报告制度的具体体现。为使强制报告制度在基层、一线落实落地，河南省检察机关以构建未成年被害人“一站式”询问、救助中心为契机，配合卫生主管部门广泛宣传发动，使医疗机构从业人员树立起报告意识；以法治进校园“百千万工程”专项活动、派设法治副校长为抓手，使强制报告制度在与未成年人密切接触行业内深入人心；以开通 12309 检察服务中心未成年人司法保护专区为切口，与政法机关、行政部门和社会机构建立信息交互平台，及时接受未成年人刑事申诉、控告和司法救助线索，密织起未成年人司法保护安全网。

(三) 典型意义

本案是医务人员基于强制报告制度果断报案的监护侵害案件。正是因为强制报告制度确立并被广大医务人员所认同，使侵害未成年人案件能够及时案发，从而为第一时间收集、固定关键证据创造了条件，也为破解侵害未成年人犯罪案件发现难、取证难、指控难等问题发挥了关键作用，更为司法机关通过办案推动形成上下一体、协作联动、及时有效的未成年人司法保护工作格局奠定了制度基础。

三、教师依规及时报告　公检合力严惩性侵犯罪

（一）基本案情

2015年至2019年4月期间，犯罪嫌疑人李某某通过QQ、微信聊天软件“附近的人”功能，将筛选条件设定为10至20岁女学生，进而搜索添加陌生女性聊天，其中以添加湖北省枣阳市某中学女学生居多。李某某在网络聊天中取得被害人信任后将其骗出，以曝光裸照相威胁、强迫饮酒、殴打等方式对被害人实施性侵行为。李某某自2015年开始，在四年多的时间内先后以此种方式性侵15名被害人（其中未成年人10人）。2019年4月，被害人武某某（女，15岁）因遭受李某某裸照威胁，向就读学校反映并报警，学校及时将该线索报告给检察机关，本案由此案发。

2019年4月18日，公安机关决定对李某某涉嫌强奸一案立案侦查。2019年5月24日，枣阳市检察院对李某某作出批准逮捕决定。因案件重大，枣阳市检察院于2019年11月22日将该案移送至襄阳市检察院审查起诉。2020年3月27日，襄阳市检察院以李某某涉嫌强奸罪依法向襄阳市中级法院提起公诉，目前该案正在审理中。

（二）发现处置

1. 及时处置线索，凸显立案监督效力。公安机关在接到本案报警后，随即将李某某抓获，但仅对其采取行政拘留措施而未予刑事立案。该校在获悉武某某疑似遭受性侵的线索后，立即依照湖北省《关于建立侵害未成年人权益案件强制报告制度的工作办法（试行）》，向枣阳市检察院及时报告，检察机关接到线索后与公安机关沟通核实，经调查后认为李某某的行为涉嫌强奸罪，应依法追究其刑事责任，检察机关当天即启动立案监督程序，通知公安机关立案。

2. 聚焦案件侦办，深挖线索引出陈罪。检察机关第一时间与公安机关沟通配合，及时提出取证意见。在建议公安机关依法调取固定李某某手机信息时，发现疑似存在其他20余名被害人，枣阳市检

察院迅速启动应急工作方案，配合公安机关指派精干力量侦办此案，收集固定电子证据，逐一确定被害人身份信息，在保护隐私的前提下开展询问，并同步进行心理疏导，最终查清李某某的全部犯罪事实，为精准指控犯罪夯实证据基础。

3. 延伸监督职能，推进校园长效治理。枣阳市检察院以本案为契机，对本地32所学校强制报告制度落实情况及校园安全管理进行走访调查，结合存在问题向该市教育局发出检察建议。该市教育局第一时间采纳并采取整改措施，在全市教育系统开展进一步加强强制报告制度贯彻落实的学习活动，对全市所有学校、教师进行强制报告义务的再强调；开展防范不法侵害安全隐患专项排查活动，加强对校园安全、学生日常行为规范的管理工作，共排查隐患51处，全部整治到位，并将学校落实防范不法侵害整治工作纳入考评；同时联合检察机关在全市400多所学校集中开展了一系列预防性侵法治宣传活动，提高在校学生自护能力。

（三）典型意义

本案是一起持续时间长、受害人数多、且主要针对未成年在校学生的重大恶性性侵案件。检察机关通过多部门协同建立侵害未成年人权益案件强制报告制度，推动负有未成年人保护职责的教育等部门积极履行强制报告职责，依法行使立案监督职权，与公安机关合力打击，深挖犯罪线索，有效严惩了性侵多名未成年人的恶劣犯罪。

四、强制报告构筑校园防护网　阻断社会不良影响和犯罪侵害

（一）基本案情

2019年5月16日，江苏省江阴市某小学老师发现本校六年级女学生董某某（女，12岁）在校外抽烟，经与董某某耐心细致交流，了解到董某某曾与他人发生性关系，疑似遭受性侵害。同时，通过董某某得知该校另一名六年级女学生陈某某（女，12岁）也有类似遭遇。发现上述情况后，老师第一时间报告学校，学校根据该市关

于侵害未成年人案件强制报告制度要求，立即向公安机关报案。同时，教育局将有关情况通报检察机关。经查，2018年至2019年3月期间，校外闲散人员朱某某、何某某等人明知董某某、陈某某系不满14周岁幼女，仍假借“谈恋爱”之由与其发生性关系。

江苏省江阴市检察院于2019年8月5日以强奸罪对朱某某等人提起公诉，被法院依法定罪量刑。2019年5月17日，何某某归案，因何某某在其他地区也有类似强奸案件，该案由江阴市公安局移送其他地区司法机关处理，案件仍在办理中。

（二）发现处置

1. 敏锐发现问题，及时查处犯罪。自2018年建立侵害未成年人案件强制报告制度以来，江苏省江阴市检察机关积极引导督促职能部门落实强制报告责任，相关人员未成年人保护意识和敏感性不断增强。该案中，学校教师发现低龄女学生异常表现后，敏锐意识到可能存在侵害情形，主动追问了解，及时提供犯罪线索。检察机关在接到学校通报后立即介入，引导公安机关在保护好被害人个人隐私的情况下，深入侦查挖掘疑似犯罪，发现多起校外社会闲散人员以“恋爱”为幌子对低龄女学生实施性侵害的案件。

2. 家校联合教育，引导帮助被害学生。针对董某某、陈某某存在的价值观偏差、自我保护意识薄弱、不良偏差行为等问题，检察机关会同学校、青少年权益保护协会对二人进行了青春期教育、社会交往规范指导和行为干预。对家长开展了亲子关系、行为监管等家庭教育指导。通过学校教育和家庭教育双管齐下，两名学生断绝了不良社会交往，行为转变明显，思想偏差得到及时纠正。

3. 加强部门联动，完善校园安全防范机制。此案发生后，该校组建了校园安全观察员队伍，将在校学生与社会闲散人员的不当交往作为重点关注事项。督促老师加强与家长的联系，全方位掌握学生在校外的动态。校园安全观察员强化与公安等职能部门联动，整治校园周边闲散未成年人侵害在校学生权益问题，架构了严密的校园安全防护网。

（三）典型意义

低龄学生容易受到不良影响，在校学生与校外闲散人员不当交往滋生的欺凌、性侵害等犯罪在学生群体中影响面广、负作用大，如不及时干预危害严重。在该案中，江苏省江阴市司法机关和教育部门通过落实强制报告制度，从学生的偶然不良行为中，深挖出多起校外人员性侵害在校女学生犯罪。在依法惩治犯罪的同时，检察机关一方面对被害女学生开展教育引导工作，帮助二人改正错误思想观念，树立正确价值观，恢复身心健康。另一方面会同学校加强法治教育与安全建设，落实亲职教育，检校家联合扎牢防护网，避免低龄未成年人受到犯罪侵害和滋扰。

五、及时干预救助　依法严惩监护侵害案件

（一）基本案情

2007 年，李某某夫妇因婚后常年无子女，领养一名出生不久的女婴李某甲。2019 年 5 月 9 日，就读于浙江省桐庐县某小学的李某甲（女，12 岁）向其班主任老师求助，称其养父李某某从 2018 年暑假开始，在家中多次以触摸胸部、阴部等方式对其实施猥亵。李某甲曾向养母诉说，但养母不相信，置之不理，于是向班主任老师反映。老师收到求助后，当日即依照强制报告制度要求，层报至教育主管部门，县教育局于次日向公安机关报案，并向检察机关报备，本案遂案发。

2019 年 5 月 10 日，桐庐县公安局对李某某猥亵儿童一案立案侦查。2019 年 6 月 4 日，桐庐县检察院对李某某作出批准逮捕决定。2019 年 8 月 7 日，桐庐县检察院以李某某涉嫌猥亵儿童罪提起公诉，2019 年 8 月 27 日，桐庐县法院以猥亵儿童罪判处李某某有期徒刑三年三个月。

（二）发现处置

1. 落实强制报告制度，发现干预双及时。2018 年 7 月，杭州市检察院与公安、教育、卫健等部门联合制定市级层面的侵害未成年

人案件强制报告制度。制度施行以来，桐庐县检察院主动加强与县公安、教育、卫健等部门的沟通联系，达成工作共识。同时依托“法治进校园”“两微一端”新媒体平台，向广大师生宣传强制报告制度，打通制度运行“最后一公里”。本案中，被害人向养母诉说无果后，转而向班主任老师求助，班主任老师第一时间向教育主管部门和司法机关报告，并由学校心理老师初步开展心理疏导。桐庐县公安局接到报案线索当日立案侦查，次日，桐庐县人民检察院及时介入，确保案件有效查处。

2. 依托“一站式”机制，办案救助双同步。提出取证建议时，桐庐县检察院发现本案客观证据较为单薄，且被害人李某甲因家中亲属不明事理、一味埋怨，产生了持续性的内疚、自责等负面心理。对此，检察机关运用“一站式”办案机制对被害人开展询问、心理疏导，避免“二次伤害”。一方面，梳理评估案件线索，及时向公安机关提出建议，调取相关证人证言、被害人与其养父聊天记录等证据；另一方面，获取学校初步心理干预记录，通过县妇联邀请资深心理咨询师为李某甲及其养母进行多次心理测评、干预疏导，由村两委人员对养母和其他亲属进行教育劝诫，做到严厉打击犯罪与保护救助两同步。

3. 协调社会化支持，安置帮扶双落地。鉴于本案的特殊性，桐庐县检察院多次牵头召开联席会议，邀请民政、教育、公安、妇联、团委、乡镇及居住村相关人员商讨被害人安置问题。办案期间，为调整亲属心态，根据心理咨询师的建议，暂时将李某甲交由县反家暴庇护所庇护。案件办结后，经充分征询李某甲个人意愿对其进行妥善安置，民政部门确定一名志愿者跟踪陪伴，掌握思想动态、提供生活帮扶。为缓解经济困难，桐庐县检察院还向李某甲发放1万元司法救助金。目前，李某甲日常生活、学习情况良好。

（三）典型意义

本案是一起发生在家庭内部成员间的监护侵害案件，发现查处难度极大，但由于学校老师高度负责，积极主动履行强制报告义务，从而使案件从被害人求助到司法机关介入仅用了三天时间，确保了案件依法及时有效查处。在办案过程中，桐庐县检察院针对被害人的心理状态，通过妇联邀请心理咨询师同步开展心理疏导；针对家庭成员和亲属的认知偏差，协调基层组织，对监护人及其亲属进行教育劝诫；针对被害人临时安置，联合民政、妇联等部门审慎制定安置方案，落实案中庇护，案后又及时跟进监督、开展生活帮扶等，全方位构建起保护救助未成年人精细网络。

最高人民法院人身安全保护令十大典型案例（节录）

（2020年11月25日）

……

案例四

李某、唐小某申请人身安全保护令、变更抚养权案

（一）基本案情

申请人李某（女）与被申请人唐某原系夫妻关系，2008年协议离婚，婚生子唐小某由唐某抚养。唐某自2012年以来多次对唐小某实施家暴，导致唐小某全身多处经常出现瘀伤、淤血等被打痕迹，甚至一度萌生跳楼自寻短见的想法。李某得知后曾劝告唐某不能再打孩子，唐某不听，反而威胁李某，对唐小某的打骂更甚，且威胁唐小某不得将被打之事告诉外人，否则将遭受更加严厉的惩罚。李某向公安机关报案，经医院检查唐小某不但身上有伤，并且得了中度抑郁症和焦虑症。李某、唐小某共同向法院申请人身安全保护令，诉请法院依法禁止唐某继续施暴，同时李某还向法院提起了变更唐小某抚养权的诉讼。

（二）裁判结果

广西壮族自治区柳州市柳北区人民法院裁定：一、禁止唐某对李某、唐小某实施谩骂、侮辱、威胁、殴打；二、中止唐某对唐小某行使监护权和探视权。

（三）典型意义

由于法治意识的薄弱，不少家庭对孩子的教育依旧停留在“三天不打，上房揭瓦”这种落后的粗放式教育方法上，很大程度上会对孩子心智的健康发育，造成伤害且留下难以抹去的阴影。本案中，在送达人身安全保护令时，家事法官还建议警方和社区网格员，不定期回访李某、唐小某母子生活状况，及时掌握母子生活第一手资料，确保母子日常生活不再受唐某干扰。通过法院对人身安全保护令的快速作出并及时送达，派出所和社区的通力协执，及时帮助申请人恢复安全的生活环境，彰显了法院、公安、社区等多元化联动合力防治家庭暴力的坚定决心。

案例五

朱小某申请人身安全保护令案

（一）基本案情

朱小某（10岁）与父亲朱某（被申请人）、继母徐某（被申请人）共同生活。朱某和徐某常常以“教育”的名义对朱小某进行殴打，树棍、尺子、数据线等等都成为体罚朱小某的工具。日常生活中，朱小某稍有不注意，就会被父母打骂，不管是身上还是脸上，常常旧痕未愈，又添新伤。长期处于随时面临殴打的恐惧中，朱小某身心受到严重伤害。区妇联在知悉朱小某的情况后，立即开展工作，向法院提交派出所询问笔录、走访调查材料、受伤照片等家暴证据，请求法院依法发出人身安全保护令。

（二）裁判结果

江苏省连云港市赣榆区人民法院裁定：一、禁止朱某、徐某对朱小某实施家庭暴力；二、禁止朱某、徐某威胁、控制、骚扰朱小某。

（三）典型意义

孩子是父母生命的延续，是家庭、社会和国家的未来。作为孩子的法定监护人，父母或是其他家庭成员应为孩子营造良好的成长氛围，以恰当的方式引导和教育孩子，帮助孩子树立正确的人生观和价值观。本案中，朱小某的父母动辄对其谩骂、殴打、体罚，对孩子造成严重的身心伤害，给其童年留下暴力的阴影。法院作出人身安全保护令之后，立即送达被申请人、辖区派出所、居委会及妇联，落实保护令监管事项，并专门与被申请人谈话，对其进行深刻教育，同时去医院探望正在接受治疗的朱小某。法院和妇联对朱小某的情况保持密切关注，及时进行必要的心理疏导，定期回访，督促朱某、徐某切实履行监护职责，为孩子的成长营造良好环境。

《反家庭暴力法》第二十三条第二款规定，当事人是无民事行为能力人、限制民事行为能力人，或者因受到强制、威吓等原因无法申请人身安全保护令的，其近亲属、公安机关、妇女联合会、居民委员会、村民委员会、救助管理机构可以代为申请。随着反家暴工作的不断深入，对于自救意识和求助能力欠缺的家暴受害人，妇联等职能机构代为申请人身安全保护令的案件越来越多。勇于对家暴亮剑，已经成为全社会的共同责任。法院、公安、妇联、社区等部门构建起严密的反家暴联动网络，全方位地为家庭弱势成员撑起"保护伞"。

案例六

林小某申请人身安全保护令案

（一）基本案情

申请人林小某（女）与被申请人林某系亲生父女关系，林小某从小跟随爷爷奶奶长大，从未见过母亲。后林小某转学到林某所在地读初中，平时住校，周末与林某一同居住。林小某发现林某有偷看其洗澡并抚摸其身体等性侵害行为，这对林小某的身体、心理等方面造成了严重的伤害。林小某感到害怕不安，周末就到同学家居住以躲避父亲。林某找不到林小某，便到学校威胁和发微信威胁林小某，导致其不敢上晚自习。老师发现并与林小某谈话后，林小某在班主任陪同下报警，配合民警调查，并委托社工组织向法院申请人身安全保护令。

（二）裁判结果

广西壮族自治区钦州市钦北区人民法院裁定：一、禁止林某对受害人林小某实施家庭暴力；二、禁止林某骚扰、接触林小某。同时，将人身安全保护令向林小某的在校老师和班主任，林小某和林某居住地的派出所和居委会进行了送达和告知。

（三）典型意义

本案中，学校在发现和制止未成年人受到家庭暴力侵害方面发挥了重要作用。公安部门接到受害人报警后，联系了社工组织，为受害人提供心理疏导及法律救助。社工组织接到救助后，第一时间到学校了解情况，为未成年人申请人身安全保护令。法院依法签发人身安全保护令后，林小某也转学同爷爷奶奶一起生活。人民法院在审理相关案件中，主动延伸司法服务，贯彻“特殊保护、优先保护”理念，较好地维护了未成年人的合法权益。

……

图书在版编目（CIP）数据

中华人民共和国未成年人保护法注解与配套／中国法制出版社编．—北京：中国法制出版社，2023.7

（法律注解与配套丛书）

ISBN 978-7-5216-3708-3

Ⅰ.①中… Ⅱ.①中… Ⅲ.①未成年人保护法-法律解释-中国 Ⅳ.①D922.75

中国国家版本馆 CIP 数据核字（2023）第 118875 号

策划编辑　袁笋冰　　责任编辑　张僚　　封面设计　杨泽江

中华人民共和国未成年人保护法注解与配套

ZHONGHUA RENMIN GONGHEGUO WEICHENGNIANREN BAOHUFA ZHUJIE YU PEITAO

经销/新华书店

印刷/三河市紫恒印装有限公司

开本/850 毫米×1168 毫米　32 开　　印张/ 11.5　字数/ 263 千

版次/2023 年 7 月第 1 版　　2023 年 7 月第 1 次印刷

中国法制出版社出版

书号 ISBN 978-7-5216-3708-3　　定价：32.00 元

北京市西城区西便门西里甲 16 号西便门办公区

邮政编码：100053　　传真：010-63141600

网址：http：//www.zgfzs.com　　编辑部电话：010-63141663

市场营销部电话：010-63141612　　印务部电话：010-63141606

（如有印装质量问题，请与本社印务部联系。）

图书在版编目（CIP）数据

中华人民共和国未成年人[illegible] / [illegible]. —北京：中国法制出版社，2023.[illegible]

（[illegible]丛书）

ISBN 978-7-5216-3708-3

Ⅰ.①中… Ⅱ.①[illegible] Ⅲ.①未成年人保护法—法律解释—中国 Ⅳ.①D922.75

中国国家版本馆 CIP 数据核字（2023）第[illegible]号

[illegible]

中华人民共和国未成年人[illegible]

[illegible]

ISBN 978-7-5216-3708-3

网址：[illegible]

[illegible]